VOUS AUSSI, AYEZ LE RÉFLEXE

Boîte à outils

Des outils classés par dossiers thématiques

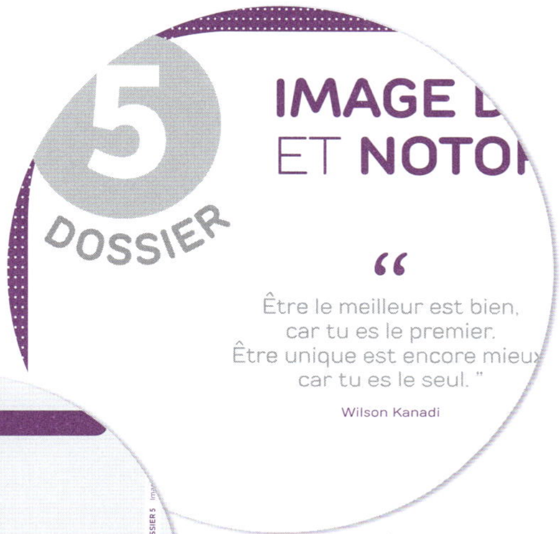

Une présentation visuelle de chaque outil

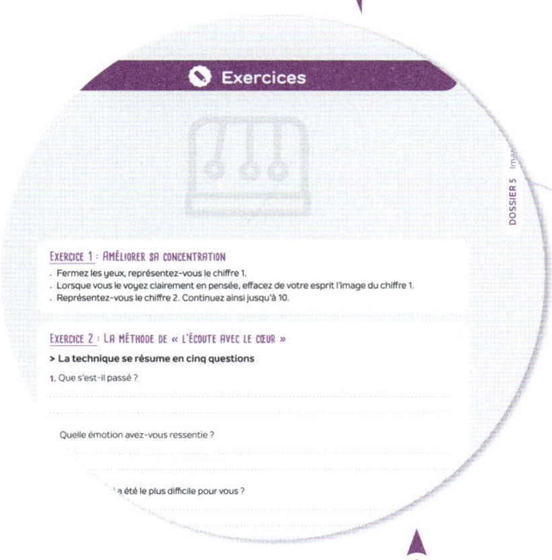

Des exemples, cas ou exercices pour approfondir

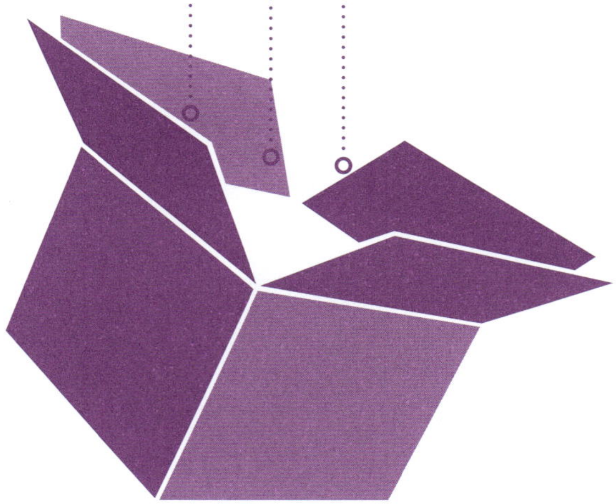

Sommaire des compléments en ligne

Cet ouvrage est accompagné de ressources numériques disponibles sur le site www.dunod.com qui complètent, développent ou illustrent le propos :

- Réussir l'oral de sa présentation
- Réaliser des *papers* attrayants
- Emballer son business plan
- S'entraîner à résumer
- Modèle de compte rendu
- Abrégé d'abréviations possibles
- Homonymes les plus fréquents
- Participe passé en [é], [u], [i], [o]

LA BOÎTE À OUTILS DES ÉCRITS PROFESSIONNELS

Valérie Le Broussois

65 outils clés en main
+ 15 exercices d'approfondissement
+ 8 ressources en ligne

Illustrations de Pascal Auger

DUNOD

Illustrations : Pascal Auger
Couverture et maquette intérieure : mokmok.agency

Mise en page : Belle Page

11 rue Paul Bert, 92240 Malakoff
www.dunod.com

ISBN 978-2-10-084967-3

La Boîte à outils

DES OUTILS OPÉRATIONNELS TOUT DE SUITE

MANAGEMENT LEADERSHIP

Agilité
Dir. N. Van Laethem
Animer vos réunions
F. Gillet-Goinard, L. Maimi
Chef de projet, *3e éd.*
J. Maes, F. Debois
Conduite du changement et de la transformation, *2e éd.*
D. Autissier, J.M. Moutot, K. Johnson, *et al.*
Innovation managériale
D. Autissier, E. Métais-Wiersch, J.-M. Peretti
Intelligence collective, *2e éd.*
B. Arnaud, S. Caruso Cahn
Leadership, *2e éd.*
J.-P. Testa, J. Lafargue, V. Tilhet-Coartet
Management
V. Dicecca, P. Guillou
Management à distance
S. Levillain Desmarchelier
Management transversal, *2e éd.*
J.-P. Testa, B. Déroulède
Manager de managers
A. Hamayon, J. Isoré, J.-P. Testa
Manager leader
P. Bélorgey, N. Van Laethem
Motivation
S. Micheau-Thomazeau, L. Thomas
Organisation, *3e éd.*
B. Pommeret

STRATÉGIE D'ENTREPRISE

Acheteur, *3e éd.*
S. Canonne, P. Petit
Analyse des données
C. Coron
Consultant, *2e éd.*
P. Stern, J.-M. Schoettl
Design thinking
E. Brunet
Développement durable et RSE
V. Maymo, G. Murat
Digital en entreprise
Dir. C. Lejealle
Gamification
A. Duarté, S. Bru
Innovation, *2e éd.*
G. Benoit-Cervantes
Lean, *2e éd.*
R. Demetrescoux
Négociation, *2e éd.*
P. Stern, J. Mouton
Stratégie, *4e éd.*
B. Giboin
Supply chain, *2e éd.*
A. Perrot, P. Villemus

GESTION / FINANCE / COMPTABILITÉ

Auditeur financier, *3e éd.*
S. Boccon-Gibod, É. Vilmint
Comptabilité, *3e éd.*
B. Bachy
Contrôle de gestion
C. Selmer
Qualité, *4e éd.*
F. Gillet-Goinard, B. Seno
Responsable financier, *3e éd.*
C. Selmer
Santé – Sécurité – Environnement, *4e éd.*
F. Gillet-Goinard, C. Monar

RESSOURCES HUMAINES / FORMATION

Accompagnement professionnel
M.-L. Barthélémy, H. Le Pennec
Chief Happiness Officer
A. Motte, S. Larabi, S. Boutet
Coaching, *3e éd.*
B. Ammiar, O. Kohneh-Chahri
CSE, *2e éd.*
A.-L. Smaguine
Dialogue en entreprise
A. Stimec, A. Benitah
Facilitation
E. Brunet, A. Monot
Formateurs, *4e éd.*
F. Bouchut, F. Cuisiniez, I. Cauden, *et al.*
Gestion des conflits, *3e éd.*
J. Salzer, A. Stimec
Ressources Humaines, *3e éd.*
A. Haegel
Télétravail
G. Epitalon, F. Gault, C. Rabineau

MARKETING / COMMUNICATION

Communication, *4e éd.*
B. Jézéquel, P. Gérard
Community manager, *2e éd.*
C. Pellerin
Conférencier, *2e éd.*
C. Morlet, B. Deloupy
Écrire pour le web, *2e éd.*
M. Gani
Facebook Ads et Instagram Ads
C. Pellerin
Génération de Leads
P. Gastaud
Inbound marketing et growth hacking
S. Truphème, P. Gastaud
Instagram
C. Pellerin
LinkedIn
J. Pibourret
Marketing, *4e éd.*
N. Van Laethem, B. Durand-Mégret
Marketing digital, *2e éd.*
S. Truphème, P. Gastaud
Marketing vidéo
T. Gasio
Podcast
V. Béjot
Réseaux sociaux
C. Pellerin
SEO
B. Thiers

COMMERCIAL / RELATION CLIENT

Commercial, *3e éd.*
P. Bélorgey, S. Mercier
E-commerce, *2e éd.*
C. Delabre
Expérience client, *3e éd.*
L. Chabry, F. Gillet-Goinard, R. Jourdan
Libraire
C. Meneghetti, J.-C. Millois

ENTREPRENEURIAT

Création d'entreprise, *éd. 2023*
C. Léger-Jarniou, G. Kalousis
Crowdfunding
N. Dehorter, F. Clodic-Tanguy, M. Dubois
Freelance
S. Moran
Levée de fonds
D. Bernard, C. Tremblais, A. Magnin, *et al.*
Micro-entrepreneur, *2e éd.*
C. Selmer, J. Hellart

EFFICACITÉ / BIEN-ÊTRE AU TRAVAIL

Améliorer sa mémoire et sa concentration
X. Delengaigne, C. Maitre
Bien-être au travail, *2e éd.*
C. Huet, G. Rohou, L. Thomas
Confiance en soi
A. Leibovitz
Créativité, *3e éd.*
F. Debois, A. Groff, E. Chenevier
Développement personnel
L. Lagarde
Écrits professionnels
V. Le Broussois
Efficacité professionnelle, *2e éd.*
P. Bélorgey
Gestion du stress, *2e éd.*
G. du Penhoat
Gestion du temps, *2e éd.*
P. Bélorgey
Intelligence émotionnelle, *2e éd.*
C. Peres-Court, M.-E. Launet
Mind mapping, *2e éd.*
X. Delengaigne, M.-R. Delengaigne
Orthographe
A. Ponsonnet
Pensée visuelle
C. Tsiang, B. Lhuillier
Personal Branding
S. Moran, N. Van Laethem
Prendre la parole en public
A. Leibovitz
Psychologie positive au travail
B. Arnaud, E. Mellet
Relaxation
L. Histel-Barontini
Santé au travail
C. Vasey
Soft skills
N. Van Laethem, J-M Josset

Remerciements

Cette drôle de « Boite à outils » résume mes propos sur l'expression en situation professionnelle. Fruit de multiples rencontres, l'ouvrage est riche des réflexions menées avec mes amis et amies, avec ma collègue et amie Anne Vincent-Buffault, avec mes professeurs de linguistique, ainsi que les questions soulevées par les participants aux formations.

Je remercie chaleureusement les contributeurs directs à l'ouvrage :
Merci Pascal d'avoir réalisé tous les schémas de ton trait net et léger.
Merci Nathalie pour tes précieux coups de pouce méthodologiques.
Merci Anne pour ta riche bibliothèque et tes conseils avisés.
Merci Anne, Arthur, Bertrand, Christophe, Corinne, Ghislaine, Loïc et Philou pour vos exemples judicieux et vos témoignages passionnants.
Merci Emmanuelle pour tes relectures.
Merci Delphine et Loïc pour votre sympathique imprimante pendant le confinement.
Merci aux éditrices Chloé, Sandrine et Laure pour votre confiance.

Enfin, je remercie du fond du cœur, mon compagnon et mes enfants, ma famille au sens large, mes fidèles amies, amis et voisins : par vos petits soins et vos encouragements rieurs, vous avez aussi participé à l'ouvrage.

« Gratitude », comme on dit aujourd'hui !

Avant-propos

Rédacteur ou lecteur, nous voulons des propos concis, clairs dans leur intention, précis dans leurs termes pour représenter fidèlement les idées, sans les noyer.
Mais la voix avec laquelle nous pensons, rapide et volumineuse, ne se métamorphose pas spontanément en un écrit accessible à l'autre : le sens outrepasse le texte littéral, truffé d'invisibles présupposés et de messages implicites, liés à la situation entre l'émetteur, le destinataire et les témoins en copie.

Tout le monde écrit plus et plus vite

En parallèle, l'accès aux échanges dématérialisés – mail, messagerie instantanée, dossier partagé – a débridé l'impulsion au détriment de la réflexion : à toute heure, nous pianotons d'innombrables courriers, à de multiples destinataires, sans contrainte de quantité ni de fréquence. Au passage, les discussions et les ébauches se sont muées en lignes envoyées et reçues à tour de clavier : quel que soit notre métier, des heures s'évaporent à lire et à rédiger de plus en plus vite courrier, état des lieux, analyse, projet, étude, proposition commerciale, au désagrément de ceux qui préfèrent parler plus et écrire moins.

Rédiger un texte concis et compréhensible, un exercice technique qui s'improvise mal

Sans formation réelle pour rédiger ce type de documents, nous improvisons dans un vilain pragmatisme : une frustration germe à passer trop de temps pour mal exprimer un point de vue, pourtant limpide à nos yeux – sans compter l'orthographe, dont la maîtrise partielle peut détourner la formulation initiale. La situation est d'autant plus corsée que nous éprouvons peu de tendresse pour ces écrits non choisis, souvent tapés à la va-vite et lus en diagonale.

Exposer ses idées par écrit, cela s'apprend et c'est à la portée de tous

Pour rédiger plus sereinement vos textes opérationnels, cet ouvrage vous propose des clés présentées sur un ton ludique, clés dont les stars bavardent dans les deux premiers chapitres. Leurs groupies essaiment dans les autres. Cette rieuse compagnie permet de démystifier quelques techniques simples mais fondamentales. Par exemple, la démarche en « nœud papillon » invite à écrire en deux temps : l'un pour conduire la réflexion, l'autre pour la transmettre à quelqu'un. Méthode essentielle depuis l'abandon du crayon, on mêle les deux gestes : l'on évince le brouillon et l'on produit un texte embrouillé comme sa pensée.
À la faveur de ces butinages, vous entendrez mes encouragements confiants : explorez et testez ces outils, personnalisez-les. Viendra le moment où vous créerez vos propres astuces rédactionnelles pour écrire moins et mieux. Vous déploierez alors avec frugalité vos talents de rédacteur. Vos courriers, dossiers et présentations s'allégeront : un agrément pour vous et vos lecteurs !

Sommaire

1

DOSSIER

DÉCOUVRIR LA MÉTHODE

“

Rien ne sert de penser, il faut réfléchir avant.

P. Dac

L'outil nous transforme en rédacteur

Depuis l'accès illimité à la toile et l'invention du smartphone, l'explosion des mails et des publications sur les réseaux sociaux nous oblige à exprimer notre propos à l'écrit, sans l'expression du visage ni l'intonation. Coach rédactionnel pour nous, rédacteurs improvisés, ce dossier revisite, avec un regard d'adulte, les méthodes de travail croisées pendant notre scolarité : temps d'écriture et structuration des idées.

Produire un document : plus de méthode et moins d'effort

Avant d'étudier la formulation de propos clairs et concis, intéressons-nous au processus complet d'écriture et à la structuration des idées.
Comme l'observe A. Rouveret, l'un de nos fameux linguistes, « dès l'âge de 2 ou 3 ans, tout être humain comprend et se fait comprendre, quelle que soit la complexité de sa langue ». Très tôt, l'enfant peut témoigner d'à peu près tout : besoin, sensation, idée, émotion, ordre et souhait, observation, explication.

Pourtant, nombreux sont ceux dont le « passage à l'écrit » rétrécit l'expression. Pourquoi ? Peut-être l'inhibition face à un acte presque sacré, historiquement réservé à une poignée de penseurs qui rédigeaient les textes religieux, les textes de lois et les recherches scientifiques, mais souvent un défaut de méthode. C'est ce dernier volet qui nous intéresse.

Des pistes, mais nulle recette en matière d'expression écrite

Pour produire un document – suffisamment bon pour être lu, en un temps proportionné à l'enjeu – il est préférable d'en connaître les étapes de « production » schématisées par la démarche en nœud papillon. Et même si, en matière d'expression des idées, aucune recette n'est *réplicable*, quelques notions telles que les temps de l'écrit ou les niveaux de lecture permettent de progresser : bien structurer, reformuler utilement en respectant les appels de la conscience professionnelle.
Ce dossier présente des repères et méthodes, à personnaliser grâce à votre propre esprit critique.

Les outils

Outil 1 Pour un propos clair et courtois

> Quand dire c'est faire.
>
> J. L. Austin

En quelques mots

Dans un cadre professionnel, le lecteur souhaite consacrer le moins de temps possible à lire, activité chronophage et passive, qui souvent épaissit sa *to do list*. Et si un texte négligé l'oblige à relire, le surcroît de travail dégradera à coup sûr la crédibilité du rédacteur.
Pour jauger la qualité de nos écrits, nulle recette mais une piste : en 1975, le linguiste anglais H.P. Grice montre l'importance de la coopération implicite des interlocuteurs. Ainsi, il résume **la performance du langage en quatre maximes complémentaires**, dont la violation brouille la communication. Évidemment, mon cher Grice !

CRITÈRES DE QUALITÉ POUR UN PROPOS CLAIR

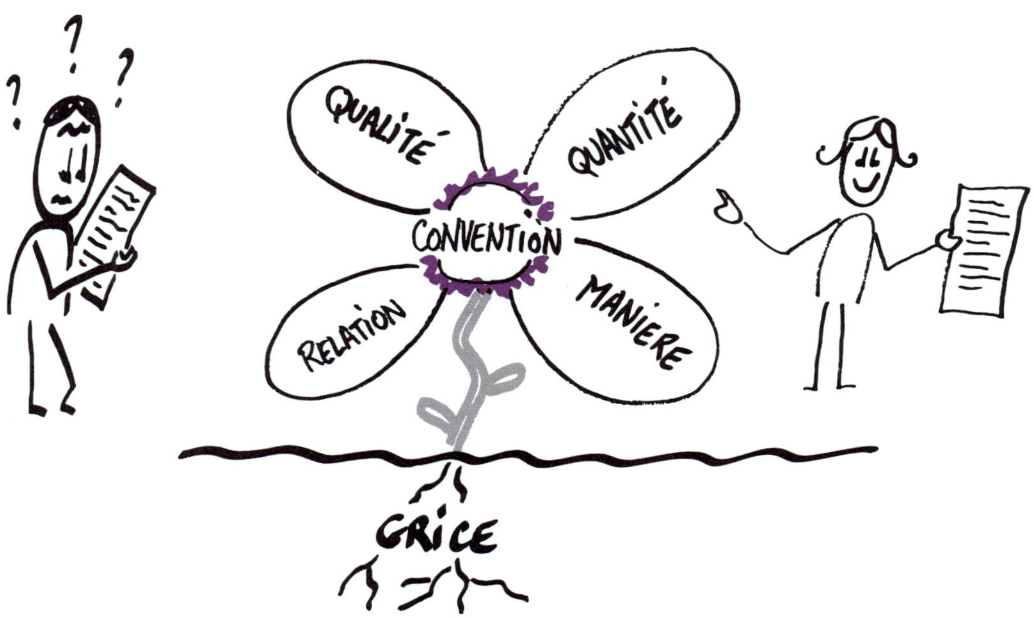

POURQUOI L'UTILISER ?

Objectifs

- Reconnaître ce qui peut nuire à la compréhension.
- Vérifier la cohérence entre le propos et les circonstances, la relation au destinataire, l'objectif de communication.

Contexte

Pour rédiger un texte professionnel, le rédacteur cherche l'équilibre entre deux vœux : investir le minimum de temps et obtenir un document suffisamment clair et précis pour être lu et compris.

COMMENT L'UTILISER ?

Étapes

Les maximes de H.P. Grice décrivent les critères d'une communication de qualité. Elles permettent de détecter les propos non coopératifs.

A. Maxime de qualité
Ne dites pas ce que vous pensez faux, ni ce pour quoi les preuves de véracité vous font défaut : tenez un propos honnête et vérifiez vos sources.

B. Maxime de quantité
Rendez votre contribution aussi informative que nécessaire pour que le destinataire comprenne, ni plus ni moins. Dépouillez le texte.

C. Maxime de relation
Adaptez le ton et le contenu au contexte de l'échange avec le destinataire, y compris les usages de politesse.
Exemple : *si un client vient de déposer une réclamation auprès de votre service, tenter de lui vendre un autre service serait perçu comme une provocation.*

D. Maxime de manière, style, ton, modalité
Soyez explicite, précis et ordonné. Chassez les propos obscurs, évitez l'ambiguïté et les idées en vrac. Bref, faites gagner du temps au lecteur.

Voirs Outils 3, 8, 20, 39 et 42

L'exemple suivant ne respecte pas les maximes A, B, D. « *Le panache de fumée comporte <u>en soi</u> des produits qui <u>peuvent être dangereux</u> pour la santé, mais selon les dernières analyses, il n'y <u>a pas de dangerosité particulière. Cependant,</u> toute inhalation présente <u>une part de</u> dangerosité* ».

À ces 4 règles, nous pouvons ajouter les conventions de lecture : soignez la typographie et la cohérence des niveaux de lecture afin que le texte – sens et forme graphique – constitue un tout cohérent.

Méthodologie et conseils

- Un écrit professionnel est de qualité suffisante si sa lecture est fluide et plaisante.
- Le propos est courtois, structuré, concis, explicite et direct, honnête et fiable, conforme aux conventions de lecture.
- Si votre texte ne respecte pas l'un des principes de Grice, le lecteur devra relire pour comprendre : soit il prend cette peine, soit il interrompt sa lecture. Des réactions qui ne trompent pas.

Avant de vous lancer...

✓ **Pour vérifier la qualité d'un écrit, chaussez le point de vue du lecteur : l'objectif est-il clair, devez-vous relire pour comprendre, ressentez-vous confusion ou désintérêt, défiance vis-à-vis du contenu ou de l'auteur ? Si oui, retravaillez le texte.**

Outil 2 Le nœud papillon

> On ne peut pas vraiment parler du temps puisqu'on met du temps à parler et même à penser.
>
> V. Jankélévitch

En quelques mots

Avant de produire un écrit efficace, nous avons besoin de mûrir notre réflexion. Représentée par **un nœud papillon**, la démarche d'écriture décompose **trois étapes** aux objectifs incompatibles – analyser, cibler, transmettre – tâches entremêlées depuis la disparition du brouillon. Balayé de gauche à droite, le nœud papillon **représente les gestes opérés par le rédacteur** : l'on écrit d'abord pour nourrir un monologue analytique, puis l'on définit ses attentes et celles du destinataire, enfin, prêt, l'on rédige un argumentaire, étayé par une sélection d'informations épurées auxquelles le lecteur sera sensible.

RÉDIGER EN 2 TEMPS, 3 MOUVEMENTS

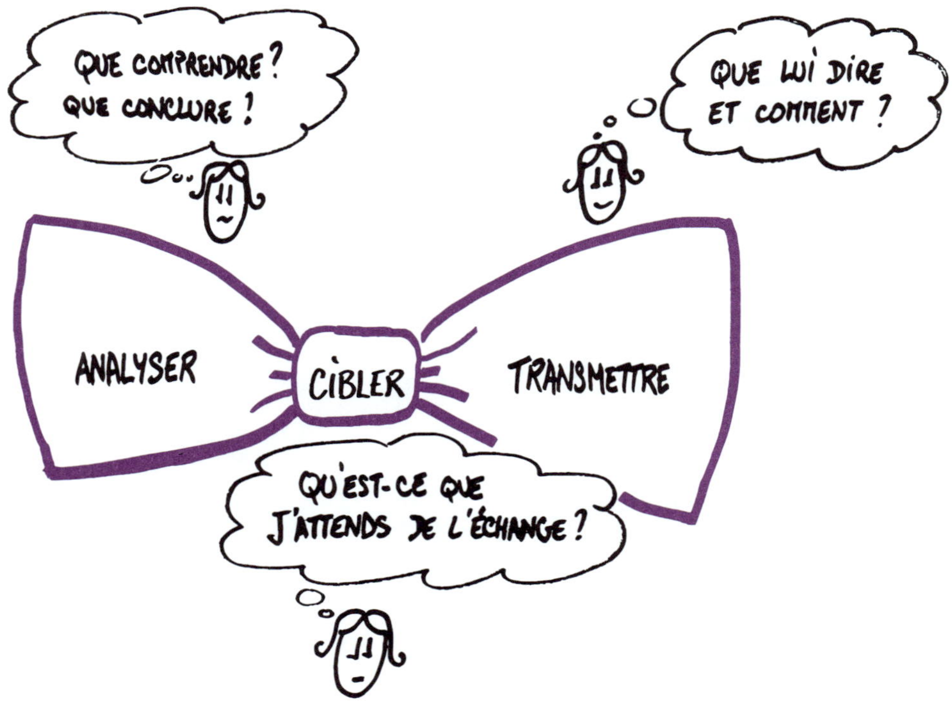

POURQUOI L'UTILISER ?

Objectifs

- Adresser un propos clair et concis au lecteur.
- Distinguer les objectifs de chaque étape.
- Travailler mieux et plus vite.

Contexte

Illustrée par un nœud papillon (NP), la démarche en deux temps trois mouvements s'applique à tout écrit professionnel.

COMMENT L'UTILISER ?

Étapes

1. Le monologue « Que comprendre, que conclure ? »
C'est l'aile gauche du NP : étudiez le dossier pour vous, sans objectif de transmission. En résultat de ce monologue, rédigez un mémo de 40 mots qui résume votre compréhension de la situation. L'aile du NP rétrécit pour figurer cet effort de synthèse.

Votre état d'esprit ?

– Rigueur, exhaustivité et précision.
– Stabilisation d'un point de vue, outil « Toujours résumer »

2. Cibler « Qu'est-ce que j'attends de l'échange ? Quelles sont les dispositions du destinataire ? »
Cœur central du NP, c'est le moment pivot où vous réorientez votre attention vers le destinataire. À la fin de cette étape, vous aurez défini par écrit votre objectif de communication (OC) d'après la situation de communication.

Votre état d'esprit ?

– Prise de recul sur le contenu.
– Intérêt pour le destinataire et analyse de la situation de communication.

3. Transmettre une missive « Que lui dire et comment ? »
L'aile droite du NP illustre la communication adressée : une question clé, un message clé (MC) et un argumentaire. Inspirez-vous du mémo pour les rédiger. Le MC, phrase compacte de 12 mots, annonce l'idée principale sur un ton cohérent avec l'objectif de communication.

Votre état d'esprit ?

– Frustration et frugalité, en dire le minimum : priorités, arguments clés, chiffres clés.
– Adresse courtoise, directe et dynamique.
– Maîtrise du temps.

Voir Outils 6, 7, 8, 10, 13 et 15

Méthodologie et conseils

- N'essayez pas de communiquer ce dont vous n'avez pas fait le tour. Le mémo atteste que vous avez assez de recul pour réussir votre communication.
- Pendant **le monologue**, le rédacteur, seul avec sa capacité de réflexion, ne s'intéresse pas à la façon de transmettre l'idée. Cette étape recèle **deux difficultés** : vérifier les informations cruciales et leurs sources, et produire le résumé.
- Formée dans un geste contraire, **l'aile droite du NP n'est pas le calque retourné de l'aile gauche :** au départ, le monologue analyse des informations en vrac, arrivées par ordre chronologique, dont résulte le mémo. Dans la communication, la missive défend le MC et présente les informations dans un ordre qui captive le destinataire.
- Ciblez un objectif de communication réaliste : votre prose ne mobilisera pas toute l'attention de votre lecteur. Cette étape rapide, souvent négligée, favorise une communication nette.
- **Texte final, la missive** diffère de l'analyse par sa structure, la quantité d'informations et le ton. Seuls les arguments essentiels sont présentés. Les analyses intermédiaires restent en annexe.

Suite outil 2 →

Avant de vous lancer...

✓ **Préparez le calendrier éditorial en 3 étapes, vous gagnerez du temps.**

✓ **Acceptez la frustration de ne pas exposer tout le travail préalable.**

✓ **Écrivez vite sans remettre en question le mémo – sauf erreur grossière.**

Le nœud papillon

Exemple : le cas « tongs »

À partir du même mémo, concevons 3 communications avec message clé et argumentaire spécifiques, pour répondre à 3 objectifs de communication (OC) différents.

Aile gauche du NP

Monologue jusqu'au mémo qui résume le cas en moins de 40 mots

Données du dossier

- *Max Mirabel souhaite que nous améliorions sa technique de vente.*
- *De retour d'Asie, il travaille en tongs, short et chemise hawaïenne.*
- *La plupart de ses démarches commerciales (85 % sur les 6 derniers mois) déclenchent un premier RDV en réunion ou un déjeuner ; mais 94 % des prospects ne donnent pas suite.*
- *D'après nos lectures, les propositions commerciales sont claires, expertes et structurées.*
- *D'après une étude SOPFRES 2020, les professionnels de l'Assurance portent des tenues sobres, qu'ils associent à l'effort et à la rigueur.*
- *Portées pendant les RDV commerciaux, la chemise hawaïenne et les tongs gênent les prospects. Selon notre enquête, Max Mirabel leur paraît désinvolte et paresseux à cause de sa tenue trop décontractée.*

Résumés intermédiaires de ces données

- *L'expertise technique et les propositions commerciales de Max sont solides et reconnues sur le plan international.*
- *Dans ce secteur austère, les prospects attachent de l'importance à la tenue. Ils se méfient d'un professionnel qui les reçoit en tenue de vacancier.*

Mémo

Expert en Assurance, Max Mirabel veut que nous l'aidions à améliorer sa technique commerciale alors que seule sa tenue – tongs, short, chemise hawaïenne - inquiète les prospects, aux vêtements urbains et sobres.

Cœur du NP : 3 situations de communication

Objectif de communication de degré 1 : informer sans débat

Transmettre une information sans engendrer de débat.

Le futur texte au ton détaché présente un contenu factuel, sans chercher à créer le débat ni à argumenter : le lecteur n'entend pas l'avis du rédacteur.

→ OC 1 : *Informer Max Mirabel que sa tenue de vacancier détonne dans un univers de cols blancs.*

Objectif de communication de degré 2 : expliquer

Faire comprendre, éveiller la curiosité, changer une représentation.

Le futur texte au ton concerné présente les causes ou l'avis d'expert sous forme d'Opinions (Outil 4) : le lecteur entend et comprend un point de vue du rédacteur.

→ OC 2 : *Faire comprendre à Max Mirabel sa méprise sur les causes de la baisse du CA : son look et pas son expertise.*

Objectif de communication de degré 3 : convaincre

Convaincre d'agir, de décider, d'acheter ou de se mobiliser.

Le futur texte au ton engagé présente un argumentaire solide qui pousse à l'action : le lecteur mesure à quel point le rédacteur prend à cœur son engagement.

→ OC 3 : *Motiver Max Mirabel pour qu'il teste une tenue classique, avant d'engager des frais de formations.*

Aile droite du NP

Communication pour l'OC 1

Message clé (MC 1) :

Votre tenue de vacancier n'est pas la norme vestimentaire dans votre secteur professionnel.

Plan « questions » aux idées parallèles ou juxtaposées :

- *Quelle est la tenue des cols blancs dans l'Assurance ?*
- *Quelle est votre tenue quand vous rencontrez vos prospects ?*
- *Comment vos prospects perçoivent-ils votre tenue ?*

Communication pour l'OC 2

Message clé (MC 2) :

Malgré votre expertise technique et commerciale, votre tenue inquiète vos prospects.

Plan « réponses » aux idées liées par un lien causal :

- *Depuis votre retour d'Asie, vous travaillez en tenue de vacancier dans un secteur au code vestimentaire urbain et sobre.*
- *Associée à la paresse, votre tenue de vacancier inquiète vos prospects.*
- *En dépit de votre expertise, vos prospects ne contractualisent pas et votre CA chute.*

Communication pour l'OC 3

Message clé (MC 3) :

Avant de changer votre style commercial, testez le costume trois-pièces et transformez vos devis en contrats !

Plan QR « Situation Problème Solution » :

- Q1 : *Quelle est votre situation problématique ?*
- R1 : *Vos devis attirent de nombreux prospects mais ils ne contractualisent pas.*
- Q2 : *Comment expliquer ce mouvement de recul ?*
- R2 : *Associée à la paresse, votre tenue de vacancier inquiète vos prospects.*
- Q3 : *Comment valoriser votre talent ?*
- R3 : *Investissez dans une tenue sobre et décrocher des contrats.*

Outil 3 Monologue ou missive ?

> “ *Ils le pensent au-dedans d'eux-mêmes, mais n'osent pas l'avouer.*
>
> D. Diderot

En quelques mots

Avez-vous remarqué ces mails, rapports, exposés où le rédacteur exhibe les méandres de sa réflexion et noie l'idée principale ? Or **un monologue** décourage le lecteur pressé : il veut une proposition concise qui s'adresse à lui, **une missive**. Pour être lu et compris à la première lecture, le rédacteur doit réorienter son regard après avoir fini l'analyse. **D'un état libre où il brouillonne** et monologue sans autre contrainte que le fil de sa réflexion, **il change de cap** pour en dire le minimum au destinataire. **Il restructure le texte** dans une économie de mots qui travaille la pédagogie, la clarté, la courtoisie. Frustrant mais efficace !

LA MISSIVE S'ADRESSE AU LECTEUR

POURQUOI L'UTILISER ?

- Restructurer un texte tourné vers la réflexion – monologue – en un texte orienté vers le lecteur – missive.
- Livrer un propos plus clair et concis où le rédacteur cesse de mêler le monologue à la missive.

COMMENT L'UTILISER ?

Étapes

Les exemples suivants montrent la différence entre les deux types de propos. Le texte de type monologue n'est pas écrit pour se faire comprendre : **il n'est que l'embryon de la missive**, seul élément qui sera lu et compris. Pour passer du monologue à la missive, étudiez la situation de communication, étape au cœur de la démarche en nœud papillon.

- **Exemple de type monologue**

Cher Gustavio, Concernant la réunion sur la politique des voyages prévue mardi, M. Vivet a téléphoné pour dire qu'il ne peut plus venir mardi, mais jeudi. Mme Johnson dit qu'elle ne voit pas d'inconvénients à ce qu'on la reporte soit plus tard dans la journée, soit mercredi matin ou encore jeudi, mais pas avant 10 h 30. J'ai contacté M. Weng : il revient mercredi soir tard de Londres et peut se libérer jeudi matin. La salle que j'avais réservée pour mardi est aussi libre jeudi jusqu'à 14 h. On pourrait donc décaler la réunion à jeudi 11 h, qu'en pensez-vous ?

Texte de 100 mots, lu et relu en plus de 60 secondes.
Le lecteur doit relire un texte indigeste pour deviner où l'on veut en venir. Le texte ne le concerne pas, tel un monologue. Tenu de revenir en arrière pour déchiffrer, le lecteur doit faire un effort pour assimiler les informations dont l'ordre d'apparition chronologique et le degré de détail contrarient la compréhension immédiate.

Comme tout à chacun, le rédacteur utilise l'écrit pour clarifier sa pensée. L'analyse chemine jusqu'à la question centrale. Le flot d'informations se présente dans l'ordre chronologique. Seule la dernière phrase contient le message qui intéressera le destinataire.

- **Exemple de type missive**

Cher Gustavio, Concernant la réunion sur la politique des voyages prévue mardi, seriez-vous d'accord pour la décaler à jeudi 11 h ? Cela permettrait à tous les invités de venir : M. Vivet, Mme Johnson et M. Weng.

Texte de 38 mots, lu et compris en moins de 10 secondes.
Dès la première lecture, le lecteur comprend et peut prendre position grâce à un texte écourté qui lui adresse une proposition claire, argumentée avec précision. L'auteur cherche à vendre sa conclusion à un collègue rationnel et pressé. Pour lui faire gagner du temps, il a inversé l'ordre des informations et nettoyé le texte des étapes intermédiaires, inutiles au lecteur.

Méthodologie et conseils

- La démarche en nœud papillon permet de transformer un monologue en missive personnalisée et concise.
- Pour une missive, vous devez accepter une frustration : éludez les travaux intermédiaires, décrits dans le monologue et encombrants pour le destinataire.
- Quand le temps fait défaut, restructurez le monologue *a minima* : remontez la conclusion au début de paragraphe.

Voir Outils 15, 17, 26, 36 et 46

Avant de vous lancer...

✓ **Entraînez-vous quotidiennement à déterminer les textes envoyés ou reçus : monologue, missive ou mélange ?**

Outil 4 S'engager avec des messages

> “
> *Que dirais-je si j'avais une voix ?*
> S. Beckett

En quelques mots

Le point de vue de l'auteur ne ressort pas assez dans cet audit qui stagne au niveau des constats ? À l'inverse, l'avis du secrétaire de séance transparaît trop dans le compte rendu ? Classant les phrases en trois catégories constat, opinion-avis d'expert et recommandation (ROC), **cette convention reflète le degré d'engagement du rédacteur**, qui choisit le ton selon son objectif de communication, selon le contexte. Ainsi, l'éventail ROC étalonne les tons du message : neutre, concerné ou engagé. Qu'on reste factuel ou qu'on défende un point de vue, le lecteur fait écho à cet engagement.

S'ENGAGER AVEC DES MESSAGES ROC

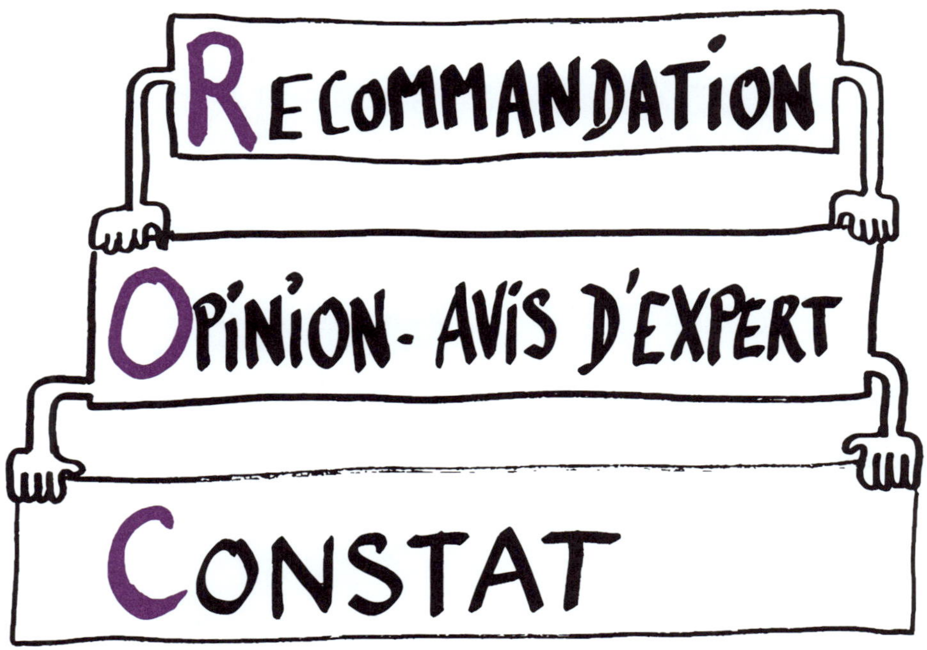

POURQUOI L'UTILISER ?

Objectifs

• Maîtriser les trois états d'une proposition : Recommandation, Opinion-avis d'expert, Constat.
• Donner plus ou moins son avis en fonction de l'objectif de communication.

Contexte

Cette classification ROC relève d'une convention employée tout au long de cet ouvrage.

COMMENT L'UTILISER ?

1. **Constat, opinion-avis d'expert, recommandation, comment les distinguer ?**
Pour simplifier, classons les phrases en trois types.
• **Le message de constat photographie la situation.** Le lecteur n'entend pas l'avis du rédacteur. Ton détaché, la phrase se construit avec des tournures impersonnelles et des données objectives.
« *En 2018, 60% des déchets marins sont en plastique*[1]. »
• **La phrase d'opinion-avis d'expert exprime le point de vue du rédacteur : résultat d'un travail d'analyse ou avis d'un spécialiste**. Dans tous les cas, ce message fait appel au passé. Soit, il se construit avec des formes « ceci explique cela » : « *Dans l'océan, c'est à cause du plastique - 60% des déchets marins – que toute la chaîne alimentaire est empoisonnée jusqu'à l'homme.* ». Soit, il fait référence à la parole d'expert. « *Selon l'étude [...], l'atonie des exportations françaises s'explique plus par le poids...* »
• **Dans la recommandation, l'auteur incite explicitement le lecteur à agir.** Son message est tourné vers l'action et l'avenir : verbes à l'infinitif, à l'impératif ou formes synonymes.
« *Repenser sa façon de consommer, refuser les gobelets jetables en plastique, faiblement recyclables et donc pollueurs d'océans.* »

1. W. McCallum, *En finir avec le plastique*, Marabout, 2019.

Voir Outils 3, 12, 15, 19 et 42

2. **Adoptez un ton plus ou moins engagé, selon l'objectif de votre communication (OC)**
• Vous voulez que le lecteur prenne note sans créer le débat ? Envoyez un texte factuel, restez en retrait avec un message de Constat :
« *Voici le calendrier des RTT de l'année.* »
• Vous souhaitez attirer l'attention du lecteur ? Affirmez davantage votre avis dans une phrase de type Opinion :
« *Voici le calendrier des RTT de l'année. Il arrive à temps !* »
• Vous voulez provoquer l'action du lecteur ? Envoyez un message engagé de Recommandation :
« *Attention, les compteurs sont remis à zéro le 30 juin : soldez vos congés !* »

3. **Une règle d'or !**
Étayez toute Recommandation par une Opinion, elle-même étayée par des Constats vérifiés et vérifiables. Reconstituez cette règle d'après l'exemple sur les déchets marins.

Méthodologie et conseils

• Pour des **Constats**, focalisez-vous sur la solidité de l'assertion, la fiabilité des chiffres et des sources, et non sur l'adhésion du destinataire.
• Pour l'**Opinion-avis d'expert**, défendez votre diagnostic. C'est l'engagement le plus fréquent pour alerter, faire valider, expliquer.
• Employez la **Recommandation** pour convaincre le lecteur dans une proposition commerciale, un business plan, etc.
• Le lecteur fait écho à votre prise de risque : à ton détaché, pas de réaction ; à ton concerné, questions intéressées ; à ton engagé, débat d'idées.

Avant de vous lancer...

✓ **Observez l'engagement R, O ou C du rédacteur.**

✓ **Attention, informer sans créer de débat n'est pas si simple.**

Outil 5

Columbo ou *Hitchcock* ?

> “ Lorsqu'on fait un conte, c'est à quelqu'un qui écoute.
>
> D. Diderot

En quelques mots

Avant de développer les idées, nous décidons du meilleur ordre d'apparition pour informer, expliquer, mobiliser ou convaincre. Au moins deux cheminements s'offrent à nous : le premier, direct ***à la Columbo***, annonce la conclusion avant de la prouver ; l'autre, prudent ***à la Hitchcock***, dévoile l'analyse pas à pas jusqu'à la conclusion. *Columbo* ou *Hitchcock* ? Cet agencement conduit le lecteur à réagir au début du paragraphe ou en toute fin de démonstration. **À vous de choisir la narration, d'après la nouveauté et la complexité du sujet** ainsi que **votre légitimité à en parler**. Une souplesse qui fait gagner du temps au lecteur !

DEUX FAÇONS DE RACONTER

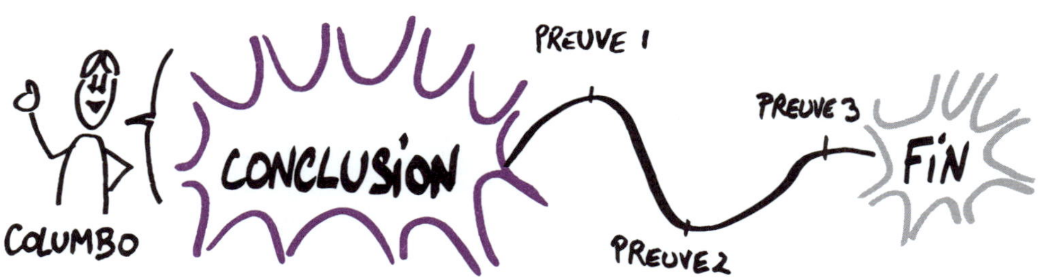

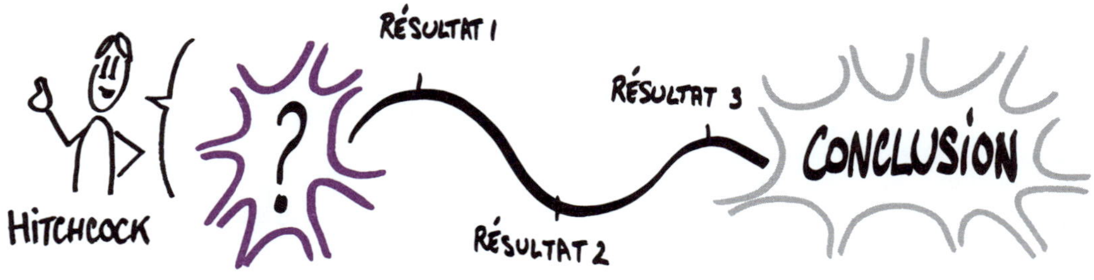

POURQUOI L'UTILISER ?

Objectifs

- Choisir le chemin de narration *Columbo* ou *Hitchcock* selon l'accueil probable du lecteur.
- Gagner du temps pour les sujets évidents. En réserver pour les sujets complexes.

Contexte

Choisissez l'ordre d'apparition des idées à chaque niveau de lecture : plan général, chapitre, paragraphe ou diapo, introduction.

COMMENT L'UTILISER ?

Étapes

1. Comment raconter une histoire ?

Simplifions ! Il y a deux chemins pour raconter une histoire :

- la narration *à la Hitchcock*, qui dévoile la conclusion à la fin, après une longue explication ;
- la narration *à la Columbo*, qui annonce le verdict dès le départ, puis explique comment arriver là.

2. Pourquoi choisir l'un plutôt que l'autre ?

Avec *Hitchcock*, le destinataire peut poser des questions à chaque étape. Il a le temps de s'approprier le raisonnement. Sujet complexe ou conclusion farfelue, cette narration est adaptée pour un public ignorant du sujet ou réticent à la conclusion. Ce cheminement privilégie la pédagogie.

- Idée principale : *Face à l'épidémie de la Covid 19, pour éviter les morts par saturation des hôpitaux, respectons les distances de sécurité.*
- *1 % des malades meurent s'ils ne reçoivent pas d'assistance médicale lourde.*
- *L'hôpital peut accueillir 5 000 malades graves et pas plus.*
- *L'hôpital peut doubler ses capacités matérielles en 2 mois mais il ne peut pas former 2 fois plus de soignants en si peu de temps.*

Avec *Columbo*, le destinataire peut contester l'idée principale dès l'introduction. Cet ordre de présentation est adapté pour un public neutre ou conquis à l'idée principale. Sujet simple, conclusion évidente, tout le monde gagne du temps.

- Idée principale : *Les visuels chargés desservent l'orateur et l'auditeur.*
- *Trop nombreuses, les idées sont noyées.*
- *L'auditeur ne voit pas l'essentiel : que lire ou retenir.*
- *L'orateur peine à dire l'essentiel et à guider le regard de l'auditeur.*

3. Comment choisir l'ordre des idées ?

Votre choix de narration dépend de l'accueil pressenti du destinataire. Voici quelques questions à vous poser en complément de l'étude DDDD.

- L'idée principale est-elle complexe ?
- Est-elle novatrice dans un environnement conservateur ou conservatrice dans un milieu créatif ?
- Comporte-t-elle un fort enjeu collectif ou individuel : perte de pouvoir, baisse de pouvoir d'achat sans contrepartie, plus de responsabilités... ?

Si oui, racontez *à la Hitchcock.*

Méthodologie et conseils

- Préférez l'ordre *Columbo* qui éveille l'intérêt du lecteur et fait gagner du temps.
- Réservez la narration *à la Hitchcock* aux sujets complexes ou inattendus.
- Avec *Hitchcock,* le lecteur doit tout lire avant de réfléchir à ses objections. Pour lui épargner les détails, simplifiez l'analyse.
- Un sommaire *à la Columbo* présente d'emblée les questions et leurs conclusions. Un sommaire *à la Hitchcock* n'affiche que les questions.
- L'ordre *Hitchcock* longe notre pensée chronologique. Pour *Columbo*, changez vos habitudes : une fois le paragraphe ou le chapitre rédigé, déplacez l'idée principale en tête.

Suite outil 5 →

Avant de vous lancer...

✓ **Menez une étude DDDD et testez l'accueil d'un destinataire lors d'un appel ou d'un RDV officieux.**

Voir Outils 8, 12, 60, 61 et 62

Suite outil **5**

Columbo ou *Hitchcock* ?

Interview

Réalisateur de formation, passionné de lecture et de cinéma, Loïc Djian conçoit et réalise des films de fiction ou des documentaires, crée des événements culturels ou des voyages culturels immersifs virtuels comme *Walden*.
En plus du volet créatif, son métier le conduit à présenter des dossiers pour trouver des financements, puis à réaliser l'ouvrage – sujet, scénario détaillé, tournage, montage et promotion.

Quels sont les ingrédients pour raconter une histoire ?

Pour simplifier, trois ingrédients déterminent la qualité d'une histoire : le sujet, le média, et l'auditoire.

Le sujet : la première question à se poser est de formuler finement le sujet dont on veut, au fond traiter : une histoire d'amour impossible, la menace d'un alien sur l'humanité naïve, etc. Cela prend du temps de maturation.
Prenons l'exemple de *Walden*. Après discussions avec des partenaires, j'ai fini par affiner LA formule, au plus près du sujet : « *Walden*, une forêt littéraire à explorer… ».
Quand votre sujet trouve sa juste formulation, le socle existe : il devient possible de bâtir une histoire cohérente. C'est aussi la clé pour présenter le projet avec clarté et conviction à des éditeurs, financeurs ou mécènes.

Dans le cas de *Walden*, cette formule concentre plusieurs atouts : cette phrase simple plante le sujet sans ambigüité, éveille la curiosité en associant l'univers mystérieux de la forêt à l'ambiance intime de la lecture, évoque le média quand il invite l'internaute à l'exploration virtuelle, les trois petits points finaux laissant tout de même une part de mystère.

Comment le média change-t-il votre métier de réalisateur ?

Avec l'explosion d'Internet, la palette du réalisateur s'est élargie : web doc, site, page interactive, applis, etc. On ne peut plus penser le sujet séparément du media. *Walden* a évolué avec la forme.

Sa première version éditoriale diffère de l'événement immersif virtuel à la Foire de Francfort de 2017, différent du site immersif en ligne actuel : www.walden-site.com. Cependant, à l'heure des prouesses techniques comme le métavers, le media ne déploie sa puissance qu'au service d'un sujet ancré.

D'ailleurs, un créateur inexpérimenté risque de prospecter trop tôt : le projet brille par la forme – beau visuel interactif, alors que le sujet est mal dégrossi – et la fragilité du propos saute aux yeux des prospects. Il faut revoir sa copie, sculpter le sujet, restructurer l'histoire…

Parlez-nous des divers chemins narratifs

En fiction, le scénario raconte une histoire explicite pour nourrir le sujet en toile de fond. Les événements égrenés maintiennent l'attention. Pour un documentaire, le sujet s'énonce directement sans filtre, *à la Columbo*, proche des présentations en entreprise où le public n'a pas le temps.

Dans les deux cas, le scénariste fixe l'ordre dans lequel les événements se produisent, leur nombre et leur nature, comme le plan que vous rédigez avant de développer votre exposé. Chaque culture et chaque genre privilégient ses chemins de narration : ainsi pour un même genre, se distingueront le cinéma américain, français et japonais.

Si un schéma narratif fonctionne, pourquoi ne pas le réutiliser tel quel ?

Certains films d'action américains, toujours structurés de la même façon, proposent une mécanique bien huilée : le spectateur regarde jusqu'au bout. Cependant, un scénario réussi mais formaté risque de lasser le spectateur par défaut d'originalité. Cette observation est transposable au monde de l'entreprise.

La façon de présenter le sujet dépend aussi de l'auditoire, en quoi ?

Pour convaincre un partenaire d'investir ou un prospect d'acheter un produit, il est indispensable de l'impliquer en personnalisant l'argumentaire. Tel éditeur de contenu s'intéresse d'abord au sujet et aux sources, un financier s'intéresse d'abord au budget et au retour sur investissement, un auditoire technique à l'architecture technique, au langage.

Pour la version immersive et virtuelle de *Walden* née à la Foire du livre de Francfort portée par l'Institut français et la Fondation Jan Michalski, j'avais rédigé plusieurs dossiers de financement : personnalisé pour tel éditeur, pour le CNC, pour telle chaîne, pour telle fondation. À chaque fois, l'ordre des chapitres et leur importance relative changent.

Votre interlocuteur doit se sentir concerné. Et ce qui m'intéresse moi ne se calque pas exactement sur ce qui intéresse mon interlocuteur. C'est à moi d'écouter, d'adapter mon propos et non l'inverse.

Outil 6 Toujours résumer

> « *Le bon résumé est un instrument de prospection.* »
>
> J. Guitton

En quelques mots

Que fait-on quand on **résume un tas d'informations ?** Dans cet effort intellectuel, on rassemble des données éparses autour d'un point commun. En permanence, notre esprit classe, **regroupe et ajoute une catégorie** pour mieux mémoriser, et ce, depuis le plus jeune âge : un jour, le tout-petit ne pense plus « voiture – voiture – voiture – voiture », mais « beaucoup de voitures ». À son insu, il détecte le point commun et crée le pluriel, notion très utile qui rassemble l'identique.
L'esprit de synthèse améliore le dialogue, élève le débat pour réfléchir plus loin. On ne surfe plus, on escalade dans un effort qui facilite le travail du lecteur !

L'ESPRIT DE SYNTHÈSE

POURQUOI L'UTILISER ?

Objectifs

- Mémoriser une grande quantité d'informations.
- Ouvrir un niveau de réflexion supplémentaire.
- Maîtriser sa communication.
- Faire gagner du temps aux interlocuteurs.

Contexte

En phase d'analyse pour résumer le monologue en mémo ou en phase de communication, multiples sont les occasions de synthétiser son propos : construire un plan questions-réponses (QR) dynamique, titrer un chapitre, un paragraphe, une diapo ou un *post*, conclure une réunion ou un entretien.

COMMENT L'UTILISER ?

Étapes

1. **Résumer, c'est d'abord détecter un point commun puis créer une abstraction qui regroupe les éléments sur ce point commun**.

Spontanément, notre esprit regroupe des éléments qui partagent une caractéristique commune. Le résumé n'extrait pas, il ajoute une idée transversale qui englobe les éléments détaillés :

- Résumé construit sur une **identité commune :** *ceinture de sécurité, feux antibrouillards, rétroviseur panoramique, ABS et airbag.* ***Voici des équipements automobiles pour la sécurité.*** *Fauteuils en cuir et volant réglables, phares automatiques, toit ouvrant.* ***Voici des équipements automobiles pour le confort****;*
- Résumé construit sur une même **cause** : *les terrains sont détrempés ; les caves inondées ; les ponts sont arrachés. En synthèse, les pluies diluviennes provoquent de multiples dégâts ;*
- Résumé autour de la même **conséquence** : *se régaler de chocolats et de glaces ; rester en pyjama ; regarder des séries illimitées tout le week-end.* **En synthèse, soigner ou aggraver un coup de blues ?**

2. **Pour les dossiers complexes, construisez une pyramide de résumés**.

Si la synthèse ne va pas de soi, dégagez d'abord les résumés intermédiaires d'après le classement. Puis, résumez les résumés intermédiaires. Pas à pas, l'on réussit à dégager la synthèse d'un dossier riche.

Méthodologie et conseils

- Résumer n'est pas extraire, c'est ajouter un niveau d'abstraction.
- Abstraire l'idée principale demande plus d'effort que d'en énumérer les idées, c'est pourquoi nous l'évitons.
- Face à une masse d'information, notre esprit cherche le point commun pour mémoriser l'information : soumettez une liste de courses en vrac à quelqu'un, il ne pourra s'empêcher de les regrouper par point commun (primeur, boulanger, presse, etc.).
- Dans la narration *Columbo*, on annonce d'abord le résumé du propos. Ainsi, le lecteur prend position dès le départ : « d'accord ; pas d'accord ; besoin d'en savoir plus pour me prononcer ».
- Le point d'assemblage du résumé saute aux yeux : identité, cause ou conséquence. Aussi, la synthèse se formule mécaniquement comme un Constat, une Opinion ou une Recommandation selon le point commun souligné.

Voir Outils 18, 19 et 48

Avant de vous lancer...

- ✓ **Un résumé s'exprime en une phrase concise. Un mot ne donne pas un résumé, c'est une rubrique qui étiquette seulement les éléments en relation avec ce thème.**
- ✓ **Entraînez-vous avec l'exercice en ligne (outil D).**

Outil 7

Cibler l'objectif de sa communication

> “
> *Je fus impressionné par l'assurance avec laquelle il débitait des lieux communs.*
>
> P. Roth

En quelques mots

Un mail banal se transforme en polémique ? Une demande n'est suivie d'aucune action ? Oui, le lecteur ne se contente pas d'un contenu logique pour l'accepter. Le destinataire interprète le message d'après son point de vue sur le contenu et sur l'émetteur. Aussi, **formulez votre objectif de communication (OC)** pour adopter un argumentaire et un ton proportionnés à la situation : détaché, concerné ou engagé. Au cœur de la démarche en nœud papillon, décrivez **ce que vous attendez de l'échange** avant de concevoir la communication. Vous pourrez *a minima* ajuster le propos au contexte.

L'OC DÉTERMINE LE TON DU MESSAGE ET L'ARGUMENTAIRE

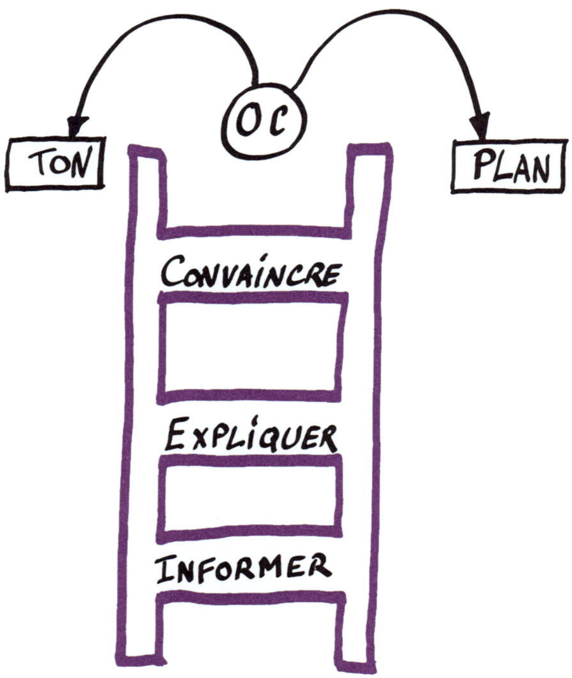

POURQUOI L'UTILISER ?

Objectifs

- Préciser l'effet que l'on veut produire sur le lecteur.
- Étalonner avec l'échelle des OC les objectifs de communication.
- Préparer un document dont le plan et le ton du document sont adaptés à l'OC.

Contexte

Avant toute communication, mail, exposé ou rapport, réfléchissez à votre OC pour adopter un style et un argumentaire approprié.

COMMENT L'UTILISER ?

Étapes

1. Qu'appelons-nous objectif de communication ?
L'OC définit ce que vous attendez de l'interlocuteur par votre message. Pour simplifier, retenons trois OC :
– lui transmettre une information sans débat ;
– lui faire comprendre quelque chose ;
– le convaincre de quelque chose.
Nous les avons hiérarchisés selon leur intensité sur une échelle (*cf.* schéma ci-contre).

- Pour informer sans créer de débat. L'objectif « bas » consiste à informer sans provoquer de débat. Vous souhaitez que le lecteur prenne note sans contester l'information. C'est le cas des comptes rendus, mails d'information et messages passe-plat. *« Je cherche à Informer la Direction de l'évolution des effectifs depuis un an. »*
- Pour expliquer, alerter, rassurer, donner un point de vue. Vous souhaitez faire comprendre, prendre conscience, présenter un point de vue. Pour cet objectif fréquent, établissez un dialogue, vulgarisez, engagez un débat, provoquez des questions chez votre lecteur. *« Je cherche à alerter la Direction des taux de démission anormalement élevés dans le personnel hospitalier. »*
- Pour convaincre de faire, de décider, d'acheter, de lire, d'investir de l'argent ou du temps. C'est l'objectif le plus élevé que visent les propositions commerciales, les points à arbitrer en copil, etc. Vous incitez votre interlocuteur à s'engager dans une décision ou à dépenser un budget, vous lui demandez de **prendre des « risques » : faites de même.** *« Je cherche à convaincre la Direction de recruter du personnel hospitalier, pour éviter les erreurs médicales. »*

2. Formulez l'indice qui montre que vous aurez atteint l'OC.
Dans le contexte précis, quel fait visible montre que votre OC est atteint ou, à défaut, qu'il ne l'est pas ? À l'exception de l'OC « informer », attendez-vous à des débats avec l'interlocuteur.

3. Travaillez votre texte d'après l'OC.
L'OC détermine le type de plan lié ou juxtaposé, le ton et le soin que vous allouez à ce texte. Plus l'OC est ambitieux et plus vous devrez le travailler.

Méthodologie et conseils

- Pour informer, un plan aux idées juxtaposées sous forme de constats suffit. En revanche, il ne convaincra pas.
- Ne confondez pas l'objectif final avec les objectifs intermédiaires. Concentrez-vous sur l'objectif le plus élevé. Pour que votre interlocuteur prenne des risques (OC élevé), il doit lire que vous en prenez aussi. Votre engagement grandit avec l'OC : ton détaché, puis concerné, jusqu'à un contenu au ton engagé.
- Pour ajuster votre OC, analysez aussi le contexte de la communication.

Suite outil 7 →

Voir Outils 2, 4 et 8

Avant de vous lancer...

✓ **L'OC s'exprime au « je ». Utile au rédacteur, il n'est montré à personne.**

✓ **Même si l'OC ne se dit pas au lecteur, le défaut d'OC conduit à des textes vagues ou organisés selon la pensée du rédacteur.**

Suite outil 7

Cibler l'objectif de sa communication

Exemple

L'objectif de communication détermine le ton du message et le choix de l'argumentaire

EXEMPLE DE MESSAGE POUR L'OC « INFORMER SANS CRÉER DE DÉBAT »

- **OC :** informer l'équipe des résultats de l'étude menée par l'ergonome le mois dernier.
- **Preuve :** le silence. L'interlocuteur prend note sans contester la véracité de l'information.
- **Ton détaché avec un message de Constat (ROC) :** pour informer, l'on formule des constats, phrases où le point de vue de l'auteur est invisible. Il faut parler net, neutre, bref et bas, étayer par des repères et des éléments de mesures.
- **Texte :** *Dans notre équipe, chaque salarié reste assis 7 h par jour.*

- **Écueil à éviter :** un message au ton trop engagé engendrerait une réaction du lecteur. La difficulté de la note d'information réside dans la formulation d'une phrase objective et factuelle :
Bonjour Mathilde, bonjour Damien, la Direction vient de m'envoyer le calendrier des RTT. Je vous le transmets en espérant qu'il vous conviendra...
Dans ce contre-exemple, le rédacteur demande implicitement aux destinataires de bien vouloir accepter des dates (gênantes ?), alors qu'il n'a pas le pouvoir de les changer. Il aurait suffi d'écrire :
Bonjour Mathilde, bonjour Damien, Voici le calendrier des RTT. Bonne journée.

EXEMPLE DE MESSAGE POUR L'OC « FAIRE COMPRENDRE »

Dans cet OC, l'on souhaite que le destinataire comprenne l'explication, mesure le danger, la complexité, qu'il adhère ou qu'il se sente concerné.

- **OC :** l'équipe doit mesurer le danger de travailler tout le temps assis.
- **Preuve :** en réunion, ils posent des questions à l'ergonome et sur la démarche pour limiter le problème.
- **Ton concerné avec un message d'Opinion (ROC) :** expliquer son point de vue, alerter, rassurer, renvoyer à des faits vérifiés, des références dans le domaine, pour défendre son point de vue.
- **Texte :** *D'après l'ergonome, notre équipe reste assise trop longtemps, ce qui explique les maux de dos et céphalées récurrentes.*

EXEMPLE DE MESSAGE POUR L'OC ÉLEVÉ « CONVAINCRE »

Ici, l'on souhaite mobiliser le destinataire, qu'il se sente impliqué et qu'il agisse.

- **OC :** inciter à tester le bureau ajustable pour changer de position dans la journée.
- **Preuve :** au moins un salarié veut tester un bureau ajustable dans les 24 h.
- **Ton impliqué avec un message de Recommandation (ROC) :** évoquer un plan d'action, travailler sur la réalisation, s'impliquer par des actes et un propos tourné vers l'action. Il ne suffit pas de dire « *faites cela* », il faut avoir convaincu des avantages et avoir montré sa propre conviction.

- **Texte :** *Je teste le bureau ajustable et les maux de dos ont disparu. De plus, alterner les positions debout et assis améliore la réflexion et la santé. Appelez-moi pour installer votre bureau ajustable.*

RÉSUMÉ DE L'OC ET DE SES EFFETS SUR LE TEXTE

Informer sans créer de débat :

- Situations : compte rendu, transferts de mails dont on ne veut pas se mêler, bilan d'observation.
- Plan aux idées juxtaposées : quoi, quoi, quoi, ou comment, comment, comment, etc.
- Les données et leurs sources sont fiables et exhaustives.
- Langage simple et positif.
- Ton détaché, Constat.
- L'avis du rédacteur est neutralisé.

Alerter, expliquer :

- Situations : mail, *post*, rapport ou exposé où l'on doit présenter son point de vue, analyser des causes, expliquer une expertise.
- Plan aux idées liées : qui, quoi, comment, pourquoi.
- Langage aux explications et concepts simplifiés.
- Ton concerné, Opinion qui provoque question et débat.
- Le point de vue de l'auteur est explicite.

Convaincre et faire décider :

- Situations : vente ou avant-vente, influence pour prendre une décision importante, chapitre des recommandations ou points d'attention dans une étude d'impact ou un audit.
- Plan aux arguments enchaînés qui provoquent la décision ou l'action : déduction, cause, situation – problème – solution, etc.
- Le langage est soutenu et la logique rigoureuse.
- Ton engagé, Recommandation.
- La conviction de l'auteur est démontrée.

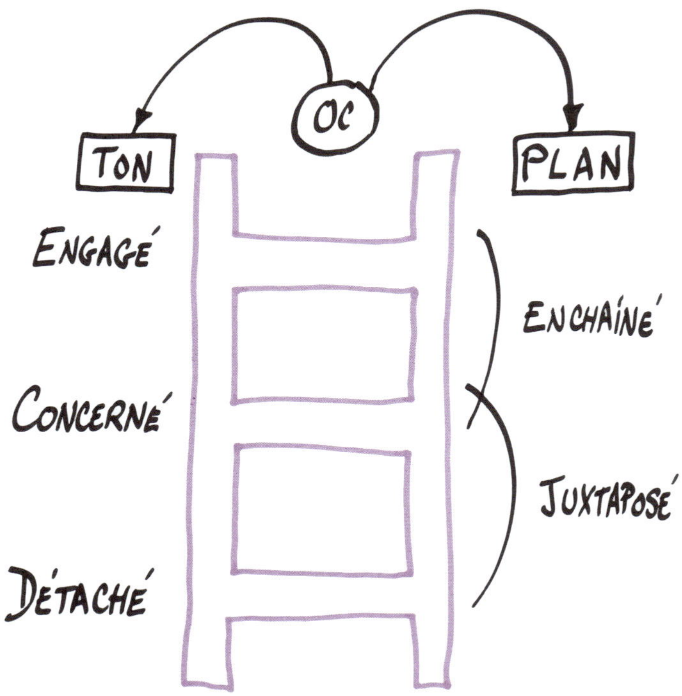

Outil 8

Étudier la situation avec DDDD

> Ne donne pas de conseils à moins qu'on t'en prie.
>
> Érasme

En quelques mots

Dès l'âge de trois ans, nous **décryptons les situations de communication**, condition de survie en société. Cependant, les mails silencieux échangés avec des destinataires inconnus ou lointains, nous font oublier qu'un document professionnel doit être adressé avec attention pour être lu ! Pour tourner un propos qui sera entendu, tenez compte du **contexte DDDD** dans lequel il s'inscrit : profil du **Destinataire**, sa **Disponibilité**, sa **Disposition vis-à-vis du contenu** et sa **Disposition à votre égard**. Avec DDDD au cœur de la démarche en nœud papillon, augmentez les chances d'émettre sur la même longueur d'onde que vos interlocuteurs.

L'OUTIL DDDD SCRUTE LA SITUATION DE COMMUNICATION

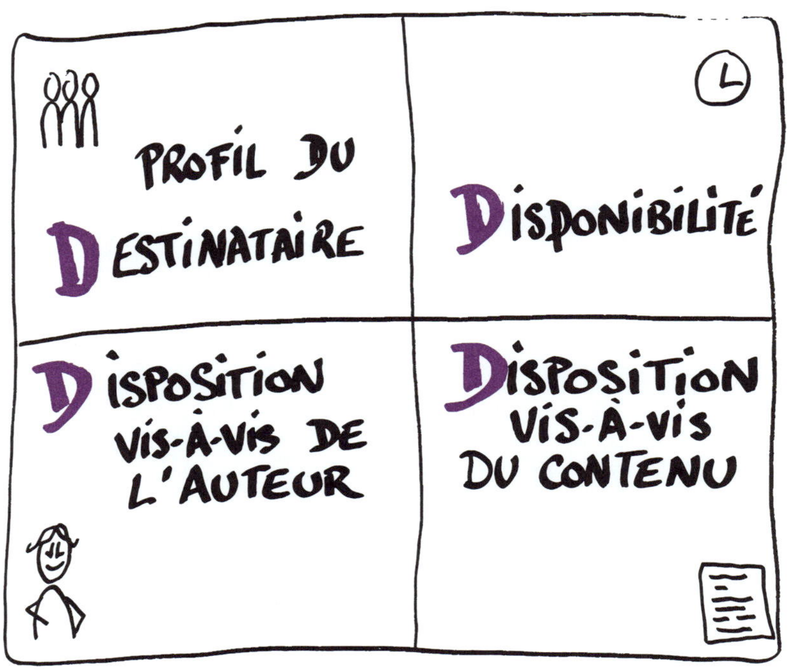

POURQUOI L'UTILISER ?

Objectifs

- Évaluer l'accueil probable du destinataire vis-à-vis des idées.
- Définir l'objectif de communication réaliste.
- Régler les paramètres du texte : structure, ton, langage, longueur.
- Allouer le temps de préparation en fonction de l'enjeu du propos.

Contexte

Votre brouillon est terminé. Avant de finaliser le texte à publier, dédiez un moment à analyser la situation de communication **(situcom)**.

COMMENT L'UTILISER ?

Consacrez quelques minutes au destinataire : intérêt pour le contenu, priorité dans sa *to do list*, relation avec l'émetteur.

Étapes

1. Étudiez la situcom et évaluez l'accueil du destinataire.

Chaussons le point de vue du destinataire : quelles seront ses raisons d'agréer, de discuter, de refuser ?

- Quel est le profil du destinataire : univers socio-culturel, système de valeurs, positions idéologiques ? Quel est son bain de langage : technique, scientifique, littéraire, managérial ? Profil PIPO ?
- Quelle est sa disponibilité pour ce sujet ? Fait-il partie de ses priorités professionnelles, individuelles ou collectives ? À quel degré : élevé, secondaire, non prioritaire ? En quoi ? Quel temps peut-il consacrer ? Quel influenceur, prescripteur, décideur ?
- Quelles sont ses dispositions vis-à-vis du contenu ? Que sait-il du sujet ? Que veut-il savoir ? Le sujet est-il nouveau ? Complexe ? Que peut-il appendre grâce à nous ? Quel volet du message peut le mobiliser, l'inquiéter ou le rassurer ? Quelles réserves et objections ? Quelles réponses ?
- Quelles sont ses dispositions vis-à-vis de l'auteur du texte ? À ses yeux, l'auteur est-il légitime ? Pourquoi ? Lui fait-il confiance ou l'a-t-il remis en cause ? Sur quels sujets ? Quel gage donner pour obtenir ou renforcer son soutien ?

2. Définissez un objectif de communication réaliste.

Vous avez évalué l'accueil probable du destinataire vis-à-vis de votre proposition : favorable, hésitant, indifférent ou opposé. Maintenant, définissez votre OC, réaliste en fonction du sujet abordé. Quel effet pouvez-vous produire sur le destinataire ?

3. Choisissez les paramètres de la communication.

- Contenu : que doit-il savoir pour prendre en compte, répondre ou décider ? Objections et arguments clés ? Détail ou *Big Picture* ?
- Modalité : comment le dire, média, angle ? Avec quel degré d'engagement ?
- Structure : plan juxtaposé ou argumentaire lié ? *Columbo* ou *Hitchcock* ? Quel style PIPO : propos sous-tendu par l'efficacité ou la sécurité, etc. ?
- Langage : familier ou formel, spécialisé ou vulgarisé ?

Méthodologie et conseils

- Cœur de la démarche en nœud papillon, l'étude de la situcom permet de traduire le mémo en message adressé ou missive.
- À l'oral, nous adaptons notre style à la situcom par socialisation. La liste DDDD systématise l'étude de la situcom pour préparer l'écrit.
- Débattre par mail creuse le défaut de diplomatie. Vérifiez que votre mail est adapté à la situcom avant envoi.
- Acceptez d'en dire moins : nettoyez ce qui ne sera pas lu à cause de la réalité DDDD.

Suite outil 8 →

Avant de vous lancer...

✓ **Plus un sujet tient à cœur, plus il faut étudier avec réalisme la situcom pour régler la teneur du propos et limiter les décalages d'attentes et d'implication.**

Voir Outils 2, 7, 42 et 61

Suite outil 8

Étudier la situation avec DDDD

Exemple

Concevoir deux messages d'après une même conclusion, mais deux situcom

Ernestine prépare deux communications : la première au comité de Direction (situcom A) et l'autre à l'équipe de commerciaux (situcom B). Elle déroule les étapes en nœud papillon.

Situcom A

1. Analyser-résumer

Mémo :

Depuis la création de l'activité « Nettoyage Numérique » il y a 6 mois, l'équipe composée de 6 jeunes commerciaux créatifs et dynamiques, a « donné » ce qu'elle pouvait sur un marché très concurrentiel. Les résultats sont bons mais un peu décevants : il est impératif d'augmenter les ventes de 20 % dans les 2 mois avant l'été, pour que les résultats annuels convainquent le codir de continuer l'expérience, de fidéliser et renforcer l'équipe (prime, formation en anglais) et d'investir dans la R & D.

2. Étudier la situcom A

Étude DDDD du comité de Direction :

- Profil des destinataires. Décideurs expérimentés dans un secteur prospère, sensibles à l'efficacité et à la rentabilité à moyen terme. Pensent qu'on va plus loin à plusieurs.
- Disposition vis-à-vis du sujet. Le codir est **favorable** à cette nouvelle activité mais ses membres la connaissent mal.
- Disponibilité. Dans leur responsabilité professionnelle c'est une **priorité invisible** car une **fusion est en cours**. Avec un **temps minimum** à consacrer à ce sujet, ils s'attendent à une vue d'ensemble des résultats, sauf décisions urgentes. J'aurai 5 minutes pour présenter.
- Disposition vis-à-vis de l'émetteur. J'ai la confiance de tous. C'est une année de test pour l'activité.
- Quels paramètres de l'intervention en comité trimestriel ? **OC** d'Ernestine : je souhaite expliquer au codir qu'il est nécessaire de fidéliser l'équipe. Expliquer que l'équipe est tenace et soudée. Évoquer la rude concurrence, montrer que la concurrence essaie de recruter. Proposer une prime de fin d'année. Préparer un message court et une vue d'ensemble avec des chiffres clés.

3. Adresser le message à la situcom A

Communication aux directeurs :

Il y a un an, nous avons décidé de lancer l'activité NN sur un marché très compétitif dominé par notre concurrent principal El Gringo.

L'équipe NN se compose aujourd'hui de 6 commerciaux jeunes, créatifs et combatifs : ils ont réussi à prendre des parts de marché à El Gringo auprès de leurs deux clients historiques Spew et Zorix. À mi-année, ils ont déjà atteint 80 % des objectifs. Ce trimestre, El Gringo a essayé de débaucher 4 commerciaux.

Je sais que la fusion est prioritaire, mais je voudrais simplement vous dire deux choses :

1) Notre choix de niche commerciale porte ses fruits.

Situcom A :
au comité de Direction

Situcom B :
à l'équipe

2) Au prochain comité, nous déciderons des primes et des formations pour fidéliser l'équipe actuelle. Sinon, ils partiront chez El Gringo. (120 mots)

SITUCOM B

1. Analyser – résumer : *cf.* Mémo p. 34.

2. Étudier la situcom B

Étude DDDD de l'équipe :

• Profil des destinataires. Avec chacun 3 années d'expérience, l'équipe est soudée mais ne tiendra pas longtemps face à des offres de salaire plus élevé.

• Disposition vis-à-vis du sujet : Les 6 commerciaux sont très investis, maîtrisent leur sujet et s'entendent bien, mais sont fatigués. Ils ont besoin d'encouragements pour la dernière ligne droite d'autant que la concurrence essaie de les recruter.

• Disponibilité : Ouvert et à l'écoute.

• Dispositions vis-à-vis de l'émetteur : L'équipe est soudée. On a plaisir à travailler ensemble.

• Quels sont les paramètres de l'intervention auprès de mon équipe ? **OC** d'Ernestine : je veux remercier l'équipe (prime, formations ?) et l'encourager pour la dernière ligne droite avant l'été. Je ne veux pas qu'ils aillent travailler ailleurs. Je dois montrer mon engagement par un niveau de langage authentique et proche, **faire des propositions concrètes** et sans langue de bois. Pour le moment, je ne peux promettre de prime avant qu'on en parle en codir à l'automne en fonction des résultats.

3. Adresser le message

Communication à l'équipe :

J'ai reçu les résultats consolidés du semestre : vous avez fait entrer 480 K€ et déjà atteint 80 % des objectifs. J'ai bien vu vos efforts, collectifs et individuels, depuis le démarrage et je vous félicite. Vous avez même réussi à arracher Spew et Zorix à El Gringo, ce dont je vais parler au prochain codir du 15 septembre. Dès le lendemain, je vous ferai un rapport sur le montant des primes.
Pour les ventes, nous sommes tout près de l'objectif total mais nous devons donner un dernier coup de collier car les 20 % restants vont se jouer avant l'été. Je vois aussi que tout le monde est crevé. Je pensais que deux jours « off » autour du WE nous donneront des forces pour la dernière ligne droite. Qu'en dites-vous ? (130 mots)

Outil 9 Juxtaposer ou relier les idées ?

« *Mais où est donc Ornicar ? Dans le puits !*

En quelques mots

Devant les multiples façons dont nos idées s'organisent en pensée, le rédacteur peut être saisi de vertige, perplexe sur l'ordre à donner aux arguments pour être compris : comment transmuer une idée en un écrit linéaire qui égrène un mot après l'autre ?
Deux agencements s'offrent à notre plume : **juxtaposer** les idées en un ordre peu contraignant ou **enchaîner** les arguments liés par une relation étroite, **où l'ordre d'apparition compte** : chronologie, cause, conséquence, contradiction. Tout un programme au parfum d'enfance résumé par la comptine : « Mais-ou-et-donc-or-ni-car ? Dans le puis ! ».

ORNICAR JUXTAPOSE OU RELIE LES IDÉES

POURQUOI L'UTILISER ?

Objectifs

- Reconnaître le lien entre les idées : juxtaposition, enchaînement.
- Choisir un plan adapté à l'objectif de communication.
- Repérer la structure d'un propos.
- Augmenter la lisibilité d'un texte,
- Améliorer les transitions d'un exposé.
- Illustrer judicieusement un texte ou une diapo.

Contexte

Ces repères vous seront utiles à toutes les étapes : structuration d'un texte et vérification de sa cohérence.

COMMENT L'UTILISER ?

Étapes

1. **Petit cadrage de vocabulaire** : **mais ou et donc or ni car ? Dans le puis !**

Pour simplifier, nos écrits sont structurés selon deux logiques, qui alternent au sein d'un texte :

– la **juxtaposition** où l'ordre d'apparition des informations compte peu comme des idées associées par **ou et ni** ;

– **le raisonnement enchaîné** où l'ordre des éléments fait sens **mais donc or car puis**.

2. **Tout ce que vous savez déjà sur la juxtaposition : mais ou et donc or ni car** ? Dans le **puis** !

La juxtaposition d'idées assemble dans un ordre quelconque des éléments homogènes : même niveau de détail (granularité) et même degré d'engagement (ROC). Exemples :

Farine, œufs ***et*** *sucre : tous les ingrédients pour un gâteau.*

Il n'y a rien pour un gâteau : ***ni*** *farine* ***ni*** *œufs* ***ni*** *sucre.*

Il y a deux options pour un gâteau : chocolat ***ou*** *citron.*

Dans chacune des phrases, les ingrédients énumérés peuvent se présenter dans un autre ordre sans gêner la compréhension.

Voir Outils 2, 4 et 7

3. **Tout ce que vous savez déjà sur les idées enchaînées : mais ou et donc or ni car ? Dans le puis !**

Contrairement à la juxtaposition, le raisonnement enchaîné présente dans un ordre défini les arguments. Voici quelques types d'enchaînements :

– **chronologie ou succession** : *Il a travaillé deux heures (**puis**) Il est parti déjeuner.*

– **relation de cause à effet, qui longe l'axe du temps** : *J'ai fait tomber le vase sur le carrelage (**donc**) Le vase est ébréché.*

– **recherche de causes, qui « remonte » l'axe du temps** : *Le vase est ébréché (**car**) Je l'ai fait tomber.*

– **déduction logique, loi générale** : *Tous les hommes sont mortels (**or**) Socrate est un homme (**donc**) Socrate est mortel.*

– **projection, qui souligne l'objectif dans un temps futur :** *Installer des panneaux solaires (dans quel but ? **pour**) Réduire l'empreinte de* CO_2.

– **actualisation, qui souligne le chemin, à revers du temps futur :** *Réduisons (demain) l'empreinte de* CO_2 *(**donc**) Installons (maintenant) des panneaux solaires.*

– **le paradoxe où l'information la plus importante se situe dans la dernière phrase :**

*J'ai fait tomber le vase sur le carrelage (**mais**) Le vase n'est pas cassé !*

*Le vase n'est pas cassé (**or**) Je l'ai fait tomber sur le carrelage !*

Méthodologie et conseils

- Dans les phrases d'un paragraphe, les paragraphes d'un chapitre et les chapitres d'un texte, les idées s'articulent.
- Réservez le coordinateur « **et** » aux additions. Sinon, évitez-le : il gomme le lien chronologique (**puis**) ou causal (**donc**).

Avant de vous lancer...

✓ **Il vaut mieux concevoir votre plan spontanément et en vérifier la logique et la cohérence *a posteriori*.**

Outil 10

Planter le plan questions-réponses

> “
> *L'homme d'esprit fait dialoguer les idées comme des personnes.*
>
> H. Bergson

En quelques mots

Une fois plantés les piliers du raisonnement, vous déviderez facilement vos arguments. Ce travail de structuration servira aussi votre lecteur pressé, qui n'a nulle envie de prodiguer des efforts démesurés pour identifier les idées nouvelles ou comprendre ce qu'on attend de lui. Épuré de développements chronophages, **le plan questions-réponses** concentre votre propos sous **la forme d'un dialogue minimal**, qui peut faire office de sommaire. Pour choisir entre un plan simple aux idées juxtaposées et un plan lié aux idées enchaînées, le contexte et l'enjeu du texte guideront votre préférence de charpentier.

LE PLAN QUESTIONS-RÉPONSES ÉTABLIT UN DIALOGUE

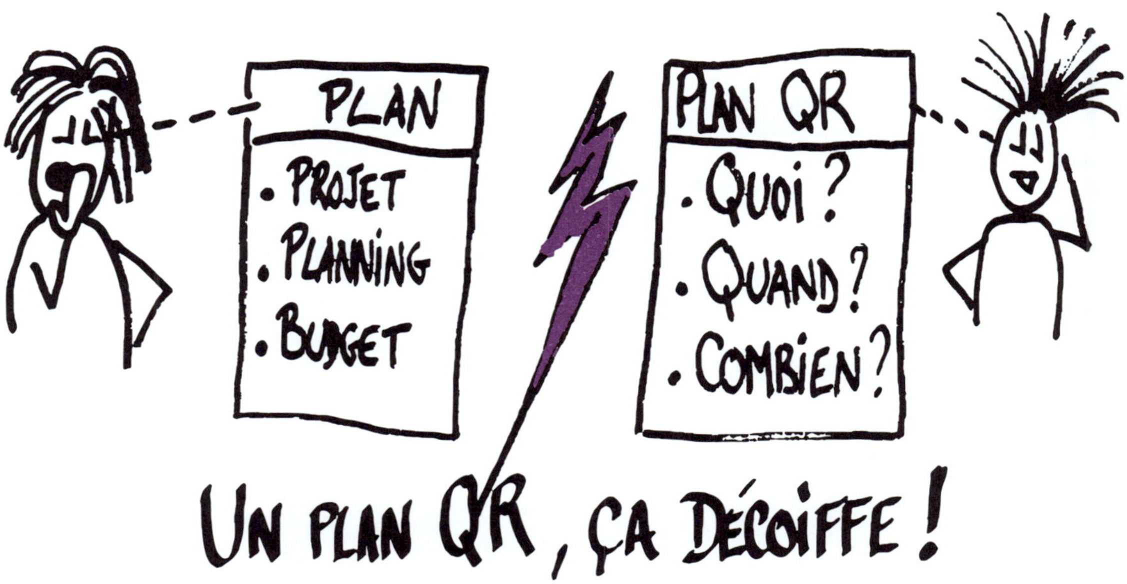

POURQUOI L'UTILISER ?

Objectifs

- Organiser les idées principales du propos sous forme de dialogue.
- Faciliter le développement d'un texte tonique.
- Accrocher l'intérêt du lecteur à chaque niveau de lecture par un propos toujours structuré.

Contexte

À ce stade, vous avez formulé le mémo, l'objectif de votre communication (OC) et l'idée principale à retenir.

COMMENT L'UTILISER ?

Étapes

1. **Commencez par un plan thématique en 3 parties.**
Développez l'idée principale en thèmes, ou notez les thèmes à aborder. Limitez-vous à 3 points : votre propos sera plus facile à mémoriser.

2. **Transformez le plan thématique en dialogue.**
Étape clé pour raconter une histoire fluide, explicitez la question ouverte à laquelle vous allez répondre dans chaque partie. L'ordre d'arrivée des arguments dépend de l'OC.
- **Des difficultés à traduire les thèmes en questions ?**
En cas de panne, défendez l'idée principale, à voix haute : *ce que je veux vous (dé)montrer, c'est...* + [un amorceur de questions tel que *Qui ? Quoi ? Pourquoi ? Pour quoi ? Dans quel but ? En quoi ? Comment ? Combien ?*] Notez vos paroles et condensez-les.

3. **Rédigez la réponse (R) à chaque question (Q).**
L'ordre d'arrivée des arguments dépend de l'OC.

4. **Présentez un sommaire *à la Hitchcock* ou *à la Columbo*.**
On peut soit afficher d'emblée le plan QR, soit l'incrémenter pas à pas.
Votre choix dépend de l'accueil probable des destinataires :
– pour un lecteur réticent, choisissez un sommaire prudent *à la Hitchcock* sous forme de questions. Incrémentez les réponses entre chaque chapitre ;
– pour un lecteur neutre ou conquis, optez pour un sommaire *à la Columbo* sous forme de trois QR.

Méthodologie et conseils

- Tout texte a besoin d'une structure qui guide le rédacteur et le lecteur.
- Vivants, les plans QR incitent à la lecture car ils établissent un dialogue avec le lecteur.
- Le conseil s'applique encore mieux aux exposés.
- Le plan QR présente l'essentiel en sommaire : un *executive summary.*
- Oubliez les plans thématiques *: état des lieux, dysfonctionnements, plan d'action.* Génériques et ennuyeux, ils n'apportent rien au lecteur ni au rédacteur.
- Deux types de plan existent : le plan aux idées parallèles ou liées. Ils dépendent de votre OC.

Suite outil 10 →

Voir Outils 5, 8 et 41

Avant de vous lancer...

✓ **Certains d'entre vous préféreront rédiger le texte courant sans plan. Dans ce cas, structurez-le *a posteriori* : identifiez un groupe d'informations qu'un titre QR peut récapituler. Ce canevas évitera au lecteur de se noyer.**

Suite outil **10**

Planter le plan questions-réponses

Comment distinguer un plan aux idées parallèles d'un plan aux idées liées ?

Dans le plan parallèle, aux idées superposées, les chapitres sont reliés par un thème commun. L'ordre des chapitres peut changer sans nuire à la compréhension. Pour informer sans créer de débat, un plan parallèle vient spontanément et répond aux questions « quoi ? » ou « comment ? ». Pour le lecteur, on les classe par ordre d'importance ou d'urgence.
Dans le plan lié, aux idées enchaînées, les chapitres sont reliés par un lien logique ou chronologique. Ils dépendent les uns des autres et leur ordre d'apparition compte.

Quels sont les principaux plans parallèles ?

Plan à tiroirs

Ce plan traite de sujets indépendants dont l'ordre de présentation n'a aucune importance.
1. *L'avancement des chantiers 1, 2 et 4 est conforme aux prévisions.*
2. *Sur le chantier 3, trois des vingt indicateurs ont atteint la cote d'alerte.*
3. *Pour la maintenance informatique, quel prestataire choisir ?*

Plan de type *Rubik's cube*

Ce plan traite de sujet d'importances équivalentes. Il tire sa force dans le tout complet qu'il forme. Aucune facette ne doit être omise. Si l'une fait défaut, tout le document semble bancal. Remarquons dans l'exemple que l'amorceur est toujours le même (*pourquoi*), ce qui n'arrive pas dans un plan lié.
L'entreprise souffre de trois faiblesses :
- *Pourquoi la sous-performance commerciale ?*
- *Pourquoi le déficit financier ?*
- *Pourquoi le déficit d'image ?*

Plan de type palmarès

Ce plan présente des thèmes articulés autour d'un même sujet. Ils sont présentés par ordre d'importance, le plus important à la fin.
1. *Le scénario n°1 privilégie des rentrées rapides mais ponctuelles.*
2. *Le scénario n°2 vise une prospérité durable mais à cinq ans.*
3. *Le scénario n°3 privilégie une montée en gamme des deux filiales dès l'an prochain.*

Plan yin et yang

1. *Quels sont les avantages de la solution ?*
2. *Quels sont les inconvénients de la solution ?*
3. *Quels critères de hiérarchisation choisir ?*

Quels sont les principaux plans liés ?

Propices à un OC ambitieux, les plans A, B et C structurent un audit ou une proposition commerciale.
Avec un OC moins ambitieux, les plans D et E décrivent la situation (rapport de stage, procédure, compte rendu).

Plan A : Situation Problème Solution (SPS)

Le nombre de démissions entrave le bon fonctionnement de l'entreprise : il faut remettre en question notre modèle d'évaluation.
1. *Pourquoi fidéliser les salariés ? Trop de salariés compétents démissionnent depuis la fusion.*
2. *Pourquoi un turn-over aussi élevé ? Depuis la fusion, les évaluations hétérogènes découragent les meilleurs.*
3. *Comment professionnaliser l'évaluation ? Redéfinir les principes et former tout le monde à l'encadrement et aux conditions de promotions.*

Plan B : Trajectoire

1. *Comment développer notre autonomie ?*
2. *Quels impacts de se fournir chez X ?*
3. *Quel fournisseur intégrer ?*

Plan C : Déduction

1. *L'immobilier prospère quand les prêts sont bon marché.*
2. *Les taux baissent depuis trois ans.*
3. *Les transactions vont augmenter.*

Plan D : Télescope

1. *Le Groupe ambitionne la place de leader.*
2. *La branche Industrie dépasse ses concurrents.*
3. *L'équipe affacturage se pose en modèle chez Industrie.*

Plan E : Chronologique

1. *Quelle est l'histoire des* Telcos *en Occident ?*
2. *Comment le marché actuel est-il structuré ?*
3. *Comment devenir un acteur incontournable sur les* Telcos *?*

Comment choisir entre un plan parallèle et un plan lié ?

Votre OC détermine le type de plan. Pour simplifier, nous avons défini trois OC : informer, expliquer, convaincre.

- Pour informer et décrire, un simple plan parallèle suffit.
- Pour convaincre, les argumentaires aux idées liées sont incontournables. Plus difficiles à construire, ils demandent plus de réflexion et d'attention que les plans parallèles.
- Aussi, quand l'OC est ambitieux, un plan enchaîné structure le document avec des questions « Pour quoi ? » ; « Pourquoi ? »; « Comment ? ».

IDÉES PARALLÈLES OU LIÉES, LE PLAN DÉPEND DE L'OC

Outil 11

Le titre emballe le texte

> “
> *Lire, c'est aller à la rencontre d'une chose qui va exister.*
> I. Calvino

En quelques mots

Pressé, le lecteur se contente souvent de balayer **les titres** et **intertitres**, pour goûter l'eau avant d'y plonger. Enveloppes qui annoncent ou résument les développements, la « **titraille** » incite le lecteur à lire, lui si rétif à consacrer du temps à notre prose. Concis et appétissant, un bon intitulé **éveille la curiosité et attire par sa clarté**. Pour le rédacteur, c'est un exercice ludique de prise de hauteur, après que le rapport détaillé est terminé : transformé en journaliste le temps de dénicher une formule attractive qui ne trompe pas sur la marchandise, présentez avec gaieté votre labeur.

LE TITRE DÉBALLE LES IDÉES FORTES

POURQUOI L'UTILISER ?

Objectifs

- Annoncer l'idée nouvelle avant de la développer.
- Faciliter la lecture par la fonction visuelle des titres et intertitres.
- Souligner la structure du propos avec des titres et intertitres.
- Offrir au lecteur le choix de lire à plusieurs niveaux : survol ou approfondissement au gré de son intérêt.

Contexte

Certains rédigent les titres avant de développer, d'autres, après : quelle que soit votre méthode, incitez le lecteur à vous lire.

COMMENT L'UTILISER ?

Étapes

1. Le titre, une phrase comme les autres ?
Question ou affirmation, la titraille attire le regard du lecteur et lui donne envie de lire le développement. C'est un « sur-texte » autonome du texte qui suit.

2. Comment fabriquer un titre ?
Si vous ne parvenez pas à formuler un titre clair et concis, je vous propose un détour : rubriquez, posez la question, répondez, réduisez.

- **Rubriquez.** Les titres dévoilent le plan de votre propos. Pour commencer, notez les thèmes développés dans chaque paragraphe.

Par exemple : *introduction, objectif du document, résultat de l'étude XYZ.*

Dans le cas d'un guide, l'intertitrage par rubrique facilite la recherche grâce aux thèmes identiques d'une page à l'autre.

- **Posez une question ouverte.** Pour chaque thème, rédigez la question précise à laquelle vous allez répondre dans le développement.

Résultat de l'étude XYZ : quelles sont les conséquences comparées chez l'enfant qui a appris à écrire via *un clavier ou manuellement ?*

- **Répondez à la question.** Résumez l'idée principale du développement. Concentrez-vous sur le sens.

D'après l'étude XYZ, les enfants qui ont appris à écrire à la main maîtrisent durablement la lecture.

- **Réduisez.** Les titres longs découragent le lecteur. Condensez des titres en dix mots maximum.

Chez l'enfant, écrire à la main ancre les acquis.

3. Comment signaler les titres au lecteur ?
Constitutifs d'une même enveloppe, les titres d'un même niveau de lecture forment un tout cohérent qui entoure un propos plus développé. Signalez-le au lecteur :

- harmonisez le style grammatical et le ton des titres ;
- distinguez-les du texte courant par leur forme : police, couleur, emplacement, stables par niveau de titre.

Méthodologie et conseils

- **Autonome du texte**, le titre ou l'intertitre annonce l'essentiel, développé dans le paragraphe qui suit.
- Le titre signale visuellement l'emplacement des idées nouvelles. Formulé avec soin, il prépare le lecteur au développement.
- Si l'idée du titre est difficile à comprendre ou à accepter par le lecteur « titrez » sous forme de questions.
- Combien de niveaux de titre ? Trop de titres morcèlent le propos. Dans le doute, tenez-vous en à trois niveaux de lecture.
- Dans un mail, l'objet du mail constitue le premier titre.
- Un titre *à la Hitchcock* pose une question ouverte, un titre *à la Columbo* annonce la couleur.
- Sur une page ou une diapo, une seule phrase segmentée peut former les intertitres d'un même niveau.

Voir Outils 5, 6, 18 et 57

Avant de vous lancer…

✓ **Vous pourrez parfois établir une connivence prudente avec votre destinataire *via* quelques libertés de style dans les titres.**

Outil 12

Commencer par l'introduction SCQA

> Il est temps, levons l'ancre.
>
> C. Baudelaire

En quelques mots

Mail, suivi de projet, compte rendu, proposition, tout écrit professionnel sera lu par un **lecteur pressé**. Que fait-il avant de plonger dans le document ? Il lit l'introduction et le plan pour s'assurer que le sujet le concerne et l'intéresse. Douane intraitable, l'introduction congédie ou invite à la lecture. C'est dire son importance ! À l'inverse des introductions vagues ou abruptes, l'ouverture composée de quatre thèmes – **Situation, Complication, Question, Annonce de plan** (SCQA) – résume le sens du propos et mobilise le lecteur.

L'INTRODUCTION SCQA PROVOQUE L'ATTENTION

POURQUOI L'UTILISER ?

Objectifs

- Inciter le lecteur à lire ou écouter les développements.
- Annoncer le propos par un texte d'appel structuré.
- Inciter le lecteur à lire par une mise en bouche appétissante.

Contexte

Hormis les messages instantanés, tout propos oral ou écrit a besoin d'une introduction pour capter l'attention de l'interlocuteur.

COMMENT L'UTILISER ?

Étapes

1. Comment l'introduction SCQA est-elle structurée ?

– S : *Il y a 3 ans, le Groupe Tag a racheté Pig pour devenir indépendant des fournisseurs de pigments.*
– C : *Malgré des pigments d'excellentes qualités, Pig est déficitaire et Tag envisage de s'en séparer.*
– Q : *À la demande du comité de Direction de Tag, notre équipe a analysé la situation de Pig. Est-il souhaitable de garder Pig dans le Groupe Tag ?*

- **S comme situation.** Au départ, posez le décor avec des faits incontestés en relation avec la question traitée : contexte historique, dernières décisions. Ce début aide le lecteur à quitter ses préoccupations et rappelle des évidences.
- **C comme complication.** Énoncez la difficulté, « la douleur du client » ou l'opportunité à l'origine de l'étude ou de la réunion.
- **Q comme question.** Formulez la question principale à laquelle le document ou l'exposé va répondre. Cette question ouverte peut être directe ou indirecte.
- **A comme annoncer le plan.** Annoncez le titre des chapitres, dans un esprit prudent ou confiant.

Voir Outils 5, 8, 15 et 26

2. Prudence ou confiance, comment choisir ?

Dès l'introduction, vous pouvez choisir un propos prudent ou confiant, en adaptant l'annonce de plan. Si vous êtes confiant sur l'accueil du lecteur, annoncez sur-le-champ les réponses. Cette narration *à la Columbo* fait gagner du temps. Sinon, présentez seulement les questions dans un plan *à la Hitchcock*.

Exemple de plan prudent *à la Hitchcock* :

Q : *Est-il souhaitable de conserver Pig dans le Groupe ?*

A : *Dans la première partie, nous analysons les causes du déficit. Dans la deuxième partie, nous présentons comment remettre Pig à flot. Enfin, nous comparons les scénarios sur 3 plans : qualité, économie, image du Groupe.*

Exemple de plan confiant *à la Columbo* :

Q : *Est-il souhaitable de conserver Pig dans le Groupe ?*

Réponse et message clé : *Garder Pig, c'est un effort à court terme qui renforcera le Groupe Tag.*

A : *Dans la première partie, nous montrons que seule la sous-production cause le déficit de Pig. Dans la deuxième partie, nous montrons que Pig devient rentable. Enfin, nous comparons la vente et le maintien : garder Pig améliore la gamme Tag.*

Méthodologie et conseils

- Finalisez le plan détaillé avant l'introduction.
- Soignez le style et le vocabulaire, car le lecteur ou l'auditeur peut changer d'état d'esprit selon la qualité de votre introduction.
- Adoptez la structure SCQA à l'écrit ou à l'oral.
- L'annonce de plan doit captiver le lecteur : évitez le plan thématique qui ennuie.

Avant de vous lancer...

✓ **Étudiez la situation de communication pour décider d'une approche prudente *à la Hitchcock* ou d'une approche directe *à la Columbo*.**

Outil 13

S'organiser en *time boxing*

“

Qui ne sait se borner,
ne sut jamais écrire.

N. Boileau

En quelques mots

À la différence d'un gâteau qui cuit, un texte ne sent pas le brûlé quand il est trop travaillé. Seul le rédacteur estime le temps et l'attention à y consacrer. Quelle durée réaliste allouer **pour obtenir un texte d'une qualité suffisante**, compte tenu de l'enjeu du document ? Comment réserver du temps pour l'indispensable relecture ou la répétition ? Le travail en ***time boxing*** consiste à créer votre calendrier éditorial, calé sur les étapes du nœud papillon. Focalisé sur chaque résultat à **produire en un laps de temps minuté**, vous avancerez plus serein et oublierez les nocturnes pour terminer un document en urgence !

ALTERNER CONCENTRATION ET DÉTENTE

POURQUOI L'UTILISER ?

Objectifs

- Augmenter la concentration et travailler mieux.
- Organiser le travail en séquences courtes à partir du temps réellement disponible.
- Travailler dans un cadre serré mais serein.

Contexte

On peut améliorer à l'envi l'aspect d'une diapo et la formulation d'un texte. Avec le calendrier éditorial, cadencez la production de tout document consistant.

COMMENT L'UTILISER ?

Étapes

1. Questions préalables avant de répartir les étapes de production d'un document.

- Quels sont l'enjeu et la durée de vie du document ? Mail passager, texte périmé dans un mois ou note de cadrage pour une équipe projet pendant plusieurs mois ?
- Le message clé à défendre est-il clair ? Connaît-on les réserves et attentes du destinataire ?
- Doit-on produire le document à plusieurs ? Si oui, ajoutez les temps de coordination. Inutile de tout faire ensemble : chaque contributeur pourra développer seul sa partie une fois le plan QR stabilisé et le masque conçu.
- Quelle durée allouer pour la version définitive ? Enjeu du document ? Combien de pages à relire ? Combien de schémas ? Répéter une présentation ? Panne de l'imprimante ?

2. Identifiez les ralentisseurs et les aléas matériels.
Identifiez les tâches chronophages : Fiabiliser l'information ? Obtenir les validations ? Pollueurs relationnels ? Inquiétude privée ou professionnelle ? Pannes matérielles ou de transports ?

3. Produisez un rétroplanning réaliste.
Comptez les heures disponibles sans les surestimez, tenez compte des baisses de régime. Puis disposez sur votre agenda les échéances et allouez une durée pour chaque rendu intermédiaire : données vérifiées, mémo, OC, message clé, plan QR, développement, relecture, et pour les exposés, répétitions. Si votre rétroplanning ne tient pas, réduisez l'ambition du texte : quantité et qualité.

4. Comment travailler au jour le jour ?
La technique Pomodoro, développée par F. Cirillo, conseille de saucissonner les temps d'écriture : alternez 25 minutes de travail et 5 minutes de pause. Ce dispositif améliore la concentration. Et concrètement ? Il suffit de programmer une alarme à 8 h 30, 8 h 35, 9 h, 9 h 05, etc. et de quitter l'écran pendant la courte pause. Contraignant mais efficace !

Voir Outils 2, 14 et 26

Méthodologie et conseils

- Travailler en *time boxing*, c'est piloter son travail plutôt que de naviguer à vue. Le rétroplanning de rendus intermédiaires évite de consommer 80 % du délai pour 20 % de production. À chaque étape, un résultat, une durée, ni plus ni moins.
- Entraînez-vous sur des documents courts à faible enjeu.
- Dédiez des plages horaires précises pour répondre à vos mails.
- Dans les moments de production, coupez les accès aux chats, mails et téléphone.
- Anticipez la collecte d'informations qui dépend des autres : eux aussi ont leurs priorités.
- Pour gagner du temps, apprenez à taper sans regarder le clavier.

Avant de vous lancer...

✓ **Tenez compte de votre tonus : avancez les travaux à forte concentration quand vous avez du tonus, réserver les tâches passives comme l'administratif et le dépilement des mails à vos baisses de régime.**

Outil 14 Progresser en douceur

> “
> *Ce n'est pas en tournant le dos aux choses qu'on leur fait face.*
> P. Dac

En quelques mots

Comme nous l'avons tous expérimenté, les conditions de rédaction influencent nos talents de rédacteur. Stress, enjeu, défiance, bruit, nervosité entravent la réflexion. Un propos clair, structuré et distancié ne dépend pas seulement de la technique rédactionnelle, qui s'affine au fil des jours, mais aussi du contexte et de l'état d'esprit du rédacteur : **pour vous améliorer**, écoutez les débats d'idées et glanez ce qui fonctionne bien, créez des plages de silence où la concentration peut germer, acceptez une première version médiocre puis raccourcissez la version finale pour le strict minimum utile et, enfin, adoptez une humeur tonique !

UNE BULLE OÙ LA CONCENTRATION PEUT GERMER

POURQUOI L'UTILISER ?

Objectif

- Prendre des dispositions au jour le jour pour rédiger plus vite des écrits de meilleure qualité.

Contexte

Chaque jour, un petit pas.

COMMENT L'UTILISER ?

Étapes

1. Pour écrire mieux, concentrez-vous.
Se concentrer, c'est centrer son intelligence sur un seul objet. Or l'irruption de sollicitations sur notre bureau virtuel disperse l'esprit. Comment dégager des moments de concentration ? Il suffit de définir des plages sans courrier entrant : éteindre le portable, couper les *pop-up* (*teams*, *chats*, mails), bref, déconnecter. En 20 minutes de réelle concentration, on peut faire beaucoup, et il y a 24 fois 20 minutes en 8 heures !

2. Quand vous écrivez, acceptez une V1 médiocre, densifiez la V2.
Rédigez vite le premier jet sans souci du style, centré sur l'exactitude de votre propos. Vous améliorerez ce premier jet non censuré, dans la deuxième version enregistrée. Densifiez-la en V2 : que doit-on retenir au fond ? Si vous n'aviez qu'une minute ? Renoncez aux détails. Dépouillez encore, le lecteur n'a pas le temps de vous lire !

3. Quand vous récrivez, changez d'humeur.
Dans quel état d'esprit écrivez-vous ? Positif, mécontent, dynamique, énervé, fatigué ? Attention ! L'humeur déteint sur la pensée, donc sur la communication :
– **énervé**, votre propos risque d'être sec ou agressif. *Bien ce que tu as essayé de faire. Pas parfait parfait, mais bon, pas mal malgré tout !*
– **fatigué**, le texte risque d'être confus ou incomplet. *S'ils ne sont pas tous là, on pourrait reporter la pres' mais on pourrait aussi la faire pour eux et en faire une autre plus tard mais cela va être compliqué, donc il vaut mieux sûrement la reporter, mais c'est vrai qu'on peut la faire quand même ;*
– **désinvesti**, le texte sera terne et le lecteur n'aura pas envie de répondre… *Afin de compléter la facturation en cours, veuillez me faire parvenir l'état des frais sous 48 h. Cordialement.*

4. Reportez d'une heure la publication, par exemple, pour égayer le texte précédent : *Pourriez-vous avoir la gentillesse de m'envoyer les justificatifs ? J'en ai besoin après-demain pour établir la facture finale avant vendredi 22 mars. Merci !*

5. Chaque jour, jouez au chasseur-cueilleur. Cueillez une expression plaisante ou grinçante lue dans la presse, un mail, un rapport ou entendue à la radio, au cours d'un exposé… Notez ces expressions qui ravissent : *Ils ont pris un train de mesures* ou *Et si nous définissions d'abord les causes avant de parler de solutions ?*

Méthodologie et conseils

- Créez les conditions pour préserver les liens de parole.
- Ne publiez pas juste après avoir rédigé. Relisez, condensez et coupez.
- Quand vous rédigez un long document, veillez aux sauvegardes multiquotidiennes.
- Un texte peut être reformulé à gogo. Pour éviter que seule l'échéance joue le rôle d'arbitre, travaillez en *time boxing.*
- Ne publiez un avis que s'il sert le débat.

Voir Outils 13, 42 et 44 et annexes p. 198-199

Avant de vous lancer…

✓ **Étudiez votre profil PIPO pour identifier vos travers rédactionnels.**

2

DOSSIER

RÉDIGER, CORRIGER

“

Dans la vie, il faut peindre dans le frais.
La rature y est défendue.

A. Gide

Ce dossier est consacré à la technique rédactionnelle. C'est donc l'ultime étape pour un écrit compréhensible : nos idées volumineuses doivent être linéarisées, concentrées et aplaties en quelque sorte, pour tenir dans de courts colliers de mots explicites.

Certes, dans un cadre scolaire, nous avons appris à rédiger des textes à portée littéraire, rédactions et dissertations. Mais le langage de la gestion opérationnelle, aux objectifs concrets, contrarie nombre des réflexes appris à l'école : travailler la concision avec des phrases sans nuance dans un vocabulaire courant et direct, éviter les envolées poétiques… Heureusement, d'autres acquis demeurent fort utiles : préparer un brouillon et un plan, veiller à la clarté du sens…

Nous n'avons pas la même conscience professionnelle que nos maîtres d'école : nous nous impatientons vite des propos professionnels, bavards et confus. Il existe pourtant des moyens pour rédiger des textes explicites, sincères, simples et directs : comment aller droit au but, parler clair, sans ambiguïté, dans un style constructif ? Quelles sont les étapes de relecture ? Comment enrichir le verbe et faire maigrir le texte ? Comment déloger la langue de bois, comme nous le recommandait déjà l'auteur anglais G. Orwell en 1946 ?

De plus, un tiers des fiches déterre quelques règles d'orthographe, présentées dans un ton sciemment dédramatisé. Mais impossible de reproduire les *Bescherelle* : en seront extraites les règles dont la transgression ralentit la compréhension.

Enfin, pour vous entraîner à relire, un mail truqué clôt ce dossier : vous pourrez améliorer ce « contre-mail » avec la technique NOEL.

Les outils

Outil 15 Rédiger avec AVEC

> “
> *Nos problèmes viennent de notre échec à utiliser un langage simple et direct.*
>
> A. Camus

En quelques mots

En théorie, le premier jet n'est pas la version définitive, même pour un texto ou un mail. Cependant, l'acronyme **AVEC (Actif, Verbe, Explicite et Complet)** qui fait grincer les oreilles lorsqu'il est redoublé, offre un guide facile à mémoriser pour tout rédacteur soucieux de la qualité de son texte dès la première version. Avec AVEC, l'auteur se concentre sur le contenu positif, **dans une première version simple**, claire et fidèle à l'idée sous-jacente. La séquence obligatoire de relecture enrichira le vocabulaire et nuancera le style à partir d'un texte initial solide et direct.

TROUVER UN VERBE DÈS LA PREMIÈRE VERSION

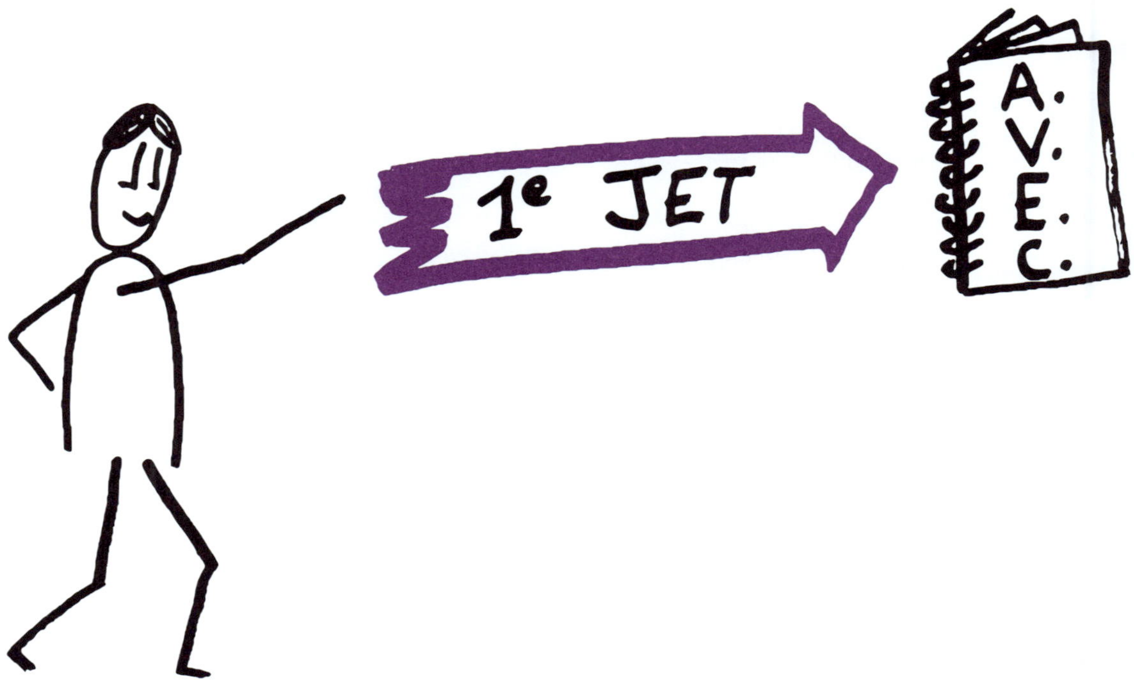

POURQUOI L'UTILISER ?

Objectifs

- Se concentrer sur le contenu.
- Formuler un propos complet tourné vers l'action, dense et précis.
- Rédiger un premier jet qui facilite la relecture.

Contexte

Du texto au rapport détaillé, jeter le premier texte (jet) avec AVEC devient un réflexe applicable à tous les écrits.

COMMENT L'UTILISER ?

D'après vos notes manuscrites, écrivez vite le premier jet, en restant proche de l'énonciation. Concentrez-vous sur le sens et tenez-vous en à des phrases simples (Sujet-Verbe-Complément), voire simplistes. Évitez les extensions en *qui, que, dont, auquel,* etc., sauf cas impératif.

Étapes

- **A comme actif et assertif**

Dans un état d'esprit constructif, préférez des phrases à la forme active et affirmative aux tournures négatives, passives ou prudentes. Privilégiez un sujet « vivant » (*Paul, Commerciaux, DRH, équipes informatiques*) pour mener l'action du verbe : *Pour l'interface, l'application 2 n'a pas été choisie par le groupe test* devient *Les dix participants au test préfèrent l'application 1.*

- **V comme Verbe expressif**

Mâle alpha, le verbe conjugué ou à l'infinitif donne sa force à la phrase. Dès le premier jet, oubliez les verbes creux - *faire, gérer, traiter...* – ou les locutions verbales *: donner des motifs de, avoir pour effet de,* etc. Trouvez un verbe précis en un mot.

- **E comme Explicite**

Quitte à être (trop) direct, écrivez ce que vous voulez dire sans prendre de gants. Donnez un exemple, un élément concret. Un premier jet allusif est décourageant à améliorer, alors qu'un propos net sera ludique à modérer. Si vous avez tendance à l'allusion, essayez « *et alors ?* » et « *c'est-à-dire ?* » jusqu'à une butée *: La mobilisation passe par une information rapide des services concernés* devient *Les pharmacies se mobiliseront dès qu'elles seront informées.*

- **C comme Complet**

Dans le premier jet, veillez à l'exhaustivité des idées et à l'exactitude des exemples. La relecture s'occupe de nettoyer, réorganiser et densifier un contenu fiable et complet.

Méthodologie et conseils

- Rédigez sans autocritique. Même Balzac raturait. Vous rehausserez les propos maladroits ultérieurement.
- Bloqué ? Amorcez votre texte avec l'outil SCQA ou utilisez des amorceurs provisoires : *En fait, l'important c'est* ; *Ce qu'il faut retenir c'est ; Ce je voudrais que vous fassiez, c'est* ; *Finalement je pense que.* Une fois le texte écrit, effacez les amorceurs de travail.
- Réservez la forme passive ou impersonnelle pour dénoncer l'aspect subi : *Nous apprenons que la commande de l'outil B a été lancée par X, malgré notre préférence pour l'outil A.*
- Pour parler d'un objectif, commencez par un verbe à l'infinitif et faites visualiser le résultat attendu : *Obtenir un score de 4 sur 5 dans un mois.*

Voir Outils 14, 18 et 26 et annexes p. 198-199

Avant de vous lancer...

✓ **Travaillez sur un bureau dégagé, par séquences courtes.**

✓ **On peut remplacer AVEC par DAC : Direct, Actif, Concis ou par votre propre trouvaille.**

✓ **Si vous lisez l'anglais, consultez le *Plain Language Information and Action* qui explique aux agences fédérales comment rédiger des documents officiels compréhensibles.**

Outil

16 Respecter le code typographique

> « Tsela » se traduit par « côté » et non « côte »... La femme à côté de l'homme.
>
> D. Horvilleur

En quelques mots

Pour dresser une table, l'on posera la fourchette les pointes sur la nappe en France, à l'inverse en Angleterre. Ne pas respecter cette **convention intégrée à notre insu**, attirera l'œil du convive. Il en est de même avec la disposition des lettres, des accents, des polices, des espaces et des signes, normée dans **le Code typographique de l'Imprimerie nationale**. Un imperceptible accroc à l'usage sème le trouble pour le lecteur, habitué des normes en cours dans les livres et la presse nationale. En connaître les règles élémentaires écartera les erreurs fréquentes, démultipliées par nos conversations *e-épistolaires* en *globish*.

UN EFFORT POUR SIMPLIFIER LA LECTURE

POURQUOI L'UTILISER ?

- Faciliter la lecture.
- Marquer son professionnalisme.

COMMENT L'UTILISER ?

Qu'est-ce que la typographie ?

En France, le Code typographique de l'Imprimerie nationale harmonise la transcription et règle la représentation des dates, lieux, noms, nombres, abréviations, la titraille, définit l'usage des majuscules, espaces et interlignes, guillemets, *forme italique* ou **graissée**. Ouf, le lecteur peut distinguer les statuts du texte, quel que soit l'imprimeur !

Étapes

1. Choisissez une typographie selon le statut du texte.

Grâce à la forme des lettres, le lecteur détecte un titre, un intertitre, du texte courant, un exemple, un verbatim, etc. Adoptez une règle et appliquez-la de A à Z, y compris dans les graphiques.

2. Préparez un texte agréable à lire sur A4.

- Ménagez des marges et des interlignes spacieux.
- Pour la lecture, utilisez les polices à empattement : Times, Times New Roman, minimum 12 points.
- Pour les diapos, utilisez des polices à bâtons : Arial, Calibri, minimum 14 points.

3. Hiérarchisez les idées par la forme.

- Augmentez la police avec le niveau de lecture.
- Signifiez un niveau plus détaillé par un alinéa.
- Soulignez les idées importantes en les graissant.
- Passez en italique les mots différents du texte courant : mots étrangers, verbatim, etc.
- Évitez les mots en MAJUSCULES, surtout dans les mails.

4. Adoptez la typographie de la langue.

Les typographies anglaises et françaises diffèrent. Par exemple, en anglais, pas d'espace avant les signes doubles ? ! ; :

Pour les dates, majuscules et ordre des mots :

*European Union extended Britain's withdrawal deadline to Tuesday, **October 31,2019. (10.31.2019)***
*L'Union européenne reporte l'échéance du Brexit au mardi **31 octobre 2019. (31-10-2019)***

Pour les nombres, unités, points et virgules :

*Julia saved **€1,500** by improving insulation, 17.5 **percent** saving in a year!*
*Julia a économisé **1 500 €** en isolant sa maison, 17,5 % en un an !*

5. Peignez le texte.

Vérifiez les abréviations :

- Madame, monsieur s'abrègent en Mme et M.
- Mesdames, Messieurs en Mmes et MM.
- *Et cetera* s'écrit etc. et non etc...

Vérifiez les espaces :

- Un seul espace sépare 2 mots.
- Un espace suit le point, la virgule et les points de suspension. Aucun ne les précède.
- Un espace précède et suit les signes doubles comme ? ! ; :
- Aucun espace ne suit ni ne précède une barre oblique, ni un trait d'union : *Ci-joint page 3/20.*

Contrôlez les majuscules et les accents :

- La majuscule en début de phrase porte accent et cédille, par la fonction SHIFT MAJ + é, è, ou ç.
- La majuscule distingue aussi un mot du mot ordinaire : le Groupe, la Direction, l'Hôtel de ville.
- Une date ordinaire s'écrit sans majuscule : mercredi 24 octobre 2018.

Méthodologie et conseils

- Nos clients lisent quotidiennement la presse internationale et sont sensibles aux contre-sens typographiques.
- Appliquez la même règle typographique dans tout le document.

Avant de vous lancer...

✓ **Consultez le Code typographique de l'Imprimerie nationale.**

✓ **Observez ses emplois dans la presse nationale et internationale.**

Voir Outils 25, 26, 29 et 34

Outil 17

Tonifier le texte

“ *Dans un livre, [...] on cherche l'amusement et l'instruction.*

D. Diderot

En quelques mots

Pourquoi un texte fait-il bayer aux corneilles après deux phrases, quand un autre nous captive par son propos ?

Au-delà de l'intérêt du contenu, l'écart tient à **l'effacement** ou à **la présence** de l'auteur. Si le rédacteur s'ennuie, le texte est neutre et le message neutralisé. **L'indifférence** qui émerge contamine le lecteur. À l'inverse, **un rédacteur concerné**, même avec du recul, éclaire les informations objectives par un ton incitant à la curiosité. Aussi, vous tonifierez vos *reportings,* comités de pilotage ou mails. Pour le lecteur, la nuance ténue entre un texte inodore et un texte objectif fait toute la différence !

TONIFIER UN TEXTE EN RESTANT OBJECTIF

POURQUOI L'UTILISER ?

Objectifs

- Adopter un ton objectif sans être mécanique.
- Conserver une distance sans perdre de vivacité.
- Maintenir l'attention, voire piquer la curiosité du lecteur.

Contexte

Vous avez vérifié les faits, chiffres et sources, et vous souhaitez mettre en valeur votre propos.

COMMENT L'UTILISER ?

Étapes

Soulignez l'intérêt du texte sans en déformer les faits. Comment transformez un texte neutre en propos vivant ?

1. Réglez votre degré de détachement en jouant avec le sujet du verbe.
Détaché (Sujet impersonnel) **:** ***Il est à*** *noter que le déménagement du 4 avril risque de ralentir le travail des consultants. Merci de prendre vos dispositions.*
Concerné : ***Je vous*** *demande d'inciter vos consultants à travailler de chez eux le 4 avril car le déménagement risque de les déranger.*

2. Animez les chiffres par des expressions faciles à visualiser.
Neutre : *En progression depuis 1990 aux États-Unis, la consommation d'eau en bouteille est supérieure en 2016 (45 milliards de litres d'eau (ML) à celle des sodas (46 ML).*
Vivant : *À l'inverse des habitudes alimentaires depuis 30 ans,* ***les Américains boivent*** *aujourd'hui plus* ***d'eau que de sodas****, avec 46 ML d'eau contre 45 ML de sodas.*

3. Soulignez l'effet de l'intervention humaine.
Neutre : *Aux États-Unis, la consommation quotidienne de sodas concerne 40% des lycéens en 2005 et 20 % en 2015.*
Vivant : *Aux USA,* ***seuls*** *2 lycéens sur 10* ***boivent*** *des sodas quotidiennement,* ***alors qu'ils*** *étaient 4 sur 10 il y a 10 ans.*

4. Amplifiez le sens de la phrase en soulignant un lien causal.
Neutre : *Aux États-Unis, le taux d'obésité est passé de 13 % de la population en 1985 à 40 % en 2015. En 2010, un programme national contre l'obésité est lancé. Depuis 2016, la consommation d'eau dépasse celle des sodas.*
Vivant : ***Grâce à*** *la mobilisation nationale en 2010 aux USA contre une obésité* ***triplée*** *en 30 ans et qui atteint 4 personnes sur 10, les Américains boivent moins de sodas et plus d'eau.*

5. Quand cela est pertinent, laissez filtrer une émotion.
Neutre : *Entre 1970 et 2010, la santé des Américains s'est dégradée : l'obésité et le diabète explosent chez les plus pauvres, causés par l'omniprésence des sodas dans les foyers et à l'école.*
Vivant : ***Grâce à*** *la politique de lutte contre l'obésité [...], les Américains ont* ***réussi à préférer*** *l'eau aux sodas.*

Méthodologie et conseils

- Pour avoir une chance d'être lu de A à Z, faites transparaître l'intérêt que vous portez à votre texte.
- Rédigez un texte vivant même si vous ne donnez pas votre avis : un texte neutre au ton effacé, comme produit par ordinateur, ne sera pas lu.
- Animez les chiffres, montrez la part d'initiative, de réussite ou d'échec avec des formes actives, un vocabulaire imagé du registre du sensible.
- En résumé, pour mettre en relief des données, ajoutez un fond en contrechamp qui accentue le sens ou l'intérêt de l'information.

Voir Outils 18, 42, 46, 55 et 62

Avant de vous lancer...

✓ **Si l'ennui vous étreint quand vous rédigez le texte, ne le publiez pas : la neutralité rendra sourd le lecteur.**

Outil 18 Enrichir le verbe

> C'est dans les mots que nous pensons.
>
> G. W. F. Hegel

En quelques mots

Expliquer, alerter, demander et se faire comprendre dépend de la densité du verbe. Tuteur de la phrase, le verbe oriente le propos autour duquel il s'enroule : il porte l'action, repère le temps et le mode, il nuance l'obligation et l'éventualité, il place le sujet, les compléments et la négation. **Enrichir le vocabulaire commence donc par le verbe** d'où jaillit l'élan du texte. Après le vague ennui engendré par un verbe creux ou un anglicisme à la signification approximative, vous éveillez l'intérêt par un verbe précis et expressif qui condense la signification, donne du relief et enchante le lecteur.

UN VERBE DENSE ÉVEILLE LE LECTEUR

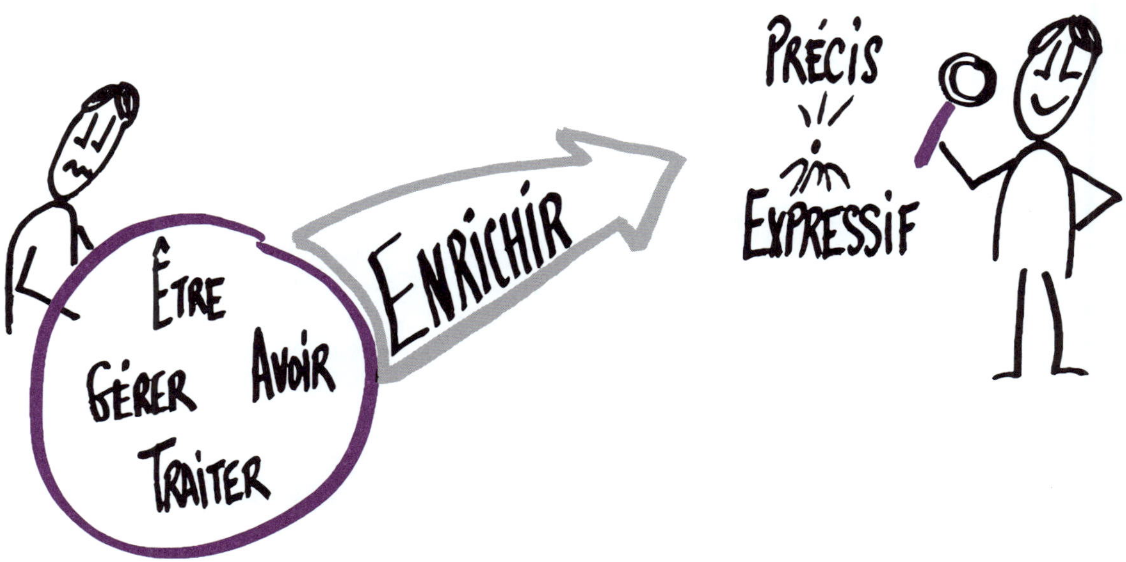

POURQUOI L'UTILISER ?

Objectifs

- Raconter plus avec moins de mots.
- Préserver la fragile attention du lecteur par un propos compact.

Contexte

À la relecture, rehaussez d'abord le verbe, avant le reste.

COMMENT L'UTILISER ?

Étapes

1. Remplacez les verbes *être* et *avoir*, sauf s'ils sont auxiliaires.
– ***Avoir*** *:* détenir, obtenir, recevoir, porter, etc.
– ***Être*** *:* exister, se trouver, participer, etc.

2. Remplacez les formes creuses « il y a » en plaçant le complément en sujet ou en verbe.
*Comme **il n'y a** pas assez de contributeurs, **il y a** du retard sur le projet* devient ***Trop peu contribuent** au projet et **les retards** s'accumulent.*

3. Simplifiez les empilements de verbes creux.
Ils sont composés avec sembler, paraître, permettre, vouloir, pouvoir, etc.
Le mandat semble pouvoir nous autoriser à installer…

4. Remplacez les verbes passe-partout.
Avoir, être, baser, contacter, creuser, dire, échanger, effectuer, évoluer, faire, gérer, impacter, mettre, passer par, partager, procéder à, revenir, sembler, traiter, venir…

5. Remplacez les locutions verbales par un verbe en un mot.
La locution verbale se compose d'un verbe associé à un nom ou un adverbe. En plusieurs mots, elle donne une apparence de consistance qui perd le lecteur.

Par exemple : *rendre inopérant* au lieu d'*annihiler*, *se révéler inacceptable* au lieu de *mécontenter*, *prendre contact* au lieu de *joindre* ; et tant d'autres : *être sujet à, donner lieu à, donner des motifs de, avoir pour effet de, jouer un rôle majeur dans, se faire sentir, prendre effet, faire preuve d'une tendance à, faire l'affaire*, etc.

6. Remplacez les pléonasmes par un verbe précis.

- **On n'adresse pas un problème,** on le résout. On s'adresse **à** quelqu'un/On adresse **quelque chose** (une lettre) **à quelqu'un**.
- **Échanger sur** et **partager ~~sur~~** se conjuguent avec un complément **direct**. *Vous échangez des idées, tu partages le pain.*
- **Revenir ~~vers~~ :** *Je reviens vers toi*, ou pire, *je te reviens* au lieu de *je te rappelle.*

Méthodologie et conseils

- Un verbe dense et précis livre un propos fidèle à la pensée et limite les explications ultérieures.
- Pour éliminer le jargon, testez votre propos avec un interlocuteur d'un autre secteur.
- Évitez les formules maigres : *c'est, ce sont.*
- Remplacez les formes passives par les formes actives.

Suite outil 18 →

Avant de vous lancer…

- ✓ **Installez un dictionnaire en ligne : cnrtl.fr**
- ✓ **Apprivoisez la conjugaison des verbes souvent utilisés.**
- ✓ **Employez un verbe riche même si la conjugaison vous effraie (ex. : résoudre). De nombreux sites viennent à notre secours.**
- ✓ **Choisissez un conjugueur de presse nationale ou chez les éditeurs de dictionnaires : Bescherelle, Le Robert, etc.**

Voir Outils 3, 20, 22, 42 et annexes p. 198-199

Enrichir le verbe

Exercices

1. Reliez les points avec les verbes de remplacement possibles du verbe *avoir* :

Nous avons les produits.	1 •		• A	Appeler
Nous avons eu l'accord du client.	2 •		• B	Détenir
On a eu des nouvelles du big boss.	3 •		• C	Éprouver
Il a eu le client au téléphone.	4 •		• D	Obtenir
On a des difficultés.	5 •		• E	Porter
L'inspecteur avait un chapeau.	6 •		• F	Recevoir

2. Reliez les points avec les verbes de remplacement possibles du verbe *être* :

La salle est au premier étage.	1 •		• A	Arriver
La réunion est au premier étage.	2 •		• B	Participer
Nous serons à la réunion.	3 •		• C	Se composer
Notre exposé est en trois parties.	4 •		• D	Se dérouler
Ils seront au rendez-vous.	5 •		• E	Se situer
Tu seras à l'heure.	6 •		• F	Venir

3. Reliez les points avec les verbes de remplacement possibles du verbe *effectuer*.

Nous effectuons les entretiens de 9 h à 12 h.	1 •		• A	Totaliser
Effectuer le bilan des appels.	2 •		• B	Calculer
Effectuer le contrat en deux jours.	3 •		• C	Établir
Merci d'effectuer le total des dépenses en mars.	4 •		• D	Demander
Nous effectuons le calcul des revenus.	5 •		• E	Rédiger
Effectuer une demande pour le modifier.	6 •		• F	Mener

4. Proposez d'autres verbes pour spécifier le verbe **gérer.**

Rappel : Gérer signifie « administrer un compte sur la durée ».

> A. Gérer un budget. → ....

> B. Gérer le stress. → ....

> C. Gérer son temps. → ....

> D. Gérer la situation. → ....

> E. Gérer le client. → ....

5. Proposez d'autres verbes pour spécifier le verbe *impacter*. Proposez des verbes non génériques en vous inspirant du complément qui suit impacter.

> A. Impacter le budget. → ....
> B. Impacter le stress, les tensions. → ....
> C. Impacter les délais. → ....
> D. Impacter la situation. → ....
> E. Impacter l'équipe. → ....
> F. Impacter le métier. → ....

6. Remplacez le verbe *traiter* par un verbe spécifique d'après le complément qui le suit.

Rappel : on administre un traitement, on traite une maladie.

> A. Traiter le point ou le problème (dans le sens analyser). → ....
> B. Traiter le point ou le problème (dans le sens résoudre). → ....
> C. Traiter le point ou le problème (dans le sens décider). → ....
> D. Traiter le stress. → ....

7. Enrichir les expressions assommantes : reliez les points avec les verbes de remplacement.

Je n'ai pas avancé sur le dossier RSE.	1 •		• A	**Discuter, délibérer, objecter, etc.**
Avoir bien avancé sur la comm. envir.	2 •		• B	**Approfondir, examiner, considérer.**
Clôturer la réunion.	3 •		• C	**Démêler, débrouiller, étudier, etc.**
Partager sur le problème de la panne de serveur.	4 •		• D	**Améliorer la qualité, réduire les coûts, s'affranchir du fournisseur.**
Mutualiser nos efforts pour gagner en qualité, en coût et en indépendance.	5 •		• E	**Nos points de vue se sont rejoints.**
Échanger sur les promotions.	6 •		• F	**Pas commencer à travailler sur.**
Partager sur le planning.	7 •		• G	**Clore la réunion ou conclure.**
Creuser le sujet.	8 •		• H	**Documenter, enrichir, renseigner.**
On a connecté nos visions.	9 •		• I	**Définir les tâches et les délais.**

Corrigé page 203

Outil 19 Aller droit au but

> “
> *De toute façon, on n'a pas le temps de lire...*
>
> A. Lanzac et C. Blain

En quelques mots

Exposer par écrit vos analyses vous donne des sueurs froides alors que vos idées s'enchaînent aisément dans le feu d'une conversation ? Vos écrits déconcertent vos collègues qui s'interrogent sur **ce que vous avez voulu dire, au fond** ?
Inégaux face à la formulation initiale, nous pouvons tous retravailler un texte : un premier jet qui décalque fidèlement l'idée mais se formule confusément peut se bonifier à la faveur de quelques astuces. Acceptez de ranger votre prudence rédactionnelle et de sacrifier quelques détails, pour tester ce bouquet de ruses qui dynamiseront les textes les plus alambiqués.

NEUF RUSES POUR ALLER DROIT AU BUT

POURQUOI L'UTILISER ?

Objectifs

- Simplifier le propos.
- Être compris dès la première lecture.

Contexte

Vous avez écrit le premier jet, proche de votre énonciation naturelle.

COMMENT L'UTILISER ?

Trouvez dans l'organisation de la phrase, dans le verbe et son sujet, les sources pour tonifier le propos initial.

Étapes

1. **Commencez par un sujet incarné ou un équivalent.**
*Entre 2013 et 2015, **on observe** un doublement de la trésorerie de LAGAFE (150 à 300 K€)* devient *LAGAFE a **doublé** sa trésorerie en 2 ans (+150 K€).*

2. **Enrichissez le verbe.**
Paul traite le point devient *Paul contacte le client.*

3. **Transformez la tournure passive à la forme active.**
Le nettoyage du navire a été effectué par les équipes de LAGAFE devient *Les équipes de LAGAFE ont nettoyé le navire.*

4. **Remplacez les piles de verbes par un seul verbe riche : transformez quelques verbes en noms.**
***Faire mieux fonctionner** le service achat **semblerait pouvoir permettre** de **rétablir** l'équilibre financier, en 3 mois* devient *Améliorer le service achat rétablirait...*
*L'examen objectif de la situation **impose de conclure à l'échec...*** devient *Nous avons échoué à...*

5. **Condensez en un verbe les piles de noms repérables par leur attelage en « de, du, des ».**
***La clarification de la** répartition géographique **des** représentants **des** régions **de** France engendrera l'optimisation **du** potentiel **de** vente **de** l'entreprise* devient ***Clarifions** le périmètre commercial auprès des **représentants régionaux** pour **augmenter** les ventes.*

6. **Rétablissez la chronologie cause (a) à effet (b).**
*La réussite du projet **(b) passe par** une planification réaliste des tâches **(a)*** devient *Planifier les tâches avec réalisme **(a) conditionne** la réussite du projet **(b)**.*

7. **Positivez les formes négatives et les énoncés en creux.** Vagues, ils sont plus longs à assimiler.
*Il n'est **pas inexact** de constater que le prix de la plume n'a **pas augmenté** ces 2 dernières années (+ 0,1 %)* devient *Depuis 2 ans, le prix des plumes **reste stable** (+ 0,1 % par tonne).*

8. **Limitez les précisions en « qui, que, dont, où, lequel, duquel ».**
Il y a l'élan qui peut aboutir à une solidarité qui serait bénéfique et à laquelle elle participerait devient *Elle participerait à cet élan de solidarité naissant.*

9. **Évitez les formules de prudence qui alourdissent le texte et sèment la méfiance.**
- Le sujet impersonnel dans « il, on, c'est, il y a ».
- Le verbe au conditionnel, sauf pour une éventualité et une hypothèse.
- Les adverbes de quantité, manière et comparaison.
- L'épais gérondif, repérable à sa construction en *verbe + ant.*

Méthodologie et conseils

- Pour transformer un verbe en nom : **évol**uer > évolution ; **coût**er > coût ; **proc**éder > processus ou procédé, etc.
- Pour transformer un nom en verbe : **rédu**ction > réduire ; **fonctionne**ment > fonctionner...

Suite outil 19 →

Avant de vous lancer...

✓ **Acceptez la frustration d'écrire moins.**

✓ **Acceptez le désagrément d'être moins précis.**

Voir Outils 6, 15, 20 et 42

Aller droit au but

Exercice

Énoncé

> **Voici huit phrases alambiquées et difficiles à comprendre. Soulignez les formules à éviter. Puis, reformulez des phrases concises, explicites et directes.**
> **Plusieurs formulations sont possibles selon que vous insistez sur le moyen ou le résultat, la cause, l'effet, l'objectif.**

1. Afin de procéder à l'avancement progressif du projet, il sera nécessaire pour vos équipes de faire la validation du document d'une réunion à l'autre. (24 mots)

> ………

………

2. L'augmentation significative du nombre **de** prospects **sera conditionnée par** l'extension **du** périmètre **du** champ **de** l'étude de marché. (18 mots)

> ………

………

3. La réduction de la durée de traitement des factures **passe par** l'identification **préalable** des atouts et des dysfonctionnements organisationnels du service comptable. (22 mots)

> Insister sur le moyen :

………

………

> Insister sur le résultat :

………

………

4. Manque de synergie dans la définition **des** objectifs **de** chaque branche **de** l'entreprise (**pour des raisons historiques**) qui **ne** favorise **pas** une **optimisation globale** de l'efficacité **au niveau Groupe**. (29 mots)

> Insister sur la cause :

………

………

> Insister sur l'objectif :

………

………

5. La capacité de Supercar **à** livrer dans les délais la Z2 **est modifiée à la baisse par** le recrutement de 2 000 nouveaux salariés non formés et donc non encore opérationnels. (31 mots)

> Insister sur la conséquence :

………

………

> Insister sur l'objectif :

………

………

6. En adoptant cette démarche **qui** se révèle erronée, la réussite du projet **est remise en cause même si le** plan d'action **identifié préalablement avait été** validé **par** nos équipes conjointes. (29 mots)

> ....

....

7. Sous réserve de la réussite **de la** recette informatique, la montée en charge **devrait pouvoir être étalée sur** deux mois **maximum par** le service informatique. (25 mots)

> ....

....

8. Tiptop souffre d'**une méconnaissance de la** qualité, pourtant devenue excellente, **de** son produit au sein du Groupe **et** constate que ses produits ont une image milieu de gamme chez les clients. (31 mots)

> ....

....

Pour vous guider

1. Cette phrase équilibrée autour du verbe souligne une obligation. Deux éléments brouillent la compréhension : la forme impersonnelle, (*il sera nécessaire*), les locutions verbales creuses (*faire la validation, procéder à l'avancement progressif, afin de…*).

> La réécriture choisit la voix active pour souligner l'obligation, grâce à un sujet incarné et agent, dans un vocabulaire courant.

2. Cette phrase équilibrée autour du verbe souligne une corrélation. Mais la voix passive, l'empilement des termes (*du…de…du…du…*) et le vocabulaire abstrait en sujet et en complément (*l'augmentation, l'extension*), les précisions inutiles (*significative, périmètre du champ de l'étude*) compliquent la lecture.

> La réécriture adopte la voix active et souligne la corrélation.

3. Cette phrase équilibrée autour du verbe énonce un dysfonctionnement et une solution. Trois éléments brouillent la compréhension : le sujet exprimé dans un vocabulaire abstrait (*la réduction de la durée de traitement*) et le complément (*identification préalable, atouts, organisationnels…*), les empilements de noms (*de… de… des…*), le verbe *passer par* qui inverse la chronologie des événements.

> La réécriture cherche à simplifier : employez des termes concrets et un verbe qui insiste sur la cause ou l'objectif.

4. Ce thème énonce un dysfonctionnement et sa cause. Cinq éléments ralentissent la compréhension : l'absence de verbe, le sujet abstrait (*manque de synergie…*), les expressions en creux (*manque de synergie, ne favorise pas*), les termes vagues et redondants (*optimisation globale, niveau (du) Groupe…*), les informations secondaires entre parenthèses.

> La réécriture vise à dynamiser : le verbe insiste sur la cause ou sur l'effet avec un vocabulaire concret et assertif.

5. Composée d'une cause et de son effet, la phrase est équilibrée autour du verbe. Mais la voix passive et le vocabulaire abstrait (*la capacité à livrer, modifier à la baisse, non encore opérationnel*) ralentissent la compréhension.

> La réécriture cherche à raviver le ton grâce à la voix active et un vocabulaire concret.

6. Le propos annonce une réalité décourageante, à la voix passive et avec un vocabulaire administratif. De plus, le rédacteur a séparé les informations d'un même propos : (*en adoptant…erronée*) et (*même si… conjointes*) : le texte est confus.

> La réécriture va simplifier : annoncez la réalité nette, clos par un élan qui annihile le découragement.

7. Prudente, cette phrase au passif (*étalée… par…*) manque de dynamisme : voix passive, empilements de noms (*sous réserve de… de…*) et de verbes (*devrait pouvoir être étalée*).

> La réécriture dynamise la phrase grâce à un sujet incarné, un verbe à la voix active qui souligne l'effet de palier et un vocabulaire concret.

8. Déséquilibrée après le verbe, cette phrase évoque un paradoxe. Le rédacteur a alourdi le propos après le verbe, en superposant les idées abstraites et en creux (*d'une méconnaissance de… de…*).

> La réécriture cherche l'équilibre et souligne le paradoxe en remplaçant « et », mot de l'addition, par « malgré ».

Corrigé page 203

Outil 20 Déloger la langue de bois

> “ *Le grand ennemi du langage clair est l'insincérité.*
>
> G. Orwell

En quelques mots

Si la parole authentique et le débat sans mauvaise foi vous procurent plus d'énergie que les discussions aseptisées, alors **chassez la langue de bois**. On y glisse par mimétisme, par laxisme ou par défense pour tenir l'autre à l'écart. Mais cette méchante épidémie incite à penser stupidement. L'emploi gratuit de mots savants, d'euphémismes et de formules alambiquées simule la pensée profonde. Ce verbiage ne trompe pas l'hôte du bois, au contraire : intuitivement, l'interlocuteur se sent floué. Pour déloger ce **langage insincère qui ruine la réflexion**, ronge le dialogue et la confiance, tentons de mieux le cerner.

DÉMONTER LE BARATIN

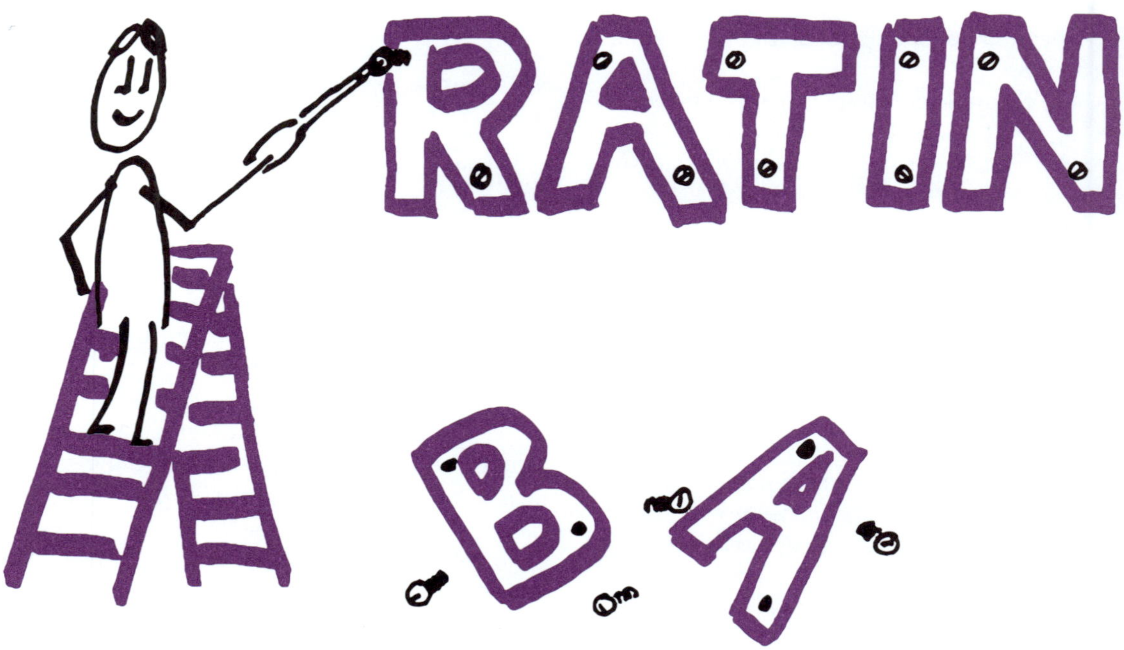

POURQUOI L'UTILISER ?

- Mieux se faire comprendre.
- Détecter la langue de bois et ne pas la propager.

COMMENT L'UTILISER ?

Étapes

1. Comment repérer la langue de bois ?
La langue de bois ne signifie pas ce qu'elle dit et réciproquement. Elle affiche un objectif mais en poursuit un autre.

- **Un vocabulaire positif pour nommer une triste réalité :**
Le Plan de Sauvegarde de l'Emploi (PSE) désigne des licenciements de grande ampleur.
- **L'association de termes incompatibles :**
La croissance négative, la hiérarchie horizontale.
- **Des termes difficiles à visualiser hors contexte :**
Benchmarker les POC avec celles du market.
- **Des prothèses verbales à la place de verbes usuels :**
Donner des motifs de, poser les bases de.
- **La phatique n'est pas la langue de bois.**
Décrite par B. Malinovsky (1923) et R. Jakobson (1963), la fonction phatique du langage flanque toute communication humaine :
– *« Allo ? Bonjour Paul, ça va ? »*
– *« Salut Léa ! Oui, ça va et toi ? »*
– *« Ça va. Dis-moi, je t'appelle au sujet de... »*
Ces échanges convenus vérifient que la communication passe bien, sans contenu explicite.

2. Quand le langage technique devient-il jargon ?
Dans notre métier, nous employons un vocabulaire spécifique : en salle d'opération, le chirurgien appelle un instrument précis, identifié en une seconde grâce à ce vocabulaire technique. Ce langage exclut les non-initiés. Employé en leur présence, le langage technique vire au jargon, sorte de langue de bois. Exemple : *« Faire suer la brunoise de carottes »* signifie *« Dans une cocotte fermée, faire revenir à feu doux et à sec les carottes coupées en petits cubes, pendant quelques minutes. »*

3. À quoi sert la langue de bois ?
Phrases bavardes ou termes vagues, la langue de bois cherche à :
– dissimuler un contenu inavouable ;
– masquer une incompétence ou une ignorance ;
– affirmer une relation de domination : *Tu n'as pas tous les éléments. Moi, je sais, je domine* ;
– affirmer une relation de compétition et disqualifier le rival : *Tu n'es pas à la page, j'ai une longueur d'avance.* Ou le systématique : *Oui, mais non.*

Méthodologie et conseils

- Le langage est économe (*cf.* Grice, Searle), la langue de bois ne l'est pas.
- Appliquez les conseils de George Orwell dans *Politics and the English Language* :
– n'utilisez plus de métaphores ni de figures de rhétorique, lues maintes fois ;
– n'utilisez jamais un mot long si un mot plus court existe ;
– dès que possible, supprimez un mot sans hésiter ;
– remplacez la voix passive par l'actif ;
– remplacez le terme scientifique ou spécialisé par l'équivalent en langage courant ;
– enfreignez ces règles plutôt que de commettre d'évidents barbarismes.

Suite outil 20 →

Avant de vous lancer...

✓ **Choisir la langue de bois, c'est tenter de bluffer son interlocuteur : il l'entend même s'il ne le vous dit pas.**

✓ **Si vous devez réécrire la langue de bois, préparez-vous à tout supprimer et à tout réécrire pour dire les faits.**

✓ **Installez un dictionnaire en ligne : cnrtl.fr**

Voir Outils 1, 7 et 15

Déloger la langue de bois

Interview

Anne Vincent-Buffault, historienne et formatrice, chercheuse en sciences sociales, associée au Laboratoire de Changement social de l'Université Denis Diderot, auteure d'ouvrages comme *L'exercice de l'amitié* au Seuil et *Une histoire des larmes* chez Payot et d'une étude sur « Le plafond de verre : les déterminants de l'avancement de carrière des cadres féminins ».

Qu'appelle-t-on la langue de coton ?

Dérivé de la langue de bois, ce terme désigne le nouveau langage lisse et positif qui sévit dans les entreprises : mésusage du lexique (*transitionner*), termes vagues à coloration scientifique (*impacts de la transformation digitale, vivier de compétences*), euphémisation qui atténue la réalité (*recyclage des compétences, chief of happiness*), prévalence de la novlangue managériale dans une époque où l'on quantifie tout.

Ce langage de gestionnaire envahit aussi la sphère privée : on gère son stress, son divorce ou ses conflits, on optimise son réseau (plutôt que de se faire des amis), on apprend à lâcher-prise en cinq leçons, etc. Les coachs se multiplient. La philosophe Julia de Funès nomme ces kits prêts à penser « le développement (im)personnel » et invite à renouer avec des formes de questionnements débarrassés de clichés.

Comme toute formule convenue, la langue de coton reproduit les stéréotypes concernant les femmes jugées plus relationnelles et empathiques pour mieux les cantonner dans les fonctions support, ce qui fait obstacle à leur accès aux Comités de direction. Pour l'anecdote, le fameux *« Il est 17 h, tu prends ton après-midi ? »*, dogme français du présentisme, est vu comme un défaut d'organisation, alors que pour les Allemands et les Scandinaves, cette remarque serait insensée !

L'euphémisation et la langue de coton liquéfient l'esprit critique et promeuvent l'hypocrisie. Elles empêchent aussi de porter une parole collective et de faire front.

Comment expliquer l'attrait pour cette novlangue ?

Le langage reflète notre façon de voir et de représenter notre réalité. L'évolution d'une représentation se lit dans le vocabulaire : les journalistes se sont mobilisés pour parler non plus de « fait divers » concernant le « crime passionnel » mais de « problème de couple » au sujet du « crime conjugal ou féminicide ».

Dans les très grandes entreprises (TGE), la langue de coton souligne la dématérialisation croissante et le management à distance. Le discours ambiant se résume à l'impératif de performance de l'action en Bourse, donc de ses salariés. Comme l'étudie la sociologue Marie-Anne Dujarier, la « quantophrénie » se généralise : des armées de gens évaluent et mesurent le travail des autres, pour « piloter » la rentabilité, jusque dans l'hôpital. Les consultants veulent transformer la gestion des stocks par la gestion des « flux de malades ». Ce langage réduit la réalité du travail : croire que les indicateurs reflètent la complexité du travail dans l'entreprise sans les mettre en débat relève de la superstition. D'ailleurs, les prestigieuses agences de notations n'ont pas vu venir la crise financière de 2008.

Quelles sont les conséquences de l'appauvrissement du langage ?

Dénaturer les mots, c'est dissoudre la pensée critique. La socio-anthropologue Agnès Vandevelde-Rougale a examiné le langage utilisé entre 2007 et 2010 par France Telecom pour mettre en place le plan « *Next and act* » : le discours managérial s'autoalimente avec « *une dynamique de rupture* », « *la marche du progrès* », « *des parcours de professionnalisation* » et « *l'accompagnement de la mobilité* » pour licencier 22 000 salariés, ce qui a conduit certains à se suicider. La chercheuse montre comment le mésusage de la langue déforme la perception du réel, pour les dirigeants, les opérationnels et le management de proximité.

Dès 1933 en Allemagne, le philologue allemand Victor Klemperer note les distorsions des mots, base documentaire pour son ouvrage *La Langue du TI* où il décrypte la langue transformée par les nazis : l'adjectif « fanatique » devient laudatif, le préfixe « volk » se multiplie (*la Volkswagen*), donnant l'impression que les nazis servent le « peuple ». On sait comment le langage qui déshumanise finit par désinhiber les comportements.

Quelles personnes publiques pourriez-vous citer comme exemple dans le maniement de la langue française, loin de la novlangue managériale ?

Elles sont nombreuses ! Je les chercherai en priorité dans l'éloquence parlementaire et chez certains responsables politiques. Je pense aux discours de Robert Badinter pour s'opposer à la peine de mort, à Christiane Taubira sur le mariage pour tous, au procureur François Molins qui réussit à être factuel et à calmer le jeu après les attentats de 2015, au procureur Philippe Lebas lorsqu'il interroge Benalla, etc. Je pense aussi à Simone Weil, Pompidou, Churchill avec son premier discours durant les bombardements de Londres et évidemment aux discours politiques de Victor Hugo à l'Assemblée.

Pour revenir à notre époque, observons les États-Unis, dirigés par l'homme d'État et grand orateur Barack Obama, qui a été remplacé par Donald Trump à l'impulsivité et au vocabulaire d'un enfant de 9 ans. Quand on mesure le pouvoir des mots, cela laisse songeur.

Comment lutter contre la novlangue managériale ?

Conserver l'esprit critique et donner un point de vue argumenté. Le mésusage de la langue détruit la réflexion même. Pour reprendre la phrase d'Albert Camus, « Mal nommer les objets, c'est ajouter au malheur de ce monde ».

Quelques références

- Frédéric Joly, « La langue confisquée, lire Victor Klemperer aujourd'hui », *Premier Parallèle*, 2019.
- Agnès Vandevelde-Rougale, *La novlangue managériale*, Érès, 2017.
- Ray Bradbury, *Fahrenheit 451*, Ballantine Books, 1953.
- George Orwell, *Politics and the English Language*, 1946.
- Victor Klemperer, *LTI, Lingua Tertii Imperii : Notizbuch eines Philologen*, 1947.
- Marie-Anne Dujarier, *Le management désincarné*, La Découverte, 2015.

Outil

21 Chaud, tiède, froid, qui tenir à l'œil ?

> Pour qui sont ces serpents qui sifflent sur vos têtes ?
>
> J. Racine

En quelques mots

Les mots de notre jolie langue peuvent **se classer** soit par nature en neuf catégories, soit **par degré de surveillance** pour limiter les dégâts orthographiques, **en trois familles : les « chauds »** composés des verbes qui requièrent une surveillance intensive et permanente de leur conjugaison, **les « tièdes »** pour les groupes nominaux qui réclament une surveillance rapide mais régulière, et **les « froids »** pour les autres, enfants calmes, étanches aux temps, mode, genre et nombre, pour lesquels seule une vérification lexicale suffit. Avec cet état d'esprit, mettre aux normes la graphie devient un jeu, dont le lecteur saura apprécier le résultat visible.

CONJUGAISON, ACCORD, LEXIQUE

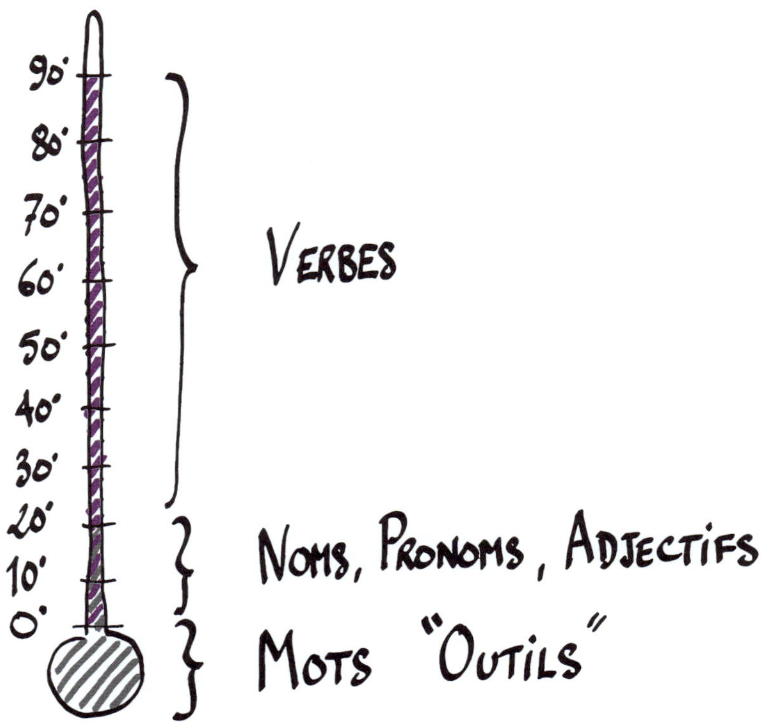

POURQUOI L'UTILISER ?

- Reconnaître les familles de mots et leurs types.
- Savoir où regarder pour détecter les fautes les plus gênantes.

COMMENT L'UTILISER ?

Surveillez en priorité les verbes (chauds) qui pilotent le sens de toute la phrase. Surveillez ensuite les pluriels sur les groupes nominaux (tièdes), enfin les lettres des autres mots (froids).

Étapes

1. Surveillez la conjugaison, l'accord et le lexique des mots chauds : les verbes.
C'est fâcheux mais c'est ainsi : le mot « verbe » désigne deux notions :
– **la nature** du mot : le verbe se distingue du nom, d'un déterminant, d'un adjectif, etc. ;
– **et sa fonction** dans la phrase : sujet, verbe, complément.
Seul mot *conjugué*, le verbe (fonction) exprime l'action ou l'état. D'après l'orthographe, le lecteur interprète le sens de la phrase, indiqué par le mode, le temps et les paramètres du sujet grammatical, la place des compléments. Pour la conjugaison, on a réparti les verbes en trois groupes :
– **le 1er groupe** à la conjugaison régulière : des armées de verbes en -er, sauf *aller* ;
– **le 2e groupe** à la conjugaison régulière : environ 300 verbes, en -ir et -issant ;
– **le reste**, environ 350 verbes du 3e groupe, eux-mêmes conjugués selon une vingtaine de modèles.

2. Vérifiez les accords et le lexique des mots tièdes : groupe nominal et pronom.
Les mots tièdes sont par nature, féminins, masculins ou neutres. Ils s'affichent au singulier ou au pluriel. Une faute d'accord a peu d'effet sur le sens. Cela concerne le groupe nominal (GN) :
– **le nom** commun ou propre, pour nommer les objets, êtres et abstractions : *livre, fille, augmentation* ;
– **le déterminant** ou l'article précède tout nom : permutables entre eux, les articles portent le genre et le nombre de leur maître : *le, un, ce, mon, quel, la, une, ma, sa, les, des, ces, quels, trois, tous*, etc. ;
– **l'adjectif,** qui qualifie le nom : *beau, bleu, coupant*... Optionnel, il vit grâce au nom et en adopte le genre et le nombre ;
– **le pronom :** version courte du GN, il reflète les paramètres : genre, nombre et **même fonction** : *je, tu, il, elle, on, nous, vous, ils, elles, certains, personne, celui, qui, que, dont, où, le mien, lequel, lui, leur*, etc.
Règle : quand le nom se parfume au pluriel, tout le GN en est parfumé. Exemple : *Magnifiques et secs, les beaux jours se sont enchaînés !*

3. Vérifiez les lettres des mots froids, immuables.
Tous les autres mots ne changent jamais de forme. Avec un dictionnaire, ils sont faciles à orthographier. Il s'agit des prépositions, conjonctions, adverbes, interjections.

Méthodologie et conseils

- **Surveillez les chauds :** le verbe peut cumuler des fautes de conjugaison, d'accord (COD, participe passé...) et de lexique. Trois dimensions à vérifier pour conserver le sens de la phrase.
- **Jetez un regard aux tièdes :** le groupe nominal peut cumuler des fautes d'accord (nombre et genre...) et de lexique. Vérifiez la chaîne du pluriel, sursignifié en français.
- **Les froids :** ces mots stables ne peuvent présenter que des fautes lexicales, vérifiables à l'aide d'un dictionnaire. Gare aux homonymes.

Suite outil 21 →

Avant de vous lancer...

✓ Gardez la tête froide et soyez synthétique !

✓ Consultez un bon dictionnaire.

Voir Outils 22, 23, 24 et 25
Voir Outil G en ligne

Suite outil

21 Chaud, tiède, froid, qui tenir à l'œil ?

Exercice

Première version

Salut,

(1) Avant de répondre au point en suspend, je vous écrit que j'aie du retard sur nombres de point (suite nottament à un RDV médicale, beaucoup reporter).

(2) Que restent-il a faire de mon coté ?

(3) Je dois pensez a la résa locale demandée par CE, contactez en bilatérale Jeanne pour le dossier pour la comptabilité pour l'année prochaine, et rédigé le compte-rendus, même si, au jour d'aujourd'hui, aucun item est traitée. Ils son s'en réponse.

(4) Sinon, je suis revenue vers Cristina qui m'a appeller hier sur l'exposée de Mardi.

(5) On est pas toujours d'accords sur tous.

Consigne A : Corrigez les « chauds »

- Repérez les verbes à mettre à l'infinitif en les précédant de « ne pas » : *avant de [ne pas] répondre...*
- Par déduction, repérez les infinitifs erronés : dans la phrase (1), *reporter* doit être conjugué. C'est un participe passé en [é].
- Repérez les verbes conjugués, en jouant sur le temps, le futur par exemple.
- Vérifiez le sujet grammatical : permutez verbe et sujet pour formuler une question.
- Enfin, veillez à l'accord du verbe avec le sujet, à la règle 1 avec l'auxiliaire *avoir* et à la règle 2, avec l'auxiliaire *être* sauf pronominal.

Résultat de la consigne A

Salut,

(1) Avant de **[ne pas] répondre** au point en suspend, je vous écrit/vous **écrirai-je/écrire** que j'aie/**aurai-je/avoir** du retard sur nombres de point (suite nottament à un RDV médicale, beaucoup **reporter/pris**).

(2) Que restent-il/**restera-t-il/rester** a **[ne pas] faire** de mon coté ?

(3) Je dois/**devrai-je/devoir [ne pas] pensez/penser** a la résa locale demandée par CE, **[ne pas] contactez/contacter** en bilatérale Jeanne pour le dossier pour la comptabilité pour l'année prochaine, et **[ne pas] rédigé/rédiger** le compte-rendus, même si, au jour d'aujourd'hui, aucun item est traitée**/sera-t-il traité/être traité**. Ils son/**seront-ils/être** s'en réponse.

(4) Sinon, je suis revenue/**reviendrai-je/revenir** vers Cristina qui m'a appeller/m'**appellera-t-elle/appeler** hier sur l'exposée de Mardi.

(5) On est/**ne sera-t-on pas/n'être pas** toujours d'accords sur tous.

Consigne B : Vérifiez les « tièdes »

Maintenant que vous avez corrigé les verbes, vérifiez les accords féminin et pluriel dans les groupes nominaux. Laissez les pronoms de côté. Les noms, articles et adjectifs s'accordent en genre et en nombre.

• Comment repérez l'article, le nom, l'adjectif ? Le nom pilote le groupe nominal. Il est toujours précédé d'un déterminant.

L'article et le nom sont nécessaires, l'adjectif est optionnel. En général, l'adjectif se trouve après l'article, juste avant ou après le nom.

• Dans le texte, indiquez après chaque GN le genre masculin (M) ou féminin (F), et le nombre, singulier (S) ou pluriel (P).

Si vous avez un doute sur le genre et le nombre du nom, insérez un adjectif provisoire :

• *beau, belle* pour tester le genre féminin ou masculin.

• *original, originaux* pour tester le pluriel.

Résultat de la consigne B

Salut,

(1) Avant de répondre au **[beau]** point **[original] (MP)** en suspend, je vous écris que j'ai du **[beau]** retard **[original] (MS)** sur **[un] [beau]** nombres **[original] (MS)** de **[beau]** point **[originaux] (MP) [belle]** suite **[original]** nottament à un **[beau]** RDV médicale **[original] (MS)** beaucoup reporté).

(2) Que reste-t-il a faire de mon coté **(MS)** ?

(3) Je dois penser a la résa **(FS) de** locale **(MS)** demandée par **le** CE **(MS)**, contacter en bilatérale Jeanne **(FS)** pour le dossier **(MS)** pour la comptabilité **(FS)** pour l'année prochaine **(FS)**, et rédiger le compte rendu **(MS)**, même si, au jour **(MS)** d'aujourd'hui, aucun item **(MS)** n'est traité. Ils sont s'en réponse **(FS)**.

(4) Sinon, je suis revenu vers Cristina **(FS)** qui m'a appelé hier sur **l'**expos**ée (MS)** d**u** Mardi **(MS)**.

(5) On n'est **pas** toujours d'accords sur tous.

Consigne C : Vérifiez le lexique des « froids »

a. en suspen**s** ;

b. **à la** suite ;

c. No**tan**t, *no**tam**ment*, évi**den**t, évi**dem**ment ;

d. Beaucoup, employé pour souvent ;

e. **a : «** Rester + à », « Penser + à » : ce « à » est une préposition ;

f. Le « a » sans accent est le verbe *avoir* qui se transforme facilement en *avait* ou *aura* ;

g. *Au jour d'aujourd'hui*, pléonasme ;

h. *pour* ne peut apparaître qu'une fois dans la même phrase. Il peut signifier « dans le but de », « à propos de », « en faveur de », « à l'échéance de » ;

i. Quand « s'en » précède un nom, il s'agit de « sans » privatif, le contraire de « avec » ;

j. *Je suis revenu vers* est impropre ;

k. *on est d'accord :* « de concert », invariable ;

l. *sur tous :* nom qui dit l'ensemble et s'écrit « tout ».

Texte final

Salut,

(1) Avant de répondre aux points en suspens, je vous informe que j'ai du retard sur plusieurs points (à la suite d'un RDV médical, souvent reporté).

(2) Que reste-t-il à faire de mon côté ?

(3) Je dois réserver le local demandé par le CE, contacter en entretien Jeanne à propos du dossier comptable à terminer avant l'an prochain, et rédiger le compte rendu, même si, à ce jour, aucun item n'est traité.

(4) Sinon, j'ai discuté avec Cristina qui m'a appelé hier, au sujet de l'exposé de mardi.

(5) On n'est pas toujours d'accord sur tout.

Outil 22

Ces fautes qui tu* le sens

** Ces fautes qui tuent le sens*

> « *Le conditionnel est la plus jolie conjugaison du monde et la plus confortable, j'aimerais, j'aurais aimé...*
>
> P. Saint-Onge

En quelques mots

Toute langue obéit à des règles, logiques pour l'expert et pénibles aux autres. Nous qui pataugeons dans les complexités de la grammaire française, commençons par **chouchouter le verbe** qui endosse tant de responsabilités, visibles sur sa terminaison, et parfois sur son radical. Mal orthographié, le verbe **modifie le sens** de la phrase, **perturbe le lecteur** qui doit relire pour comprendre. Pour lui épargner cette peine, adoptons un **premier réflexe : vérifions la graphie du verbe**, ce mot-clé qui, à lui seul, indique le mode, le temps, le sujet, la négation et dispose autour de lui ses vassaux : sujet, COD, négation et adverbe.

LE VERBE PLACE LES AUTRES MOTS

POURQUOI L'UTILISER ?

Objectif

- Être compris à la première lecture et rester crédible.

Contexte

Une fois votre mail, chat, texto rédigé, vérifiez l'orthographe des verbes avant tout.

COMMENT L'UTILISER ?

Étapes

1. Comment vérifier la conjugaison du verbe ?
Seul mot indispensable de la phrase, le verbe décrit l'action ou l'état du sujet grammatical. Sa forme change selon :
- **le mode** : indicatif, impératif, conditionnel, subjonctif, infinitif et participe ;
- **le temps :** présent, passé composé, futur, etc. ;
- **la voix :** active, passive, pronominale ;
- **la personne du sujet** sur une échelle de six rangs.

Muni de ces éléments, vérifiez la conjugaison dans des manuels ou sites dont le *Bescherelle*.

2. Comment trouver le verbe ?
Astuce : Jouez avec le temps (futur) et le verbe changera de look. *Les musiciens l'ont appelé.*
- Futur : … *l'appelleront…*
- Verbe *appeler quelqu'un* au passé composé.

Astuce : Aux temps composés, la négation encadre l'auxiliaire. *Les musiciens ne l'ont pas appelé.*
Astuce : Repérez les infinitifs en insérant la négation *ne pas* : ils la suivent. *As-tu pensé à ne pas déplacer… ?*

3. Comment trouver le sujet grammatical ?
Le sujet fait ou subit l'action décrite par le verbe. Le sujet répond à la question « Qui ? » ou « Quoi » ?
*Les **Robinsons** <u>ont construit</u> la cabane.*
→ Qui « ont construit la cabane » ? Les Robinsons.
***La cabane** <u>a été construite</u> par les Robinsons.*
→ Qui ou Quoi « a été construite par… » ? La cabane.

4. Comment reconnaître le mode ?
Grâce au mode, l'auteur dévoile l'univers de certitude d'où il s'exprime. Il révèle l'écart entre le contenu et sa confiance dans la probabilité de réalisation.
- **Dans l'univers de l'indicatif,** l'action ou l'état sont tenus pour certains. C'est la majorité des emplois. *Hier, est-elle venue ? Oui, elle est partie à 20 h.*
- **Dans l'univers de l'impératif,** l'auteur impose obéissance ou désobéissance au sujet, invisible et inclus dans le verbe.
Prends soin de toi. Venez sur-le-champ. Courons !
- **Dans l'univers du conditionnel** ou **l'irréel du présent,** l'on parle d'options et l'on reste poli. **Notez :** *Quand bien même* et *au cas où* sont suivis du conditionnel. *Si Paul venait, nous irions. Irais-tu au cinéma avec moi ?*
- **Dans l'univers du subjonctif,** doute, crainte, conseil et vœu règnent. Il suit les expressions *pour que, afin que, avant que, bien que, etc.*
Je doute que tu le ***veuilles*** **mais** *je ne doute pas que tu le* <u>**veux**</u>. *Je range* ***avant*** *qu'elle* ***vienne*** **mais** ***après*** *qu'elle* <u>***est***</u> *venue.*

5. Comment identifier le temps et la voix ?
Dans chaque mode, les temps – présent, passé, futur – placent les actions ou états sur l'axe temporel, les uns par rapport aux autres.
- Au présent, imparfait ou futur, le verbe reste en un mot.
- Aux temps composés, l'auxiliaire *avoir* assiste les verbes d'action et… le verbe *être*.
- L'auxiliaire *être* assiste les verbes d'état, de mouvement.

Il y a trois voix : active, passive et pronominale :
- À l'actif, le sujet grammatical réalise l'action.
- Au passif, il la subit.
- Au pronominal, il subit l'action qu'il réalise.
- L'auxiliaire *être* aide les deux derniers.

6. Comment éviter les confusions habituelles entre *être* et *avoir* ?
Page suivante, vous trouverez cinq situations qui éveilleront votre vigilance.

Suite outil 22 →

Voir Outils 21, 23, 24 et 25 et annexes p. 198, 199, 202

Ces fautes qui tu* le sens

** Ces fautes qui tuent le sens*

• **Sachez reconnaître le verbe *être* conjugué.** Avec l'auxiliaire *être,* le participe passé s'accorde en genre et en nombre avec le sujet, pour :
– les verbes d'état : *Elle est restée ébahie* ;
– les verbes de mouvement : *Ils sont venus* ;
– les verbes d'action au passif : *Ils étaient appelés ;*
– les verbes à la voix pronominale : *Je me suis cachée.*

Des confusions naissent au passé composé : à ce temps, les verbes *être et avoir* se construisent avec l'auxiliaire *avoir.*

***Ils** ont été appelé**s**.* → Sujet + *être appelé* en **trois** mots (*appeler* au passif).

***Elle** a été grand**e**.* → Sujet + *être* en **deux** mots + attribut du sujet.

Astuce : Passez la phrase au futur pour distinguer *être* de *avoir.*

*Ils **seront** appelés. Elle **sera** grande.*

• **Ne confondez plus les formes du verbe *avoir* : ai, aie, ait, aient.**

Selon le mode et la personne, *avoir* adopte ces formes.
– À l'indicatif : *ai* pour la certitude.
J'ai donné l'info. J'ai faim. Il sait que j'ai l'info.
*Elle ne doute pas que **j'ai**, que tu as l'info...*
*... **après que** nous **avons** parlé.*
– Au subjonctif : aie, aies, ait, aient.
*Il faut, je crains, je veux **qu'il ait** l'info.*
*Elle doute que **j'aie** l'info...*
*... **avant que** nous **ayons** discuté.*
– Au conditionnel : -rais, -rais, -rait, -rions, -riez, -raient.
*S'il venait, tu **aurais** l'autre chambre.*
– À l'impératif : aie, ayez.
*Sois gentil, **aie** la bonté de lui donner à boire.*

Astuce : Testez avec les verbes *prendre, réussir* ou *pouvoir* pour distinguer le mode et le temps.

• **Ne confondez plus *est* et *ait* dans les formes impersonnelles.**

Astuce : Passez la phrase au futur pour distinguer *être* d'*avoir.*

Pourvu qu'il y est (ou ait ?) des métros (locution + subjonctif)

Test : *Il y **aura** ou il y **sera** des métros.* C'est le verbe *avoir* et non *être.*

C'est mieux que cela est (ou ait ?) échoué. (locution + subjonctif)

Test : *Cela **aura** échoué* ou *cela **sera** échoué. Avoir échoué* et non *être échoué* (bateau).

• **Ne confondez plus *son* et *sont*.**

Astuce : Passez la phrase au futur pour distinguer le verbe, seul mot conjugué.

*Son entrain et son esprit ~~son~~ **sont** permanents.*
→ **seront** permanents. Futur du verbe *être.*

• **Sachez accorder le participe passé : *être* ou *avoir* ?** Reportez-vous à l'Outil 24.

7. Comment éviter les erreurs de conjugaison habituelles ?

Voici cinq situations qui éveilleront votre vigilance.

• **Redécouvrez l'impératif.** Découvrez une règle méconnue. Les milliers de verbes du 1er groupe (-er) ne portent **pas** de « s » final à l'impératif au singulier. Seuls, ceux du 2e et 3e groupe en portent.

Pren<u>ds</u> le livre, fin<u>is</u> de le lire et reme<u>ts</u> -le -lui à midi.
Attrap<u>e</u> le livre, termin<u>e</u> de le lire et donn<u>e</u>-lui à midi.

Devant « y » et « en », on ajoute un « s » de prononciation, qui n'a pas le statut d'impératif.

Achèves-en [zan] la lecture, Donnes-en [zan] à Paul. Montes-y [zi].

• **Distinguez le passif du passé.**

Astuce : Cherchez la voix active. Tout passif peut se retourner à la forme active. Sinon, ce n'est pas un passif, mais un passé construit avec l'auxiliaire *être.*

Elles sont transportées (par…) → Quelqu'un les a transportées, voix passive réversible à l'actif.
Je suis venue : *Je* est agent de *venir* → Verbe de mouvement non réversible à l'actif.
Ils sont restés ébahis → *Verbe d*'état, non réversible à l'actif.
Elle s'est douchée → Pronominal.

- **Distinguez le futur du conditionnel (ai/ais).**

Le futur de l'indicatif et le présent du conditionnel – sonnent parfois pareillement à la 1re personne du singulier, alors qu'ils n'ont pas le même degré de certitude.
Astuce : Changez de personne ou testez avec *peut-être* ou *c'est certain.*
*S'il vient, je viendr**ai**, c'est certain.* → Futur : je viendrai, tu viendras.
*S'il venait, je viendr**ai**s, peut-être.* → Conditionnel : je viendrais, tu viendrais.

- **Redécouvrez le conditionnel.**

La conjugaison du conditionnel est régulière mais son emploi est souvent fautif. La proposition qui exprime la condition se conjugue à l'indicatif ou au conditionnel. La conséquence se formule au conditionnel :
*Si tu ~~viendrais~~ ven**ais**, (alors) j'**irais**.* → Si + indicatif (alors) + conditionnel.
*Au cas où tu viend**rai**s, (alors) j'**irais**.* → Au cas où + conditionnel (alors) + conditionnel.
Astuce : Le « si » n'aime pas le « ré » (-rais) du conditionnel.

8. Comment éviter quelques autres erreurs fréquentes ?

- **Ne contaminez plus le verbe avec le pluriel d'un nom.**

Réservez le « s » du pluriel aux noms et à ses adjoints.
Astuce : Révélez l'accord grâce au verbe *prendre*, *réussir* ou *pouvoir*.
*Les partitions, **tu** préfèr**es** qu'**ils** les gar~~des~~ gard**ent** ?*
Test : *Qu'ils réuss**issent** à les… ?*

- **Utilisez l'infinitif après une préposition.** Un verbe qui suit une préposition – *à, pour, de, sans* – sera à l'infinitif.

***À** plier, **pour** effectuer, **d'**aller, **sans** penser.*
Astuce : Remplacez le verbe par *réussir*.

- **Vérifiez la personne du sujet.**

Pour accorder le verbe, il faut connaître le **rang** du sujet. Pour le trouver, remplacez le sujet par le pronom de l'inoubliable liste des pronoms personnels sujet – *je, tu, il, elle, on, nous, vous, ils, elles.*
Astuce : Formulez une question pour vous aider.
*C'est Margot et Élisa qui **a** ou **ont** appelé. Margot et Elisa **ont-elles** appelé… ?* → *Le verbe s'accorde à la 3e personne du pluriel.*
*C'est **toi qui as** appelé… ?* → *As-tu appelé ?* Le verbe s'accorde avec l'antécédent de *qui*, à la 2e personne du singulier dans ce cas.
*De tous, vous êtes **les seuls qui** partir**ez** – ir**ont** à temps.*
Astuce : Le verbe *partir* s'accorde avec l'antécédent de *qui* : *les seuls.*

- **Scrutez les verbes en app- et en -eller.**
- **N'hésitez plus à écrire des chiffres et des sujets collectifs.**

Méthodologie et conseils

- Parmi tous les mots, seul le verbe est **conjugué**. Il dirige la phrase.
- Mal orthographié, il peut en modifier le sens.

Voir Outils 24 et 25

Avant de vous lancer…

✓ **Révisez la conjugaison des verbes *être*, *avoir*, *pouvoir* et *vouloir*. Ce sera plus fiable que le correcteur.**

✓ **Installez les conjugueurs du *Bescherelle* ou des sites de la presse nationale.**

Outil 23

Déclencher l'alerte orange

> “
> *Si n'ont,*
> *on ni qu'on prend rien.*

En quelques mots

Pour simplifier, il y a trois sortes de fautes d'orthographe : les fautes lexicales soulignées par le correcteur et palliées par un dictionnaire, les fautes de conjugaison et d'accords qui méritent une bonne grammaire pour les corriger, et les autres : les oublis ou fausses routes dues à **l'écart entre la prononciation et l'écrit**. Ces embûches se nomment **homonymes** et **liaisons**. Les premiers sonnent pareillement mais s'écrivent de plusieurs façons. Quant à la liaison, spécialité française, elle ne s'écrit pas alors qu'elle se prononce. Apprenons à débusquer ces pièges pour mieux les déjouer.

LES POINTS DE VIGILANCE

POURQUOI L'UTILISER ?

- Réduire les fautes sur le verbe, dues à l'écart entre ce qui est prononcé et sa transcription.

COMMENT L'UTILISER ?

Étapes

1. Repérez les homonymes les plus gênants. En français, des centaines d'homonymes (sale/salle) dont une soixantaine de verbes (résonner/raisonner) troublent la compréhension. Pour nos écrits professionnels, il suffit d'en connaître une trentaine, ceux qui mêlent le verbe à une autre catégorie : est/et, sont/son, conte/compte, lis/lie.

2. Repérez les liaisons qui écrasent le « ne » de la négation : [né, ni, na, nou, nan, etc.].
Le verbe porte la négation, dont la forme souche est « ne… pas ». À l'oral, la liaison entre le sujet qui finit par un « n » – « on », « aucun », « pas un » et « personne » – et les verbes qui débutent par une voyelle, conduisent à oublier le « ne ».
On_ arrive pas à… s'écrit ***On n'****arrive pas à…*
Guilaine_attend plus Henri s'écrit *Guilaine n'attend plus Henri.*
Aucun_ éteint son ordinateur s'écrit ***Aucun n'****éteint son ordinateur.*
Personne_ira s'écrit *Personne n'ira.*
Astuce : remplacez le sujet par n'importe quel nom – *Cruella, Dormeur, Prof…* **– sauf ceux qui reproduisent la liaison en « n » comme** *Ben, Jean, Laurène,* **etc.**

3. Repérez la liaison [s] [t] ou [l] + voyelle.
- **Les sons [sé, si, sa, sou, san, son, etc.].**

On pourrait écrire distraitement :
*La Directrice****_y*** *joindra* au lieu de ***s'y*** *joindra,*
*Les serv****ices_engagent*** au lieu de ***s'****engagent,*
*Les serv****ices_ont*** *régi* au lieu de *services* ***sont*** *régis.*
*Les service****s_sont*** *pris des mesures* au lieu de *service****s_ont*** *pris des mesures.*
Astuce : niez la proposition et l'erreur apparaît.
*La Directri****ce n'y*** *joindra* ***pas*** au lieu de ***ne s'y*** *joindra pas.*
Les services ***n'engagent pas*** au lieu de *ne* ***s'****engagent pas.*
Les services ***n'ont pas*** *régi* au lieu de ***ne sont pas*** *régis.*
Les services ***ne*** *sont pas pris des…* au lieu de ***n'ont*** *pas pris.*
- **Les sons [té, ti, ta, tou, tan, etc.].**

Ils sont tant mesure de au lieu de *sont_en mesure.*
Elle peu t'accepter au lieu de *peut_accepter.*
Astuce : niez la proposition pour couper la liaison.
Ils ***ne*** *sont* ***pas*** *tant mesure* au lieu d'*ils ne sont* ***pas_en*** *mesure.*
Elle ***ne*** *peut* ***pas*** *t'accepter* au lieu d'*elle ne peut* ***pas_accepter.***
- **Les sons [lé, li, la, lou, etc.].**

Le contrat, il/elle_a signé au lieu d'*il/elle* ***l'a*** *signé.*
Elle/Il_a lu au lieu d'*Elle/il* ***l'a*** *lu.*
Elle_on signé ou Elle_ont signé au lieu d'*Elles* ***l'ont*** *signé.*
Astuce : niez la proposition pour couper la liaison.
Elle n'a pas signé au lieu d'***elle ne l'a pas*** *signé.*
Il n'a pas lu au lieu d'***il ne l'a pas lu.***
Elles n'ont pas signé au lieu d'***elles ne l'ont pas*** *signé.*

Méthodologie et conseils

- Vérifiez toujours l'orthographe du verbe.
- Vérifiez aussi les noms propres (personnes, entreprise, ville, pays) : ces erreurs sont fatales à leur auteur…

Avant de vous lancer…

✓ **Le dictionnaire épargne l'emploi de pléonasmes ou de barbarismes, tels que « échanger sur », « partager sur », « pallier à », « postuler à », « revenir vers », etc.**

Voir Outils 21 et 26 et annexes p. 198-199
Voir Outils G et H en ligne

Outil 24 Tenir tête au participe passé

> « Sonnet rimé et co-rimé. »
>
> L'Oulipo

En quelques mots

Conjugué, le verbe indique le mode, le temps et la personne du sujet. De plus, aux temps composés, formés avec *avoir* et *être*, le **participe passé** du verbe marque aussi des accords, sonores pour certains mais **indétectables à l'oreille pour les participes terminés par [é, i, u]**. Pour nous épargner un casse-tête, nous détournons parfois la formulation initiale, au risque de perdre l'idée. Pourtant, **seules deux règles** sont à l'œuvre, l'une pour l'auxiliaire ***être***, qui souligne le résultat, l'autre pour l'auxiliaire ***avoir***, qui insiste sur l'action et son objet. Plus simples qu'il n'y paraissait quand on était écolier.

LES RÈGLES DU PARTICIPE PASSÉ

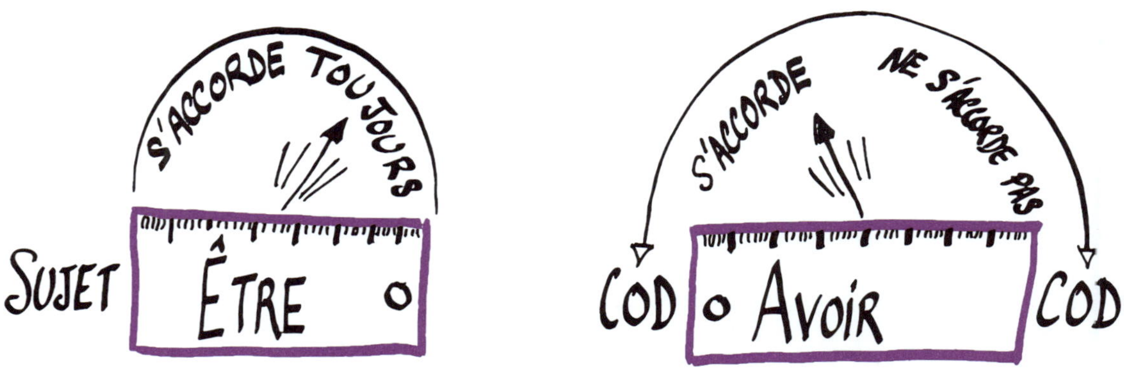

POURQUOI L'UTILISER ?

Objectif

- Ne plus hésiter dans l'accord du participe passé, à la voix active, passive ou pronominale.

Contexte

Vérifiez l'accord du verbe aux temps composés, construits avec les auxiliaires *être* ou *avoir*.

COMMENT L'UTILISER ?

Étapes

1. Trouvez l'auxiliaire.
Aux temps composés, l'auxiliaire sera cerné par le test de la négation.
*Le chat **n'a pas** bu.*
*Il **n'est pas** sec.*

2. Redécouvrez les deux règles d'accord.
Règle 1 : **Avec l'auxiliaire *avoir***, le participe passé (pp) ne s'accorde **avec rien sauf** si le complément d'objet direct (COD) précède le verbe. Alors, le pp s'accorde en genre et en nombre avec le COD.
*Le chat a **mangé (pp)** la souris (COD).*
La souris que le chat a mangée (pp accordé avec la souris cachée dans le COD « que »).
Règle 2 : **Avec l'auxiliaire *être***, le pp du verbe **s'accorde toujours** avec le sujet, en genre et en nombre. Il souligne l'état du sujet.
*La souris est mangé**e*** → souris : fém., sing. (voix passive).
*Ils sont venu**s** et allé**s** au cinéma* → ils : masc. pl.(voie active au passé).

3. Détournez la difficulté d'application.
Sur certains verbes, les accords – féminin, pluriel, féminin pluriel – avec « e », « s », ou « es » ne s'entendent pas avec les pp de :
– tous les verbes du 1er groupe, clos par le son [é] ;
– tous les verbes du 2e groupe, clos par le son [i] ;
– quelques verbes du 3e groupe clos par le son [u] et le son [i].
Astuce : La terminaison sourde se révélera grâce à un COD féminin et un verbe du 3e groupe, comme *prendre-prise, transmettre-transmise, écrire-écrite.*
*Les **mails** (COD) qu'il a envoy**é-s** (?) Les **lettres** qu'il a écri**tes** → envoyés.*
***Elle** est parti-e ? = transm**i-se** → « partie ».*

4. Détournez la difficulté d'application de la règle 1.
Comment reconnaître un COD ? Il répond à la question « Quoi ? » ou « Qui ? », et non « Combien ? ». Il s'accroche au verbe directement sans les prépositions : à, au, aux, de.
*Clara **a donné*** (Quoi ?) ***le livre*** (COD) *à Joséphine* (Complément d'attribution).
Hugo a mangé (Quoi ?) *du pain (COD).* → On mange quelque chose : *du* introduit le COD, partitif de *pain*.

5. Repérez la voix pronominale.
Isolez la voix pronominale : elle se conjugue avec *être* mais sera régie par la règle 1.

6. Résumons.
Ils ont dit des choses nulles ! → Auxiliaire *avoir*, règle 1.
*Les choses qu'ils **ont dites sont nulles** !* → Auxiliaire *avoir*, règle 1, auxiliaire *être*, règle 2.
Elle est partie. → Auxiliaire *être*, règle 2.
Les points en suspens sont réglés. → Auxiliaire *être*, règle 2.
Ils ont été licenciés. → Auxiliaire *être*, règle 2.
Ils se sont dit des choses. → Auxiliaire *être* mais voix pronominale, règle 1.
Les choses qu'ils se sont dites. → Auxiliaire *être* mais voix pronominale, règle 1.
Ils se sont entretenus brièvement. → Auxiliaire *être* mais voix pronominale, règle 1.

Méthodologie et conseils

- Des millions d'humains apprennent la grammaire quelle que soit sa complexité… Entraînez-vous : cours en ligne, formation.
- La règle 2 s'applique aussi aux attributs d'un verbe d'état : *ils paraissent **beaux**, elles demeurent **grandes**.*
- Le verbe transitif a besoin d'un COD, l'intransitif non : *regarder quelque chose – venir.*

Suite outil 24 →

Avant de vous lancer…

✓ Révisez la conjugaison des auxiliaires *être* et *avoir* aux temps usuels.

✓ Familiarisez-vous avec le *Bescherelle*, c'est une mine d'or.

Voir Outils 21, 22, 23 et 26
Voir Outil H en ligne

Suite outil **24**

Tenir tête au participe passé

Cette double page décrit l'emploi du participe passé à la forme pronominale et propose un exercice sur le participe passé. Elle fait référence à la règle 1 et la règle 2 présentées précédemment.

Le participe passé dans la forme pronominale

Étape 1 : Repérez la voix pronominale

La voix pronominale se construit avec l'auxiliaire *être* précédé d'un pronom réfléchi (du sujet) – *me, m', te, t', se, s'* (et non *lui*), *nous, vous, se* (et non *leur*).

Elle s'emploie quand le sujet de l'action la subit aussi. C'est pourquoi c'est la règle 1 et non la règle 2 qui opère.

1. *Ils se sont couchés* → action et résultat → règle 1
2. *Ils sont couchés* → résultat → règle 2
3. *S'est-elle inquiétée ?* → action et résultat → règle 1
4. *Ne se sont-ils pas donné RDV ?* → action et résultat → règle 1
5. *Léa, je ~~t'es~~ t'ai rappelée* → action → règle 1

Construite avec *être*, la phrase 2 n'est pas pronominale, mais passive.

Construite avec *avoir*, la phrase 5 n'est pas pronominale : on a appelé Léa et non soi-même.

Étape 2 : Pour trouver l'accord, remplacez le verbe *être* par le verbe *avoir*

La transformation (**T**) montre si le pronom réfléchi abrite un COD. Alors, on accorde le pp en genre et nombre du COD (règle 1).

1. *Ils* ***se*** *sont salués.* → **T** : *Ils ont salué* ***eux-mêmes.***

2. *Elles* ***se*** *sont lavé les mains.* → **T** : *Elles ont lavé les mains* ***d'elles-mêmes.***

3. *Elles* ***se*** *sont succédé.* →**T** : *elles ont succédé* ***à elles-mêmes.***

Cas 1 : le pronom réfléchi abrite un COD

Dans la phrase 1, *se* remplace le COD, donc le pp s'accorde en genre et nombre à *eux-mêmes.*

Cas 2 : le pronom réfléchi n'abrite pas le COD

Dans les phrases 2 et 3, la transformation montre que *se* remplace le complément indirect *d'elles-mêmes* ou *à elles-mêmes.*

Dans la phrase 2, le COD suit le verbe, le pp ne s'accorde pas.

Dans la phrase 3, il n'y a pas de COD. *Succéder* est un verbe intransitif.

Les participes passés spéciaux

Le participe passé des verbes de perception.

Apercevoir, écouter, entendre, regarder, sentir, voir.

- *Les voisins que j'ai entendu rire...*

J'ai entendu [les voisins rire] ou [rire les voisins].

J'ai entendu quoi ? *[les voisins rire]* et non *[les voisins]* donc pas d'accord (règle 1).

- *Les gens que j'ai vu rire.*

J'ai vu [les gens rire] ou [rire les gens].

J'ai vu quoi ? [*les gens rire*] et non [*les gens*], donc pas d'accord (règle 1).

Le participe passé des semi-auxiliaires.

Depuis fin 1990 (*JO* du 6 décembre), le participe passé de *faire* et de *laisser* reste invariable quand il est suivi d'un verbe à l'infinitif.

Elles se sont fait repérer.

Elles se sont laissé habiller.

Exercice sur le participe passé

Trouvez le participe passé des verbes entre crochets. Le corrigé se trouve en fin d'ouvrage.

1. J'espère que les fêtes se sont bien **[passer].**
2. Ici, les journées se sont [**succéder**] sans s'en rendre compte.
3. Dès le premier jour, Spiriou et Lagaffreux se sont [**sourire**], se sont [**plaire**], se sont [**parler**] et se sont [**rendre compte**] de leurs affinités.
4. Depuis, ils se sont [**convaincre**] de rattraper le retard.
5. et ils ont [**essayer**]
6. de classer les lettres [**réceptionner**]
7. qu'il a [**entasser**] durant six mois.
8. Des délais leur avaient été [**accorder**].
9. Ils les ont [**référencer**] pour répondre.
10. Ensuite, ils ont [**répondre**] à la plupart en une semaine.
11. Mais ils ne les ont pas encore [**envoyer**].
12. Elles dorment donc [**empiler**] sur la console de l'entrée.
13. De mon côté, j'ai [**profiter**] des jours clairs
14. pour peindre la salle qui sera [**finir**] ce week-end.
15. J'observe – j'ai [**prendre**] des photos –
16. les disparités qui se sont [**créer**]
17. entre la partie ancienne et celle [**rénover**].
18. Quant à Anne, elle s'est [**autoriser**] à ranger
19. les livres dont tu as [**vouloir**] te défaire.
20. Elle les a tous [**caser**].
21. Au fait, les pulls que nous avions [**sortir**],
22. nous les avons [**porter**] [**superposer**].
23. Ce voyage m'a [**rappeler**] nos randonnées
24. et les dizaines de kilomètres que nous avons [**parcourir**].

Corrigé page 204

Outil 25 Des chiffres et des lettres

“

Sept cent millions de Chinois, et moi et moi et moi.

J. Dutronc

En quelques mots

De tout temps, nous avons compté et symbolisé les quantités pour nos activités de subsistance, de partage, de transmission, de soin et d'art. L'invention du zéro et l'avènement du système métrique ont dopé les calculs et les industries. À l'ère du numérique, nous côtoyons sans cesse **les chiffres** pour nous identifier, dater, référencer, coder, mesurer, acheter, vendre, etc.

Orthographier les nombres cardinaux ou ordinaux, c'est en connaître une liste définie, les autres résultant de la **composition de chiffres souches, additionnés, juxtaposés ou multipliés**. Seules quelques règles s'apprennent. Nos chers nombres le valent bien !

LE CASSE-TÊTE DES CHIFFRES

POURQUOI L'UTILISER ?

Objectifs

- Redécouvrir les règles d'accord simplifiées.
- Éviter les confusions sur les nombres.

Contexte

Tant que cela reste lisible, on écrit en toutes lettres les nombres cardinaux, ceux qui dénombrent une quantité, distance, durée, poids. Les nombres ordinaux, qui désignent la place dans une série, sont écrits en chiffres : date, code postal, référence…

COMMENT L'UTILISER ?

Étapes

- **Comment orthographier les nombres qui n'ont pas besoin d'un déterminant ?**

Ces nombres, dits cardinaux, sont construits sur une liste limitée de formes simples qu'il faut savoir écrire : un, deux, trois jusqu'à seize, vingt, trente, quarante, cinquante, soixante, cent, mille. Les autres nombres résultent de l'addition (21), la juxtaposition (38) ou la multiplication (300) des chiffres souche.

Ces nombres ne s'accordent pas au pluriel, sauf *vingt* et *cent* dans quelques cas.

Règle 1 : *vingt* et *cent* prennent un « s » s'ils sont multipliés **sans** être **suivis** par un autre nombre.
*Il a quatre-vingt**s*** ou *quatre-vingt**-u**n an. (4 × 20 + 1)*
*Quatre cen**ts*** mais *Quatre cent vingt et un**e** pages.*
*Ma voiture roule à deux cent**s*** *km/h* mais *plafonne à deux cent vingt.*

Règle 2 : sauf règle 1, tous les nombres cardinaux sont invariables y compris *mille*.
1492 : Mille quatre cent quatre-vingt-douze.

Règle 3 : Les nombres composés inférieurs à 100 prennent un trait d'union.
38 : trente-huit.
Les nombres se terminant par « et un » ont deux orthographes.
21 : vingt et un, vingt-et-un.

Règle 4 : il n'y a pas de trait d'union avant le dénominateur qui joue alors le rôle d'unité.
21/3 : vingt-et-un tiers.

Voir Outils 21, 26 et 49

- **Comment orthographier les nombres qui ont besoin d'un déterminant ?**

Les mots *million, millier, milliard,* etc. sont des noms. Ils s'accordent au pluriel.
L'incendie brûle des milliers d'hectares de forêt.
Deux cents millions d'amis (200 joue le rôle de déterminant).
Les nombres ordinaux – *le premier, le deuxième,* etc. – s'accordent en genre et en nombre avec le nom qu'ils ordonnent. Pour les abréger, indiquez les lettres finales : premi**er** / è**re** : 1er, 1re ; second/e : 2d, 2de ; deuxième/s : 2e, 2es.
Une seule vigilance, on dira :
*On va **au deuxième** étage* – s'il y en a plus de deux.
*C'est **leur second** enfant* – s'ils n'en ont pas plus de deux.

- **Comment écrire les montants en chiffres ?**

Les nombres composés inférieurs à 100 prennent un trait d'union. Pour faciliter la lisibilité, un espace, et non une virgule, détache chaque groupe de trois chiffres. Dans les nombres décimaux, une virgule, et non un point, détache la part entière de la part décimale. Un espace détache l'unité du nombre.
Le 1er mai 2020, le Smic brut s'élève à 1 539,42 €.

Méthodologie et conseils

- Nombre cardinal ou ordinal, explicitez-les en lettres si vous voulez lever les ambiguïtés sur un contrat, un acte, des déclarations officielles.
- En français, les devises sont des noms communs sans majuscule qui prennent un « s » au pluriel, comme les mots *euro* et *cent* (centime d'euro). Sur le billet, *euro* ne porte pas le « s » français puisqu'il est d'usage international.

Suite outil 25 →

Avant de vous lancer…

✓ **La réforme de l'Académie française de 1990 a simplifié l'écriture des nombres en lettres.**

Suite outil 25 Des chiffres et des lettres

Cas particuliers : date, fraction, sujet collectif

Comment écrire les dates ?

En règle générale, on exprime en chiffres les nombres ordinaux comme le numéro d'un jour ou d'une année. Seul, le premier jour du mois dévoile son rang avec l'exposant « er » : 1er mai.

Quand ils sont écrits au long, sur les actes civils ou notariés, ils restent invariables.

En tant que noms communs, les jours et mois s'écrivent sans majuscule, sauf date historique. Avec le déterminant *le* ou *les*, on montre la formalité ou la régularité du propos.

***Le** 7 janvier 2015, des attaques terroristes ont eu lieu à Paris.*

*Ils vont au cinéma **les** mardis (au) soir* → « matin » et « soir », sont vus comme des adverbes, et n'ont donc pas de raison de s'accorder.

Quand marquer le pluriel d'un nombre ?

Le pluriel commence à partir de deux, inclus. Ainsi, on écrira au singulier :

1,2 milliard d'animaux a été tué par les incendies.

Plus d'un produit sera vendu.

Et on écrira au pluriel :

Moins de deux jours sont nécessaires.

Je lui donne 2 euros et il me rend 1,90 euro.

Comment accorder quand le sujet est un pourcentage ?

Le singulier ou le pluriel sont tous deux possibles :
– pour insister sur le tout, choisir le singulier ;
– pour insister sur la quantité, choisir le pluriel.

***25 %** de l'Assemblée **sont** convaincu**s** (25%).*

*25 % de **l'Assemblée est** convaincu**e** (l'Assemblée).*

Comment accorder quand le sujet est une fraction ?

Comme dans le paragraphe précédent, le singulier ou le pluriel sont possibles sauf pour les fractions précédées d'un déterminant au pluriel, dans ce cas le verbe s'accorde au pluriel.
Un quart des votants a/ont refusé en bloc.
Trois quarts d'heure a/ont suffi.
***Les** trois cinquièmes votent.*
***Les** trois quarts des réunions commencent sans objectif clair.*
Quant au trait d'union dans une fraction, il n'y en a jamais entre le nombre du numérateur et celui du dénominateur, sauf s'il désigne un objet, comme un trois-quarts de queue.
Nous détenons vingt centièmes des parts du Groupe (20/100).
La plage de temps est aux trois quarts écoulée.

Comment accorder quand le sujet divise ?

L'accord avec « moitié »

Comme dans le cas du pourcentage, le singulier ou le pluriel sont possibles.
*Par définition, **la moitié** des Français **a** plus de l'âge médian.*
*Par définition, la moitié **des Français ont** plus...*

L'accord avec « demi »

Placé avant le mot qu'il scinde, il est invariable.
Placé après, il peut marquer le féminin avec « e » mais **pas le pluriel.** Avec *et demi*, *midi* et *minuit* sont tenus pour masculin.
Un trait unit *demi* et le nom qui le suit, au sens de moitié. Il n'y a pas de trait d'union avec un adjectif, exprimant un degré.
Il est parti, il y a une demi-heure, vers minuit et demi, à demi saoul.
Il a deux ans et demi.
Elle dure deux journées et demie (et moitié d'une journée).
Il est trois heures et demie, et non midi et demi.
L'heure peut aussi s'écrire **entièrement** en chiffres :
Il est 15 h ~~trente~~ : 15 h 30.

Comment accorder le verbe avec la plupart et beaucoup de ?

Le verbe qui suit *la plupart* et *beaucoup de* s'accorde au pluriel. Suivi d'un complément, le verbe s'accorde en genre et en nombre, toujours au pluriel (sauf pour *temps* : la plupart du temps/beaucoup de temps + verbe au singulier).
La plupart des nouvelles étaient bonnes.
La plupart s'en réjouissent et s'en félicitent.
Beaucoup ont démissionné.
Beaucoup d'entre elles ont été comprises.

Comment accorder le verbe avec les autres sujets collectifs ?

Comme pour *moitié*, le singulier ou le pluriel sont possibles. *Un grand nombre de, une centaine de, l'ensemble de* s'accorderont au pluriel ou au singulier selon le sens que l'on veut souligner.
Un (trop) grand nombre de versions que j'ai corrigé.
Une quantité de textes y figurent.
Une centaine de litres d'huile s'est renversée.
Cependant, on préférera :
***La**/Une **majorité** d'entre eux **veut**/veulent passer.*
Même si les deux formules sont correctes, le déterminant *la* ajoute du poids sémantique à *majorité*.
Avec *le peu de*, votre choix teintera le sens du propos :
*Le peu de temps **a contraint** son analyse.* Le verbe au singulier suggère que le temps a manqué.
*Le peu d'éléments lui **ont permis** de conclure.* Le verbe au pluriel suggère qu'il y a quand même eu assez d'éléments pour statuer.

Comment accorder le pluriel des noms composés ?

Regardez dans le dictionnaire, car la règle est simple mais elle comporte beaucoup d'exceptions.
« Au pluriel, un nom composé tenu pour un mot simple marque le pluriel au second élément. »
*Garde-meuble**s**, après-midi**s**.*
Mais, *coffre**s**-fort**s**, paquet**s**-cadeau**x**.*
Composé de verbes : *compt**es** rend**us*** mais *va-et-vient*.

Ci-joint, ci-annexé, ci-inclus, excepté...

- **N'accordez pas : en tête de phrase** avant le verbe, cette locution est vue comme un adverbe.
Ci-joint les photos envoyées à Lise.
- **Accordez :** après le verbe et après le nom, c'est **un adjectif.**
Je vous adresse les photos ci-jointes.
- **Au choix :** après le verbe et avant le nom.
Je vous adresse ci-jointes ou ci-joint les photos.

Outil 26 Relire avec NOEL

> “
> *Relire apprend l'art de lire.*
> É. Faguet

En quelques mots

Les multiples canaux d'échanges par écrit, forgent notre réputation de rédacteur en quelques publications : un tel envoie des mails bavards ou concis, fouillis ou structurés, abstraits ou concrets, vagues ou précis, plats ou vivants, nets ou truffés de fautes d'orthographe. Heureusement, nous pouvons rehausser la lisibilité d'un écrit par une relecture rapide et méthodique : **la formule NOEL (Nettoyer, Organiser, Enrichir, Limiter)** en résume les actions. Après NOEL, le texte atteint un niveau de qualité suffisant dans le cadre professionnel. Une prudente attention à offrir au lecteur.

LES ÉTAPES POUR RELIRE UTILEMENT

POURQUOI L'UTILISER ?

Objectifs

- Être lu et compris à première lecture.
- Améliorer le texte initial vers un texte logique, explicite et concis.

Contexte

Pour tout écrit, mail bref ou longue présentation, relisez. Politesse due au lecteur, le texte relu et clair vous épargnera des heures de clarifications.

COMMENT L'UTILISER ?

Les actions de NOEL se réalisent successivement ou pas selon la qualité du texte.

Étapes

1. Nettoyez le texte.
Le « nettoyage » du texte prépare les étapes ultérieures de restructuration et de concision. L'on cherche à dégager un texte à la formulation, l'orthographe et la grammaire correctes. Relisez-le à voix haute. Dès qu'une expression grippe ou que vous butez sur l'orthographe d'un mot, soulignez au crayon et corrigez dans la marge :
– les fautes d'orthographe lexicales et grammaticales ;
– les propos redondants ou bavards, les locutions verbales ;
– les expressions qui « grincent » ou inappropriées par rapport au contexte du message.

2. Organisez la disposition des idées.
Un texte en vrac est difficile à lire. Aussi, veillez à l'enchaînement logique des idées. Scrutez la structure du texte, du chapitre, du paragraphe, des phrases. Narration *à la Hitchcock* ou *à la Columbo* ? Idées juxtaposées ou liées ? Transitions ? Cohérence avec l'objectif de communication ?

Astuce pour vous aider dans cet exercice :
– soulignez les messages principaux ;
– titrez provisoirement chaque paragraphe avec l'idée à retenir, sous forme d'une phrase [sujet, verbe, complément] ou d'une question ouverte ;
– utilisez ce titrage provisoire pour vérifier l'ordre des idées et leur logique. Rapprochez les idées du même ordre.

3. Enrichissez le vocabulaire.
Un texte dilué décourage le lecteur. Densifiez le propos pour un texte concis et direct, compréhensible à première lecture. Commencez par enrichir le verbe. Préférez les mots plus concis.

4. Limitez les mots.
Limitez la quantité pour fidéliser votre lecteur. Coupez, coupez encore, mais conservez toujours un verbe. Au-delà de 15 mots, scindez l'idée en deux phrases.

Méthodologie et conseils

- Harmonisez les titres. Vérifiez que les titres d'un même niveau de lecture présentent une cohérence sémantique ou grammaticale.
- Pour relire efficacement, concentrez-vous.
- Corrigez le document sur papier, puis recopier sur ordinateur en cochant les corrections au fur et à mesure.
- Faites un ultime contrôle ortho-typographique sur le texte final : vérifiez la cohérence des titres, intertitres, développements, exemples, renvois dans tout le document.
- Structurez une phrase pour qu'elle soit plus facile à lire. Rapprochez du verbe conjugué, le sujet ou le complément du verbe. Sauf nécessité, transformez les formes passives en forme active.

Suite outil 26 →

Avant de vous lancer...

✓ **Pour les documents à fort enjeu, ne relisez pas dans la foulée : réservez un temps pour oublier avant de relire, ou faites appel à des correcteurs professionnels.**

Voir Outils 3, 7, 14, 15, 18, 34, 39 et 42

Relire avec NOEL

Exercice

Appliquons les actions NOEL pour améliorer ce « contre mail » déstructuré, truffé de fautes d'expression et d'orthographe, au vocabulaire pauvre et au texte bavard.

1. Nettoyer

Lisez pour comprendre le sens du mail :

– corrigez les 40 fautes d'orthographes, signalées dans le texte par des numéros ;

– remplacez les formules incorrectes en français, signalées par (°°°) ;

– reformulez les propos lourds ou redondants et les doublons signalés par (*).

MAIL INITIAL (440 MOTS)

Bonjour Serge,

Excusez-moi de revenir aussi tardivement vers vous (°°°). Je viens (°°°) concernant votre réservation de Jeudi, le 3 Janvier (1) dernier dans l'espace *Adventurers.*

Suite à votre retour (°°°), j'ai pris contact avec le gestionnaire du site afin de (*) comprendre au mieux (°°°) se (2) qu'il (3) a pu se passer ce jour là.

Les outils de gestion du réseau des espaces *Adventurers* sont actuellement en pleine évolutions (4). Nous sommes désolés que cela est (5) entraîné quelques soucis (*) pour votre réservation. Comme les versions ce sont succédées (6) (*), le gestionnaire de ce dernier (°°°) m'a confirmée (7) qu'il y avait eut (8) une erreur dans son agenda, votre réservation commençait bien à 8h (9) mais elle a été inscrite dans celui-ci (°°°) à partir de neuve heure (10). Il est désolé pour cela (*).

Concernant la pause café et eau, elle est réservable que (11) pour les grandes réunions. Dans le cas contraire (*), elle est mise gratuitement à disposition dans l'espace commun. Nous avons donc rembourser (12), sur votre compte, le prix des (*) cinq pause (13) café et eau, soit 20,50€ car il est en effet anormale (14) que vous ayez eut (15) à payer cette somme-ci (°°°).

En allant dans l'onglet «Avoirs» du menu déroulant (16) vous pourrez voir que 20.50 € (17) de crédit sont près (18) (*). Vous pouvez utiliser cette somme pour effectué (19) une nouvelle réservation ou vous pouvez effectuer une demande pour vous faire remboursé (20), en me l'adressant pas (21) mail.

Vous aviez réservé la salle Rome (22) comme on peut le voir sur les photos, celle-ci (*) ne bénéficie (°°°) pas d'écran ou de paperboard (23). Son usage est optimisé (°°°) afin d'effectuer des rendez-vous (°°°). À votre demande, le gestionnaire a échangé avec vous sur (°°°) une salle de réunion plus grande et plus adaptée (°°°) à votre besoin. Il est en effet pas (24) clairement indiquer (25) que cette salle-ci (°°°) est en sous sol.

Afin qu'aucun souci (*) similaire se produise (26) encore (*), le gestionnaire de l'espace va modifier sa fiche afin quelle (27) corresponde mieux à son espace, pour pallier aux informations (28) qui été manquantes (29) et qu'elles soient mises en avant (30).

Je vois dans votre signature que vous travailler (31) pour la société *TitietGrosMinet*. Certains de vos collaborateurs ont accès à un compte *Adventurers* lié à votre entreprise *TitietGrosMinet*. Peut-être pouvez-vous également en bénéficiez (32) d'un (°°°). Si ce dernier (°°°) vous intéresserait (33), je vous invite à vous renseignez (34) auprès de votre administrateur Mr (35) Tom John à l'adresse suivante : Tojo@Titietgrosminet.fr.

Chacun de ses (36) espaces que nous référençons (°°°) sur *Adventurers* sont différends (37) car nous souhaitons que chaque personne puisse trouver un

ou plusieurs espaces (*) qui lui corresponde (38) et dans lesquels vous vous sentez bien (39).
N'hésitez pas à revenir vers moi (°°°) quelque soit la question (40) ou (°°°) un devis en 24h, par mail ou par tél au **0666666666**. (*)
En vous souhaitant une très belle journée (*). À dispo (*). Auguste.

2. Organiser

Améliorez l'ordre d'apparition des idées pour faciliter la compréhension :
– soulignez les messages principaux ;
– ajoutez un titre provisoire à chaque paragraphe ;
– grâce à ce titrage, vérifiez l'ordre d'arrivée des idées et organisez-les logiquement.

3. Enrichir le texte

Une fois les idées relatives à l'incident regroupées, observez le vocabulaire :
– densifiez les verbes pauvres ;
– allégez les expressions bavardes ou lourdes.

4. Limiter encore le texte

Coupez encore le texte pour ne pas dépasser 250 mots (les articles comptent pour un mot) :
– soulignez les idées principales en gras ;
– comme il s'agit d'un mail de réponse, adressez-vous à votre destinataire en reformulant d'abord sa demande.

Mail final : nettoyé, organisé, enrichi et limité (240 mots)

Cher monsieur,

Vous m'avez signalé plusieurs erreurs dans votre réservation du jeudi 3 janvier.
Vos remarques nous aident à améliorer notre service. Je vous en remercie et **vous présente mes excuses pour le délai de réponse.**
M. Iaou, responsable *Adventurers*, et moi-même **avons analysé les problèmes** évoqués.
- Les outils informatiques *Adventurers*, en cours d'évolution, **provoquent des désordres** dans les réservations. En effet, la vôtre commençait à 8 h mais elle s'est inscrite à 9 h dans l'agenda électronique. Nous en sommes désolés.
- Vous aviez réservé la salle Rome qui n'est équipée ni de *paperboard* ni d'écran, comme le montrent les photos. Optimale pour **mener un entretien,** elle ne convient pas pour une réunion. Pour trouver une solution, M. Iaou vous avait proposé une salle plus grande sans préciser qu'elle **se trouvait au sous-sol**. Le descriptif ne le **spécifiait pas**. Pour éviter tout nouveau malentendu, nous l'avons mis à jour.
- Concernant les boissons, elles sont **gratuites**. Nous avons **donc recrédité** votre compte des cinq pauses, soit 20,50€. Nous pouvons, soit vous les rembourser, soit déduire l'avoir sur une prochaine réservation.
Je profite de ce mail pour vous **signaler** que plusieurs de vos collaborateurs *TitietGrosMinet* **disposent déjà d'un compte** *Adventurers*, **suivi chez vous par M. Oscar Gustavio,** Guso@Titietgrosminet.fr.

Pour répondre à chaque besoin, l'équipe *Adventurers* et moi-même **améliorons** l'accès digital et **diversifions** les espaces. Je me tiens donc à votre disposition **pour visiter les salles** ou **produire un devis**.

Je vous souhaite une bonne journée,
Auguste Tintin,
+ 33(0)6 66 66 66 66

3

DOSSIER

CONCEVOIR UN SUPPORT DE PRÉSENTATION

“

Le monde entier est un théâtre.
Tous, hommes et femmes n’en sont que les acteurs.
Et la vie durant, nous jouons plusieurs rôles.

W. Shakespeare

Pendant notre scolarité, nous avons appris à construire des textes linéaires, à la préparation fort différente d'un exposé dont le contenu se segmente sous forme de tableaux dans des diapos pré-formatées. Pourquoi ? La simple transposition d'un rapport déversé dans des pages en mode « paysage » et projetées en public conduit à des présentations fleuves et indigestes. Et ce pour trois raisons.

Tout d'abord, le lecteur et l'auditeur ne se trouvent pas dans la même situation et ne font pas la même opération mentale : l'auditeur, contraint dans l'espace et la durée de concentration, doit assimiler, devant d'autres, des informations débitées au rythme de l'orateur. À l'inverse, le lecteur n'a pas à écouter en même temps qu'il lit ; il peut lire à son rythme, relire, foncer à la conclusion ou étudier le seul tableau qui l'intéresse. L'auditeur est donc plus contraint que le lecteur.

Ensuite, le support d'exposé lui-même n'a ni le même format, ni le même contenu. Le diaporama s'apparente à une succession de tableaux, dont chacun défend une idée, ni plus ni moins, comme un paragraphe. Par ailleurs, en dehors de publications où le nombre de signes est limité, nous ne nous soucions guère du lien entre le contenu et l'espace disponible dans nos écrits, tandis que chaque diapo impose son format au contenu : zone de titre, de texte, d'image, nombre de caractères maximum, niveaux de lecture accentués.

Pour ce support qui ressemble plus à une BD qu'à un roman, le concepteur doit disposer de nouveaux réflexes comme celui d'exploiter un *storyboard*, de dégager l'idée essentielle de chaque diapo et de choisir entre la narration *à la Hitchcock* ou *à la Columbo*, en s'inspirant de l'éventail des gabarits « Donc » ou « Bref », « Car » ou « C'est-à-dire ».

Enfin, le support d'exposé doit simultanément aider l'orateur et l'auditoire. Le succès d'un exposé repose autant sur la qualité du support que sur le confort et l'élégance du présentateur : voix posée et chaleureuse, attention, explications concises et claires, transitions fluides, guidage du regard de l'auditeur sur la diapo, temps maîtrisé. Comme nous ne sommes pas tous des conteurs nés, un seul remède existe : répéter l'exposé à l'oral avec un support qui soutient son propos.

Les outils

Outil 27 Le nœud papillon appliqué aux exposés

> “ *L’enthousiasme soulève le poids des années.*
>
> R. Char

En quelques mots

Quitte à les réunir pendant une heure, offrons **des exposés clairs et concis** aux auditeurs. Soumis à notre débit de parole et au défilement de diapos, ils préféreront un propos court mais personnalisé.
Pour préparer le support, la démarche en nœud papillon sera très efficace : **les deux temps d’écriture**, séparés par l’étude de la situation de communication, obligent le rédacteur à **tenir compte de l’auditoire**, plus ou moins réceptif selon le thème.
Aussi, prenez le temps d’étudier votre public : ses dispositions probables en fonction des sujets et ses objections possibles. Ce soin simplifiera vos choix pour concevoir un exposé interactif.

ÉTUDIER LES ATTENTES DE L’AUDITOIRE

POURQUOI L'UTILISER ?

- Gagner du temps en préparant l'exposé.
- Concevoir un exposé qui parle à l'auditoire.
- Concevoir un exposé qui atteigne son objectif.

COMMENT L'UTILISER ?

Étapes

1. **Organisez votre rétroplanning**.
Combien de temps voulez-vous et pouvez-vous consacrer à cet exposé ? Répartissez ce volume d'heures sur les cinq étapes suivantes.

2. **Résumez votre dossier en mémo.**
Même quand on connaît bien le dossier, construire une bonne synthèse pour soi demande un effort de concentration. Isolez-vous pour passer rapidement à l'étape suivante.

3. **Étudiez avec soin la situation de communication (situcom).**
Le lecteur peut relire et s'informer à son rythme. Mais, pour un support d'exposé, l'exigence de concision et de ciblage est élevée. Cette étape, qui implique parfois de discuter avant l'exposé avec des participants influents, prend beaucoup de temps. Cette préparation sur les objections vous aidera à choisir le plan et le ton des sujets.

4. **Formalisez la question clé de l'exposé et le plan central.**
Plus que pour tout autre écrit, dégagez l'essentiel des messages à retenir. Quelle est la question clé à traiter ? Disposez les idées du plan central QR *à la Hitchcock* ou *à la Colombo* d'après la situcom. Ce conseil s'applique aussi pour concevoir le plan de chaque partie et celui de chaque diapo.

5. **Concevez et développez le *storyboard*.**
Tenez-vous au *storyboard* qui limite le nombre de diapos, calé sur le temps réel d'écoute. Travaillez le plan de chaque partie et de chaque diapo. La durée limitée de l'exposé et le gabarit contraignant des diapos imposent la concision.

6. **Répétez.**
De magnifiques diapos ne rattrapent jamais un oral raté : introduction floue, transitions bafouillantes, explications confuses, défaut de guidage dans les diapos, cafouillage entre présentateurs... Réservez 25 % du temps total à la répétition. Vous amenderez certaines diapos pour coller davantage à l'énonciation.

Voir Outils 2, 4, 5, 6 et 12

Méthodologie et conseils

- Dans l'organisation du travail, prévoyez du temps pour étudier l'auditoire, alléger le texte et répéter.
- Respectez les étapes : ne développez pas le *storyboard* tant que le plan central QR n'est pas stabilisé.
- Pour construire un exposé vivant et fluide, concevez-le en énonçant à voix haute les diapos et les transitions entre diapos.
- Pour préparer les objections, tapez des réponses accessibles par un lien hypertexte.
- Vérifiez la formulation de la question clé et du message clé. Aidez-vous de l'introduction SCQA.
- Travaillez les transitions entre chaque diapo, sous forme de questions-réponses.
- Dans le titre d'une diapo, la narration *à la Hitchcock* [*vs. Columbo*] se traduit par une question [*vs.* réponse].
- Si l'objectif de l'exposé se résume à une simple information, distribuez un document et proposez une session de questions-réponses par téléphone.
- Dites-en trois fois moins pour laisser la place aux échanges.

Avant de vous lancer...

✓ **Les entretiens préparatoires permettent de mieux comprendre les dispositions de l'auditoire et de travailler les objections avec des professionnels plus expérimentés sur le sujet.**

Outil 28 La diapo contraint le texte

> “
> *On n'apprécie pas la liberté si on n'a pas vécu la contrainte.*
>
> F. Pessoa

En quelques mots

Vue avant d'être lue, **une diapo ou *slide*** – sorte de tableau projeté – contient un moule interne qui accentue les niveaux de lecture. Le rédacteur définit la forme du masque avant d'y déverser son propos mais il travaille dans **un espace restreint et codifié :** chaque diapo équivaut à un paragraphe, le titre annonce une question ou une proposition ni trop mince, ni trop riche.
Pour que le visuel reste digeste, le rédacteur résume son propos, équilibre les zones de titre, texte et illustration, et en respecte **le mode singulier de lecture**. Les diapos du XXIe siècle ne partagent que le nom avec les séances diapo du siècle dernier !

LE TEXTE D'UNE DIAPO SE MOULE DANS LES NIVEAUX DE LECTURE

POURQUOI L'UTILISER ?

Objectifs

- Présenter la topographie d'une diapo.
- Préparer une diapo agréable à voir et à lire.

Contexte

Pour le lecteur et pour le rédacteur, la topographie d'une diapo est très différente de celle d'un texte à lire *à la file*.

COMMENT L'UTILISER ?

Étapes

1. Quelle est la topographie d'une diapo ?
Sur ce tableau rectangulaire, l'information n'a pas le même statut selon sa place.

- Trônant sur la diapo, **le titre** exprime l'idée ou annonce la question principale développée dans le texte. Il affiche les plus grands caractères.
- **Une barre de structure** situe l'encours dans l'ensemble.
- **Le corps du texte,** hiérarchisé en niveaux de lecture, développe, explique ou prouve le titre.
- **Les marges de droite et de gauche de mêmes dimensions** encadrent le texte central.
- **Le pied de page** indique le thème, n° page sur total, date, auteur, client. Ainsi, le retardataire vérifie qu'il s'installe dans la bonne réunion…
- **Un texte clair sur fond foncé** se voit mieux en projection, mais l'inverse offre un document lisible et projetable sans excès d'encre.
- **Un *kicker* ou bandeau horizontal bas** reçoit la réponse de la question en titre.

2. Quelles disparités entre diapo et paragraphe ?
Paragraphe ou diapo, ils défendent une seule idée dans un argumentaire *à la Columbo* ou *à la Hitchcock*. Mais, contrairement au paragraphe :
– chaque tableau forme **un tout cohérent**. Dans un texte à lire *à la file*, l'espace n'est pas contraint ;
– dans cet espace fini, à chaque diapo son message ;
– une diapo défend l'idée en **deux fois moins de mots** qu'un paragraphe ;
– par nature, une diapo force plusieurs niveaux de lecture : le titre, 2 à 3 niveaux dans le corps de texte, un pied de page.

3. Quelles conséquences pour votre diapo ?
Comment vérifiez que l'idée est digne d'une diapo ? La diapo répond à une question et pourrait faire l'objet d'un paragraphe consistant.

- Limitez le texte à 150 mots.
- Hiérarchisez les idées. Dans chaque niveau de lecture, la taille de police diminue d'au moins 2 points : titre (20 à 24), texte de 1er niveau (16 à 20), texte de 2e niveau (14 à 18). Ne pas descendre en deçà de 12.
- Résumez, rédigez des phrases courtes avec moins de 12 mots. Déplacez les détails en annexe.
- Multipliez les canaux de compréhension : illustration ou disposition des idées pour souligner leur lien.
- Équilibrez les zones, cherchez la symétrie.
- Affichez un discret pied de page.
- Comme pour tout paragraphe, trouvez l'idée ou la question consistante, et racontez *à la Columbo* ou *à la Hitchcock*.
- Dans la zone de commentaire, non projetée, utilisez une police lisible pour vous présentateur.

Méthodologie et conseils

- À l'instar du paragraphe, la diapo ne répond qu'à une seule question et ne défend qu'une seule idée.
- Une diapo digeste n'explicite que l'essentiel : la part immergée de l'iceberg se trouve en zone de commentaires ou en annexe.
- Si vous avez besoin de plusieurs diapos pour une même idée, guidez le lecteur par une pagination 1/3, 2/3, 3/3 en titre.
- Pour mobiliser, la page d'accueil affiche toutes les données de la réunion et la question ou le message à retenir.

Avant de vous lancer…

✓ **Utilisez le *storyboard* pour séquencer votre histoire.**

✓ **Vue plus que lue, une diapo optimale contient texte, illustration et « blanc ».**

Voir Outils 4, 5, 15, 19 et 26

Outil 29

Organiser une liste d'idées

> “
> *Le classement est le fil d'Ariane dans le dédale de la nature.*
>
> A. Maurois

En quelques mots

D'abord cantonnées au style télégraphique d'un brouillon, **les listes** de mots ancrés par une puce ou par un tiret – objectifs, actions, résultats – fleurissent dans les présentations projetées mais aussi dans les documents à lire. Or cette mode où les items s'empilent suivant l'ordre de surgissement dans l'esprit du rédacteur, oblige souvent le lecteur **à reclasser la liste pour la mémoriser**. L'énumération en râteau reflète souvent un défaut de **hiérarchisation**. Organisons le vrac dans une logique horizontale ou verticale par égard pour notre lecteur pressé.

UNE LISTE ORGANISÉE EST FACILE À MÉMORISER

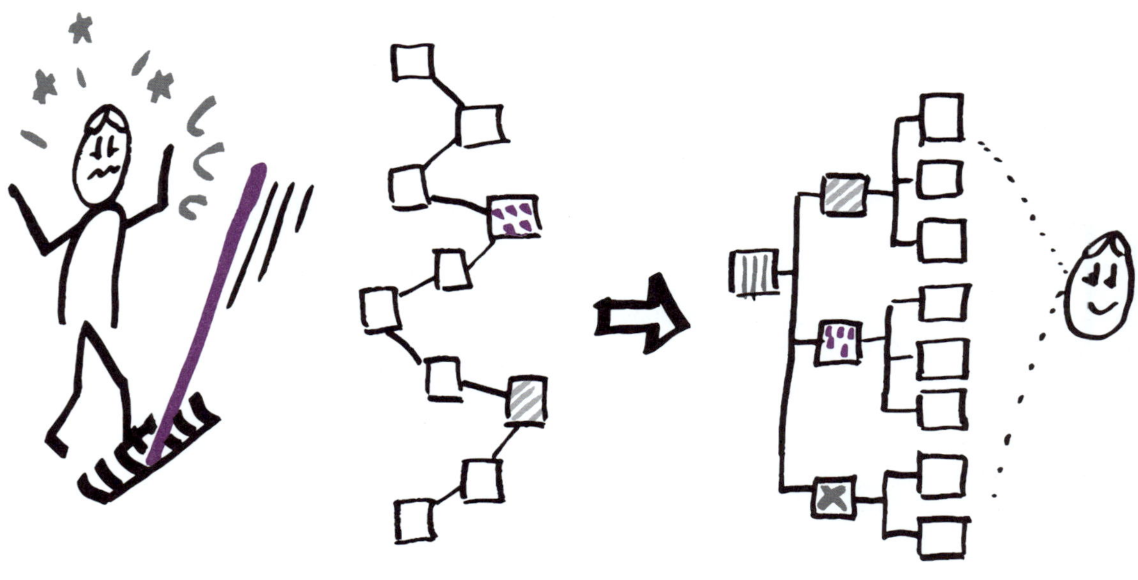

POURQUOI L'UTILISER ?

Objectifs

- Transformer des idées en vrac en liste classée.
- Faciliter la lecture et la mémorisation.
- Comprendre les logiques de classement : horizontale (chronologique) ou verticale (pyramide).

Contexte

Au-delà de deux éléments, commence la liste. Faculté naturelle, l'esprit humain cherche et repère spontanément le lien entre les éléments indépendants pour les mémoriser.

COMMENT L'UTILISER ?

Choisissez un critère qui rendra la liste exploitable par le destinataire, sans retraitement.

Étapes

1. Classez les idées d'une liste.
On peut classer les idées d'une liste selon une logique horizontale ou verticale.
- **La logique horizontale,** représentée par la flèche du temps, permet d'ordonner par ordre chronologique, succession d'étapes inscrites dans la même unité de temps (a), et même l'ordre causal, présentant l'enchaînement des causes et effets (b).

(a) *Les 5 étapes du processus : activités 1, 2, 3 ,4 et 5.*
(b) *L'engrenage climatique :*
– *la canicule a entraîné une forte sécheresse ;*
– *la sécheresse dégrade les récoltes ;*
– *la pénurie de céréales augmente le prix du blé.*
- **La logique verticale,** représentée par une pyramide, permet de présenter les idées par :

– **ordre de position.** Les éléments se présentent selon un ordre préétabli comme celui des nombres ou celui de l'alphabet. *Des entreprises classées par performance ; un chiffre d'affaires décomposé par secteur en ordre croissant ; des participants par ordre alphabétique.*
– **ordre croissant ou décroissant,** selon un critère qualitatif explicite, directement compréhensible par votre destinataire. *Liste des fonctions d'une application digitale, priorisées par importance (indispensable, utile, confort) ; liste des actions classées par urgence.*
– **ordre déductif ou ordre allant du général au particulier.** *La liste des effets d'une nouvelle législation sur la stratégie de l'entreprise, sur le département commercial.*
– **ordre inductif** qui présente les éléments particuliers, résumés par le titre général. *La liste de tous les entrepôts Bipbip français par date de construction.*

2. Harmonisez la formulation.
Cette cohérence de forme renforce l'effet de cohérence sur le fond.

3. Ajoutez un titre à la liste.
Intitulez la liste par un message qui décrit, résume ou donne un point de vue : énoncez-le sous la forme d'un constat, d'un avis ou d'une proposition d'action. Cet effort de résumé orientera le lecteur dans sa compréhension de ce qui suit. Un mot n'est pas un message.
En France, 75 % des entrepôts Bipbip ont dépassé leur durée de vie et méritent une rénovation.

Méthodologie et conseils

- Structurez la liste d'éléments sur un seul critère.
- Classez pour mieux mémoriser.
- Au-delà de 7 éléments, scindez la liste. Trouvez de nouveau le critère pour chaque regroupement.

Voir Outils 9, 26 et 34

Avant de vous lancer...

✓ **Prenez le temps de classer les énumérations. Rapide à faire, ce court effort augmente la lisibilité, montre le professionnalisme du rédacteur et sa considération pour le lecteur.**

Outil 30 Informer : diapo Bref ou C'est-à-dire ?

> “
> *... péché, destruction, bref, ce qu'on entend par « le mal » est mon élément.*
>
> J.W. Goethe

En quelques mots

Au siècle des *reportings* de tout poil, beaucoup d'exposés ne visent qu'à informer l'auditoire. **Pour informer sans provoquer de débat**, vous resterez factuel et précis. La structure interne du texte consiste à juxtaposer les affirmations vérifiées et étayées. Cousines des diapos CAR ou DONC, les diapos d'information offrent deux formats au rédacteur : soit la diapo prudente (EN) BREF qui développe les données et conclut à la fin, soit la forme C'EST-À-DIRE qui annonce l'idée principale vaillamment pour la déplier dans le corps du texte. Cette alternance *Hitchcock* et *Columbo* stimule l'auditeur et fait gagner du temps.

DEUX CHEMINS POUR INFORMER

POURQUOI L'UTILISER ?

Objectifs

- Choisir la disposition selon la réception de l'auditoire.
- Économiser du temps sur les sujets consensuels pour en disposer sur les sujets complexes ou conflictuels.
- Égayer l'exposé en alternant l'agencement.

Contexte

Dans un exposé ou une étude, il est des passages – diapo ou paragraphe – où l'on doit décrire la situation.

COMMENT L'UTILISER ?

Étapes

1. Quel est votre objectif de communication ?
Dans une énumération d'objectifs, de moyens, etc., vous cherchez à informer le destinataire sans provoquer de débat, afin que le lecteur ou l'auditeur prenne connaissance.

2. Pour concevoir une diapo BREF.
Construit comme une addition qui se termine par un total, le texte BREF pose une question en titre et énumère les éléments de réponse. Une phrase de synthèse conclut et répond à la question initiale.
Modèle d'une diapo BREF :
- TITRE : question à laquelle va répondre le texte.
- TEXTE BREF : texte qui recense des **informations homogènes** par leur niveau de détail et par le ton employé (ROC).
- BAS DE DIAPO (BREF) : phrase courte qui répond à la question initiale.

Exemple :
TITRE : *Quelle est la situation du service Export ?*
TEXTE BREF : *D'après l'étude menée en avril au service Export :*
– La moitié des commerciaux ignorent le périmètre précis de leurs responsabilités.
– Tous les comptables dénoncent un Système de facturation obsolète.
– Tous, commerciaux, livreurs et comptables jugent le système d'évaluation injuste.
BAS DE DIAPO (BREF) : *L'étude montre que l'Export souffre de trois dysfonctionnements.*

3. Pour transformer un texte BREF en texte C-À-D.
Pour passer d'une narration *à la Hitchcock* à une narration *à la Columbo*, remontez la synthèse en titre de diapo à la place de la question. Dans un exposé, la question sert de transition à l'oral. Il n'y a rien en bas de diapo.
Modèle d'une diapo C-À-D :
- TRANSITION : *question orale.*
- TITRE : *courte réponse qui résume le texte.*
- TEXTE C-À-D : *texte qui développe, exemplifie le titre.*

Exemple :
TITRE : *L'étude montre que l'Export souffre de trois dysfonctionnements.*
TEXTE C-À-D :
– La moitié des commerciaux ...
– Tous les comptables...
– Tous, commerciaux, livreurs et comptables...

4. Comment choisir ?
Préférez toujours la narration *à la Columbo*, avec une diapo C-À-D : elle fait gagner du temps quand le sujet traité fait consensus. Sinon, choisissez la narration prudente *à la Hitchcock* avec une diapo BREF.

Méthodologie et conseils

- Quelle que soit la narration, **explicitez la question** à laquelle répond le texte : cette **astuce** dynamise le texte final. Défaut de place ? Notez-la en page de commentaire, pour transition orale entre deux diapos.
- Dans le premier niveau de lecture du texte, limitez-vous à trois arguments. Au-delà, le lecteur comme l'orateur se perdent. Résumez.

Voir Outils 5, 9, 18 et 46

Avant de vous lancer...

✓ **Attention, la formulation claire de la question et sa réponse synthétique méritent plus d'attention que le texte détaillé. Vos efforts se verront récompensés si l'exposé est écourté, ce qui arrive souvent.**

Outil 31

Expliquer : diapo Car ou Donc ?

> “
> *J'ai écouté le silence, car c'est toujours lui qui chante le dernier.*
> E. Ajar

En quelques mots

Où le présentateur veut-il en venir ? Dérouté, on cherche un repère sur la diapo. En vain. Alors, on s'échappe en pensée. Comment éviter cela ? Du point de vue du rédacteur, la diapo cumule l'objectif d'un paragraphe avec des contraintes de format : espace limité, titre et texte, niveau de lecture, texte et image. Cet exercice requiert davantage de réflexion pour agencer l'information. Les liens logiques DONC et CAR offrent **deux voies inverses** pour articuler le titre et le texte. Une fois structurée en adéquation avec l'effet recherché, la diapo DONC ou CAR structure le propos et **guide l'orateur et l'auditoire**.

DEUX VOIES POUR EXPLIQUER

POURQUOI L'UTILISER ?

- Présenter des informations selon deux cheminements.
- Laisser le temps à l'auditoire de comprendre avant de réagir.
- Mobiliser ou conforter l'auditoire dès le début.

COMMENT L'UTILISER ?

Étapes

1. Quels sont les deux agencements DONC et CAR ?
Pour faire cheminer son auditeur dans une réflexion par une démonstration, le narrateur peut présenter les idées selon deux agencements inverses :
- DONC : L'ordre *à la Hitchcock*, « cause conséquence » : *J'ai fait tomber le vase sur le carrelage, (donc) il* ***s'est*** *fêlé.*
Les deux observations se **succèdent** et l'une **a entraîné** l'autre.
- CAR : L'ordre *à la Columbo*, « conséquence cause » : *Le vase est fêlé, (car) je l'ai fait tomber sur le carrelage.*
La narration inverse l'enchaînement des faits. La première proposition est la conséquence de la seconde. Selon la narration, l'auditoire ne réagira pas au même moment : à la fin dans la diapo DONC, dès le début dans la diapo CAR.

2. Comment concevoir une diapo DONC ?
Narration *à la Hitchcock*, le raisonnement DONC vient spontanément à l'esprit : le titre formule la question à laquelle le texte va répondre, le texte résout **progressivement** l'énigme jusqu'à la conclusion logique tirée des faits, objectifs ou hypothèses du texte : **A, B, C DONC D**.
Exemple :
TITRE : *Pourquoi, malgré votre expertise, vos devis ne se transforment-ils pas en contrat ?*
TEXTE :
– *Vos clients attribuent une vertu de sérieux aux costumes sobres.*
– *Vous venez en short et en tongs.*
– *Vos prospects se désengagent après le premier rendez-vous.*
BAS DE DIAPO (DONC) : *Votre tenue de vacancier écorne votre crédibilité.*

3. Comment transformer une diapo DONC en diapo CAR ?
Narration *à la Columbo*, la forme CAR annonce la conclusion en titre et la prouve dans le texte : D CAR A, B, C. Pour créer la diapo CAR, il est souvent plus simple de partir d'une diapo DONC. Remontez ensuite les conclusions en titre, à la place de la question et réorganisez le texte pour une lecture fluide.
Exemple :
QUESTION À L'ORAL : *Pourquoi, malgré votre expertise, vos devis ne se transforment-ils pas en contrat ?*
TITRE : *Votre tenue de vacancier écorne votre crédibilité.*
TEXTE (CAR) : *Vos clients.../Vos prospects se...*

4. Comment choisir ?
Grâce aux outils DDDD et PISE, évaluez l'accueil de votre auditoire. Privilégiez la diapo CAR qui fait gagner du temps, sauf si l'auditoire est réticent : problème complexe, à fort enjeu collectif ou individuel, conclusion imprévue, négative, contraire à la culture d'entreprise, méfiance vis-à-vis de l'auteur ou du sponsor, etc.

Méthodologie et conseils

- Pour un sujet consensuel, l'auditoire appréciera une diapo CAR qui annonce d'emblée où l'auteur cherche à l'emmener. Il se concentrera sur les arguments.
- Avec une diapo DONC, l'auditoire écoutera tout avant d'élaborer des questions.
- Explicitez toujours la question à laquelle répond le texte : cette astuce dynamise le texte final.
- Limitez-vous à trois arguments principaux, *bullet points* ou encadrés.

Avant de vous lancer...

✓ **Une diapo défend une proposition qui pourrait aussi faire l'objet d'un paragraphe. Ainsi, la même démarche s'applique pour concevoir un paragraphe.**

Voir Outils 5, 8, 9, 18, 55 et 61

Outil 32

Structurer par un dialogue

> « Le dialogue qui venait de se terminer [...] se transformait dans un échange intérieur...
>
> P. Valéry.

En quelques mots

Plus que toute autre situation de communication, l'exposé avec diapos se prête parfaitement à un déroulement **sous la forme de questions et de réponses (QR).**

Fil rouge de la présentation, l'annonce de plan QR établit, de l'introduction à la conclusion, une conversation entre l'orateur et l'auditeur, qui suscite la curiosité par la forme naturelle du dialogue.

De plus, rampe de lancement de chaque chapitre, ce plan dynamique oriente l'orateur pour maintenir l'équilibre entre le flux des idées et le temps encore disponible. Cette méthode simple favorise la fluidité des échanges, dans une atmosphère d'attention mutuelle.

LE PLAN QUESTIONS-RÉPONSES ÉTABLIT UN DIALOGUE

POURQUOI L'UTILISER ?

- Concevoir un plan questions-réponses (QR).

COMMENT L'UTILISER ?

Qu'appelle-t-on un plan QR ? Le plan constitue le niveau de lecture le plus synthétique du propos. Le plan thématique prend du temps et ne dit rien au lecteur, le plan dynamique pose des questions ouvertes et y répond en une courte phrase.

Étapes

1. En quoi le plan dépend-il de votre objectif de communication (OC) ?
Le plan de l'exposé ou du chapitre développe et argumente une idée principale, par une proposition. Plus l'OC est ambitieux, plus le message clé (MC) engage l'auteur, et plus le plan sera travaillé :

- OC 1 : Pour informer sans créer de débat, un plan descriptif suffira.

MC 1 : *D'après la SEFROS, tous les professionnels de ce secteur portent des tenues sobres.* (Constat)

- OC 2 : Pour expliquer et converser, le plan devra expliquer le MC.

MC 2 : *Vos tenues de vacancier inquiètent vos prospects.* (Opinion-avis d'expert)

- OC 3 : Pour pousser à l'action, le plan doit convaincre du MC.

MC 3 : *Avant d'améliorer votre technique commerciale, investissez dans une tenue sobre qui rassure vos prospects.* (Recommandation)

2. Comment préparer le plan QR pour informer ?
Le plan dépend du message clé et de l'OC. Pour faire prendre acte d'une information, construisez un plan descriptif aux idées indépendantes avec les questions ouvertes « Quoi » « Comment ».
Exemple de plan pour développer le MC 1 :
Q1 : **Sur quoi** *porte l'étude de la SEFROS ?*
R1 : *En 2020, la SEFROS a mené une étude auprès de 990 cols blancs sur la tenue et la crédibilité.*
Q2 : **De quoi** *se compose une tenue habituelle ?*
R2 : *Sobre, [...] costume sombre, chaussures en cuir...*
Q3 : **Comment** *est perçue la tenue de vacancier – tongs, short, chemise à fleurs ?*
R3 : *[...] Paresse et laxisme, rejetée par ce milieu professionnel.*

3. Comment préparer le plan QR pour convaincre ?
Pour convaincre de l'idée principale, construisez un plan lié solidement étayé, suivant une logique causale ou déductive, avec les questions ouvertes « Dans quel but ? », « Pourquoi ? » « Comment ? ».
Exemple de plan pour développer le MC 3 :
Q1 : ***Dans quel but*** *nous avez-vous contactés ?*
R1 : *Vous souhaitez transformer vos devis en contrats.*
Q2 : ***Pourquoi*** *ne transformez-vous pas vos devis en contrats ?*
R2 : *Vos tenues de vacancier expliquent...*
Q3 : ***Comment*** *y parvenir ?*
R3 : *Investissez dans une tenue sobre qui rassure.*

Méthodologie et conseils

- Rédigez des questions ouvertes complètes et précises. Vous les condenserez en 12 mots à la relecture.
- Pour gagner du temps, présentez *à la Columbo* quand le sujet est consensuel : annoncez la question à l'oral et n'affichez que la réponse.
- Avec une narration *à la Hitchcock,* affichez la question seule. Affichez la réponse dans le sommaire intercalaire qui clôt le chapitre.
- En conclusion de l'exposé, le sommaire affiche toutes les réponses pendant que vous rappelez les questions à l'oral.
- Adoptez le plan en trois parties, plus facile à comprendre et à exposer.
- Reformulez le plan pour l'alléger dans sa version finale.

Voir Outils 2, 4, 7, 10, 41 et 42
Voir Outils A et B en ligne

Avant de vous lancer...

✓ **Stabilisez votre OC et votre message clé.**

Outil 33 Calibrer l'exposé avec le *storyboard*

> *Une langue pour parler, deux oreilles pour écouter.*

En quelques mots

Pour préparer votre **exposé**, vous vous apprêtez à développer votre plan en diaporama, l'esprit tendu vers deux objectifs. D'un côté, présenter les messages principaux, ne pas assommer l'auditoire avec une avalanche de diapos, privilégier le dialogue ; de l'autre, séquencer le contenu en **tableaux juxtaposés** dans une démarche différente d'un propos *in extenso* rédigé à la file. Alors, comment faire ?
Détourné de sa fonction en pré-production cinématographique, **le *storyboard*** propose une méthode qui offre une vue d'ensemble des diapos, centrée sur l'essentiel et **calibrée sur la durée réelle** de la réunion.

LE STORYBOARD EXPOSE TOUTES LES DIAPOS

POURQUOI L'UTILISER ?

Objectifs

- Concevoir un support d'exposé calibré sur la durée réelle d'écoute.
- Synchroniser l'exposé oral et les diapos.
- Construire un support d'exposé à plusieurs sans perte de temps, ni redites.

Contexte

Le *storyboard* fait gagner du temps pour préparer un exposé : projet, proposition commerciale, etc.

COMMENT L'UTILISER ?

Étapes

1. Qu'est-ce qu'un *storyboard* (SB) ?
C'est matérialiser les diapos de l'exposé. On scotche au mur un papier kraft (2 m × 1 m) pour y afficher, au fil de la conception, les titres et transitions manuscrits sur *Post-it* puis les diapos sur A4.

2. Déterminez le nombre de diapos.
D'après la durée de l'exposé, l'objectif, l'accueil et le nombre d'auditeurs, décidez du nombre de diapos. Pour 1 heure, soit 30 minutes d'attention réelle, prévoyez entre 9 et 18 diapos. Parfois, 3 diapos suffisent. Déplacez en annexe les détails, à présenter à la demande.

3. Préparez le diaporama.
Méthode et outil, le SB désigne aussi l'affiche en papier sur laquelle coller les diapos. Sur *brownpaper* vendu en rouleau, détourez 18 emplacements A4 en paysage, et scotchez-les sur une cloison.

4. Allouez le temps d'exposé par chapitre.
- Préparez votre plan questions-réponses QR sur 4 feuilles A4 à répartir sur le SB. Allouez plus de diapos à un chapitre crucial, moins à un chapitre évident. La diapo n° 1 porte la page d'accueil. La dernière diapo rappelle le plan réponses et le message clé.
- On peut intercaler des rappels de plan entre chapitres.

Voir Outils 2, 5, 10, 11, 13, 27 et 28
Voir Outils A et B en ligne

5. Rédigez tous les titres.
Pour rédiger le plan détaillé, argumentez à haute voix chaque chapitre (1 minute par diapo) et notez les arguments QR sur *Post-it* : ce seront les titres QR. N'ajoutez pas de diapos.
Décidez de présenter ces titres QR *à la Hitchcock* ou *à la Columbo* selon l'accueil de l'auditoire.
Répétez l'exposé de A à Z et notez sur *Post-it* les transitions orales d'une diapo à l'autre.
Passez à l'étape suivante quand titres et transitions sont impeccables.

6. Développez chaque diapo grâce à l'oral. Développez chaque idée sur A4. Argumentez **à voix haute**, notez les trois **arguments** spontanés. Complétez par les chiffres et les exemples. Esquissez le **schéma** ou dessin à ajouter.

7. Répétez pour améliorer le tout.
Répétez à voix haute. Améliorez la formulation, harmonisez les titres. Quand la répétition est fluide, passez au secrétariat. Tapez les transitions en zone de commentaire. Enfin, répétez à voix haute avec un chronomètre en projetant le diaporama. Allégez encore : déplacez les détails en annexe.

Méthodologie et conseils

- L'affichage soude l'équipe autour du dialogue.
- Limitez le nombre de diapos pour dire l'essentiel !
- Distribuez un rapport détaillé.
- Respectez les étapes de remplissage par niveau de lecture.
- Affichez un SB prêt à l'emploi : *brownpaper*, *Post-it*, feuilles A4 et feutres.
- Pour un exposé court, quadrillez une feuille A3.
- Utilisez des *Post-it* clairs de couleurs différentes par niveau de lecture : sommaire, titres, transitions, texte.

Suite outil 33 →

Avant de vous lancer...

✓ **Moins de diapos, meilleure écoute et plus de dialogue.**

✓ **Stabilisez le plan questions-réponses avant de concevoir le SB.**

Suite outil 33

Calibrer l'exposé avec le *storyboard*

Interview

Réalisateur de formation, passionné de lecture et de cinéma, Loïc Djian conçoit et réalise des films de fiction ou des documentaires, crée des jeux vidéo et des événements culturels immersifs.

Concernant le cycle de réalisation, l'une des étapes transforme le texte en images, le scénario détaillé en *story-board*. Quel rôle joue le *story-boarder* ?

En effet, le *story-board* (SB) image tous les plans du film dotés de leurs phrases clés. Résultat du travail avec le *boarder*, le SB permet de jauger le film avant le coûteux tournage : le réalisateur vérifie la cohérence entre son projet et sa représentation graphique, et la production en vérifie la cohérence budgétaire.

Et concrètement ?

Une fois le scénario terminé – scène, lieu, personnages, dialogues, ambiance, plan large ou gros plan, durée par plan, etc. – le scénariste traduit le texte en tableaux visuels, mais il ne le construit plus avec des Post-it, si faciles à déplacer, mais aussi à multiplier ! Non, il travaille avec un professionnel, le *boarder* qui apporte son regard graphique, découpe en tableaux et représente ce qui est écrit. Sur la base du SB, le réalisateur prévisualise, écrème, recadre, ajuste les scènes.
Aux États-Unis, dont cette technique provient, le film réalisé – fiction ou documentaire –, colle exactement au SB validé. En France, il reste une marge de manœuvre.

Ce passage obligé permet d'organiser le tournage rationnellement – lieu, acteur, logistique technique et planning –, et d'en calculer un budget réaliste. Si le budget explose, cette étape de SB évite un plantage financier : le scénariste doit alléger son scénario.

En entreprise, nous devons souvent rétrécir une présentation parce que l'auditoire a moins de temps... comment alléger un récit sans frustration ?

Histoire artistique ou présentation d'un projet, c'est désagréable de raccourcir un récit, un exposé ou un dossier, fruit de notre temps et notre réflexion. Mais, c'est une contrainte souhaitable pour être lu, écouté, compris. En fait, un propos dilué dessert le projet.

Pour épurer un récit, j'applique quelques principes :

- Tout d'abord, « raccourcir » ne veut pas dire « appauvrir » mais « extraire la substance ».
- Ensuite, pour hiérarchiser l'information, revenir au sujet principal et à la question centrale du propos prépare les choix de réécriture.
- Je conseille également de travailler en temps limité et de relire 3 ou 4 fois le dossier : on finit par sauter les passages accessoires, alors qu'on relira les passages cruciaux.

Pour quelles vertus ?

Pendant un exposé, en dire moins implique davantage l'auditoire. Quand on explicite tout jusqu'aux niveaux de lecture détaillés, l'auditoire subit le récit et décroche. Aussi, 5 *slides* essentielles marquent mieux les esprits qu'une avalanche de *slides*. Élaguer, c'est aussi confier son propos à l'intelligence et à la curiosité de l'auditoire. Moins on en dit, plus l'auditoire imagine, remplit les cases et ce faisant, s'approprie le récit.

Enfin, résumer procure une certaine fierté : en débarrassant l'accessoire, on laisse la place aux interlocuteurs. Cette aération fertilise le débat, mobilise pour aller de l'avant, à l'inverse du foisonnement d'idées, qui étouffe la curiosité et freine le projet.

Les vertus d'une synthèse se voient aussi à la lecture d'un dossier : en tant que lecteur, je découvre les idées principales avant de plonger dans le contenu détaillé, grâce à une page de garde nette et une table des matières explicite.

Comment les méthodes pour concevoir un récit en 2D se transposent-elles au jeu vidéo ?

Scénariser un jeu vidéo bouscule plusieurs principes de la narration en 2D puisque l'on propose une multitude d'histoires évoluant dans un univers visuel en 3D.

La relation entre l'auteur et le « destinataire » se métamorphose : l'auteur de roman ou de film pilote le spectateur dans l'histoire sous l'angle qu'il a choisi. Dans le jeu vidéo, l'auteur met à disposition plusieurs histoires potentielles, mais l'internaute scénarise sa propre histoire, événements et lieux, à son rythme. Le concepteur ne peut donc pas contrôler les choix ni la durée de navigation.

Pour concevoir le jeu en 3D, une arborescence aux multiples branches interconnectées remplace le *story-board* linéaire. Plus le jeu s'enrichit et plus les passages interbranches se multiplient. Heureusement pour le concepteur, les outils comme *Celtx* permettent de visualiser les branches retenues.

En quoi cela modifie-t-il l'organisation du travail ?

Du point de vue du concepteur, créer un jeu vidéo offre une forme de liberté, inconnue à l'auteur de film : pour créer le scénario de film, vous déroulez l'histoire pas à pas, alors que pour le jeu vidéo, vous développez une branche, avec la cascade d'événements autour d'un lieu qui vous inspire, sans bousculer le reste de l'arborescence.

Du point de vue du destinataire aussi, celui-ci navigue aussi librement dans le jeu vidéo par ses interactions, tandis qu'il subit davantage le rythme de l'auteur lorsqu'il lit un document ou regarde un film, même si le récit active son imagination en 5D !

Outil 34 Harmoniser les titres

> “
> *Titraille : nom féminin employé en journalisme pour désigner l'ensemble des titres.*

En quelques mots

Synthèse, exposé ou étude, **les titres et intertitres doivent être harmonisés** avant diffusion, d'autant que le lecteur, entraîné à lire la presse, s'appuie sur la « titraille » pour plonger dans notre prose ou passer à autre chose. Grâce à la constance et à la cohérence des titres, notre lecteur repère en un regard ce filet qui enveloppe **les textes d'un même niveau de lecture**.
Ce réflexe de lecture exige du rédacteur qu'il mette en cohérence les titres : style, formes littérales, graphiques et typographiques. En effet, notre esprit détecte à notre insu les *patterns* et il bute instantanément sur leurs incohérences.

LA COHÉRENCE FACILITE LA LECTURE

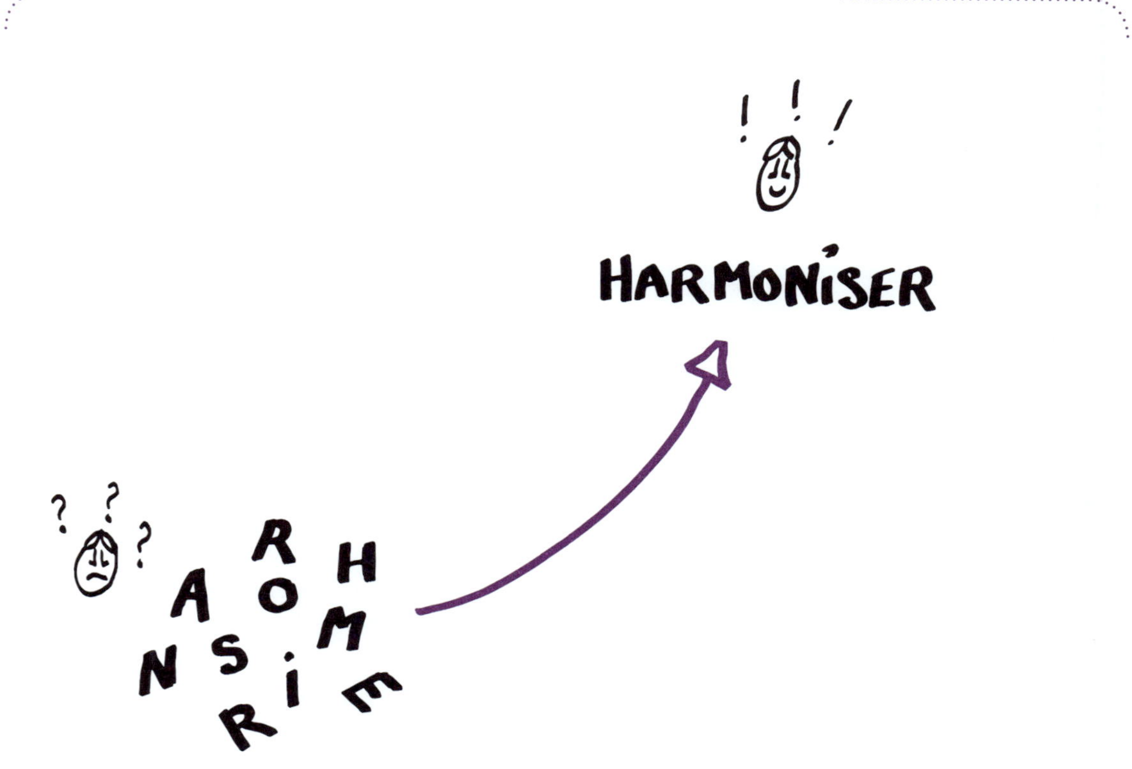

POURQUOI L'UTILISER ?

- Fluidifier la lecture par une formulation et une forme homogènes dans un même niveau de lecture.
- Unifier la tournure, la structure, la granularité, le ton et la longueur des titres et intertitres en fonction de leur statut.

COMMENT L'UTILISER ?

Étapes

1. Sélectionnez les textes du même statut.
Titre, intertitre, texte courant, exemple, verbatim, chaque texte porte un statut différent, un rôle par rapport aux autres. La titraille accroche le lecteur par une phrase ou une question. Le texte courant développe les idées, exemples et verbatim. La forme typographique, la formulation et le niveau de détail doivent être réguliers au sein d'un même statut. Faites apparaître les titres de votre présentation pour en vérifier la cohérence.

2. Adoptez une structure régulière.
Dans chaque niveau de lecture, observez la forme des phrases : infinitive, interrogative, négative, restrictive, affirmative ? Longueur ? Vocabulaire ?

3. Adoptez une granularité homogène.
Dans un même niveau, une généralité ne côtoie pas de détail, ni l'inverse, au risque de contraindre le lecteur à changer d'échelle mentale. Ce décrochage ralentit la compréhension.

4. Adoptez un engagement homogène.
Les textes d'un même niveau auront :
- une formulation à l'engagement homogène dans un plan aux idées parallèles ;
- un engagement progressif et logique de l'auteur dans un plan aux idées enchaînées.

5. Adoptez la même forme graphique.
Dès la première page, vous avez proposé au lecteur, pour chaque statut de texte, une forme graphique spécifique : police de caractères, taille, graisse, couleur, puce, tiret, alinéa, marge, justification. Veillez à leur constance dans l'ensemble du texte, y compris celui des illustrations.

Voir Outils 4, 11, 16 et 26

Exemple avant–après.
Voici les titres d'une diapo, avant harmonisation. En comparant les trois arguments, les disparités sautent aux yeux :
a. *Une diapo digeste défend une et une seule idée, comme le fait un paragraphe* : 14 mots, message d'opinion au présent qui commence par le nom « une diapo ».
b. *Dans vos exposés, une slide chargée en texte et en couleur devra être allégée pour être comprise* : 17 mots, message de recommandation au futur et au passif, *slide* au lieu de diapo.
c. *Illustrez les diapos pour simplifier la compréhension* : 7 mots, recommandation à l'impératif.

Une fois harmonisés – structure, granularité, vocabulaire, engagement, longueur – les titres forment un tout facile à lire et à mémoriser. Par exemple :
a. *Une diapo digeste défend une seule idée*
- Pourquoi…
- Comment…

b. *Une diapo allégée facilite la lecture*
- Pourquoi…
- Comment…

c. *Une diapo illustrée simplifie la compréhension*
- Pourquoi…
- Comment…

Méthodologie et conseils

- Prévoyez du temps pour vérifier de A à Z la constance du binôme « statut-forme ».
- Les titres exposent à eux seuls votre argumentaire principal. Harmonisez-les pour aider le lecteur.
- Titres et intertitres : vérifiez la continuité de numérotation, notamment aux ruptures de pages.
- Dans un *slideshow*, les phrases aux formes régulières et les répétitions reposent l'auditoire.

Avant de vous lancer…

✓ **Aidez-vous d'une feuille de styles pour un texte paginé et d'un masque pour un *slideshow*, afin de formater le texte selon son statut.**

Outil 35

Du bon usage des graphiques quantitatifs

> “
> *Le graphique d'une vie humaine se compose de trois lignes sinueuses.*
> M. Yourcenar

En quelques mots

Quand elle est judicieuse, **l'illustration graphique** accélère la compréhension. Ainsi, le graphe qui accompagne vos conclusions remplacera les graphes complexes qui ont servi la phase d'analyse et de résumé. Mais quelle forme choisir ? Camembert, histogramme, colonnes disjointes, barres, baromètre, courbe, nuage de points ?
Pour y répondre, il suffit de **connaître le sens implicite** que nous accordons tous spontanément aux formes graphiques : ainsi, dans une flèche horizontale, nous voyons l'axe du temps, mais nous devons faire un effort si la flèche est verticale. Appliquez ces conventions silencieuses amplifiera vos idées sans faux pas !

CHOISIR LE GRAPHIQUE PERTINENT

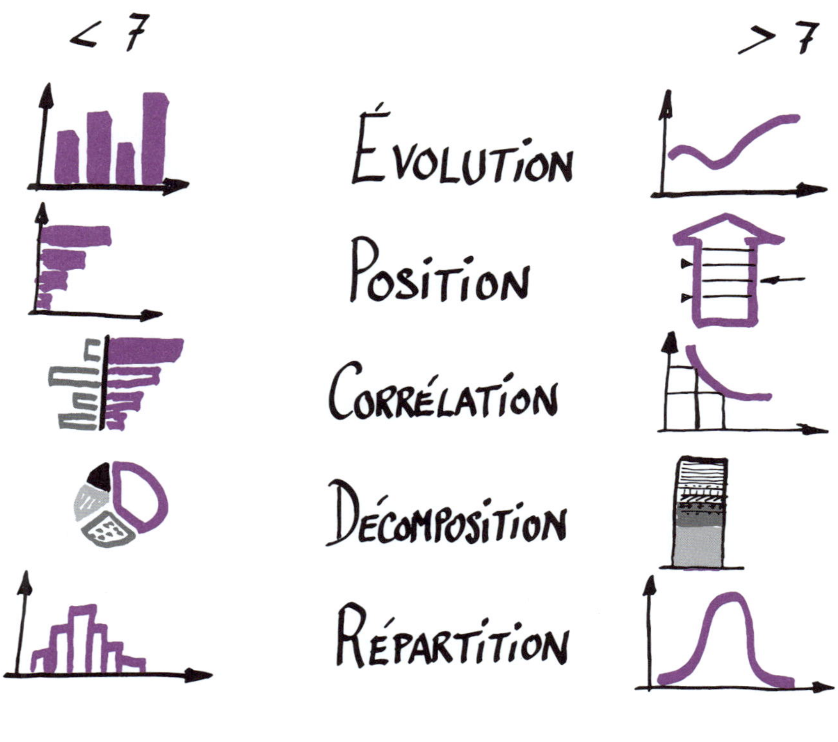

POURQUOI L'UTILISER ?

Objectifs

- Connaître les 5 types de comparaison souche.
- Utiliser la forme graphique adaptée à la comparaison.
- Utiliser les conventions de lecture pour accentuer le message à faire passer.

Contexte

Vous disposez d'une jolie base de données fiables et vérifiées.

COMMENT L'UTILISER ?

Étapes

1. « Tirez » des graphiques d'analyse pour dégager une conclusion.

Fidèle à la démarche en nœud papillon, produisez les graphes à partir de données vérifiées. Cette étape permet d'analyser la situation sous plusieurs angles, jusqu'à formuler nos conclusions. Utiles pour analyser, ces riches graphiques doivent être simplifiés pour communiquer. Ils viendront étayer un message explicite.

2. Rédigez l'idée principale que vous souhaitez transmettre.

Que doit-on retenir ? Que voulez-vous montrer ? Formuler l'idée principale qui résume vos conclusions sous forme d'une phrase précise et courte. C'est l'étape la plus délicate.

3. Identifiez le type de comparaison auquel se rapporte l'idée principale.

Dans nos métiers, nous exploitons cinq comparaisons quantitatives de base, déclinables en de multiples formes graphiques dérivées. Pour choisir un graphique qui souligne votre message, il suffit de savoir identifier ces catégories : évolution, position, corrélation, décomposition ou répartition ?

- **Le message d'évolution** compare des données dans la durée. *Les salariés en télétravail ont triplé en 5 ans.*
- **Le message de position** souligne un palmarès. *Les maîtres japonais dominent en karaté, loin devant les autres.*
- **Le message de corrélation** s'intéresse au lien entre des données différentes. *L'éventail de l'âge des cyclistes s'élargit avec celui du parc de vélos électriques. Le revenu par tête n'est pas fonction des heures travaillées.*
- **Le message de décomposition** insiste sur la composition d'un tout. Hétérogènes, les parts du tout n'ont pas la même unité, les sources d'énergie dans l'exemple. *À Paris en 2018, 25 % des transports municipaux ont des moteurs électriques.*
- **Le message de répartition** montre un tout aux données homogènes, distribuées sur un axe autre que la durée. À la différence de la décomposition, chaque part **homogène** peut se placer sur un axe. *Sur l'ensemble des cyclistes parisiens, la moitié a entre 24 ans et 35 ans en 2019.*

4. Choisissez la forme graphique souche qui souligne votre message.

L'illustration ci-contre récapitule les formes graphiques souche selon le type de comparaison et le nombre de données.

Méthodologie et conseils

- Simplifiez : un graphe complexe décourage le lecteur.
- Au-delà de 7 éléments (série longue), les formes graphiques pour la série courte ne sont plus adaptées.
- Distinguez bien la décomposition de la répartition.
- Entraînez-vous à trouver la comparaison souche des graphiques en infographie, vus dans la presse.

Suite outil 35 →

Voir Outils 6, 25, 46 et 57

Avant de vous lancer...

- ✓ **Comme toute convention, on peut ne pas l'appliquer. Si vous illustrez un message de répartition avec un « camembert », le lecteur sera gêné mais il s'adaptera.**
- ✓ **Entraînez-vous avec les exemples de la page suivante.**

Suite outil **35**

Du bon usage des graphiques quantitatifs

Exercice

Trois erreurs fréquentes dans les graphiques

Le « camembert » en A ne respecte pas le sens de lecture

Graphique A

Graphique B

> Le graphique A montre un camembert dont les parts sont en désordre. Le lecteur lit le camembert à partir de « midi » dans le sens des aiguilles d'une montre. Pour le confort de lecture, l'auteur du graphe doit présenter les parts du camembert par ordre décroissant, la plus grande calée sur midi, comme le montre le graphique B.

Le graphique C se lit comme une évolution

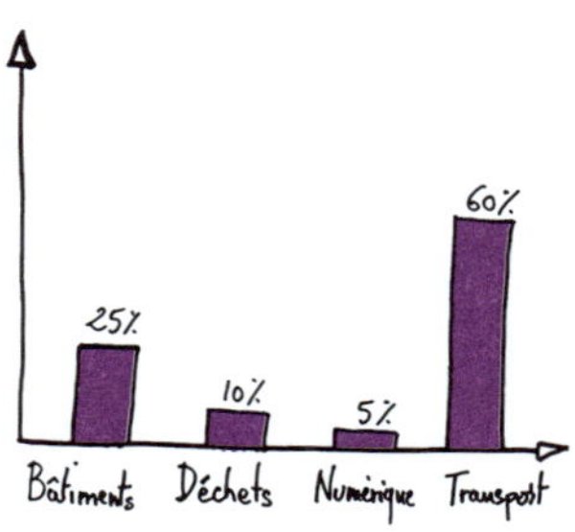

Graphique C

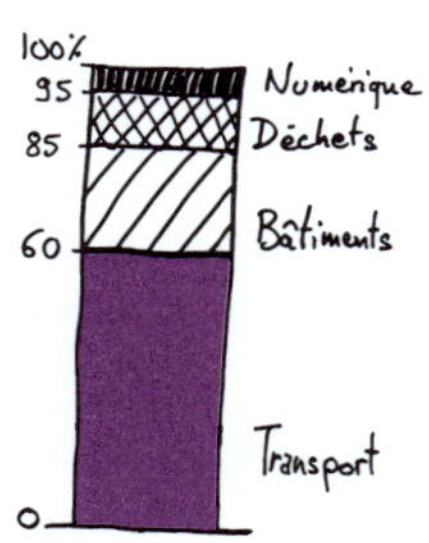

Graphique D

> Par réflexe, l'auteur a réalisé un graphique en colonnes disjointes, plutôt adapté pour une évolution.

> Toutes les colonnes portent la même couleur, ce qui renforce l'impression que l'on a affaire à l'évolution d'un même objet dans le temps.

> Pour une distribution d'éléments hétérogènes, un camembert ou une colonne segmentée sont préférables : tous deux présentent la répartition d'un tout, comme le montre le schéma D.

Le graphique E mélange des informations de nature différente

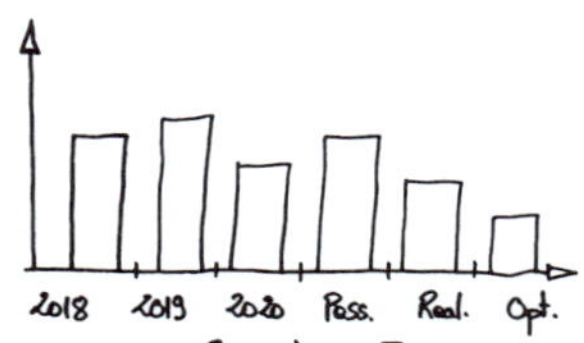

Graphique E

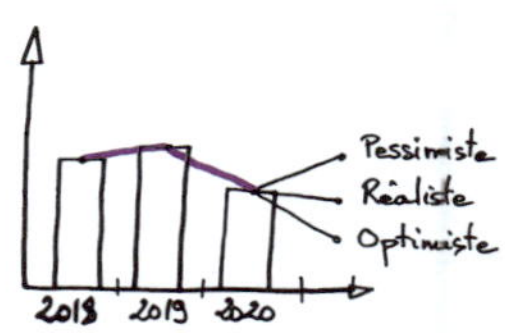

Graphique F

> Il nous arrive de montrer dans un graphique l'évolution d'un critère, par exemple, *La quantité de données numériques stockées depuis la sensibilisation sur son coût écologique*, avec trois scénarios d'évolution, pessimiste, réaliste, optimiste.

> Le graphique E est erroné, parce que le lecteur voir d'abord le prolongement d'une évolution. Or, les trois premières colonnes présentent des données réelles, les trois suivantes des hypothèses. Toutes les colonnes sont blanches, rien ne les distingue.

> La lecture de gauche à droite nous montre que l'axe horizontal est segmenté en parts égales, chacune représentant une année. Les hypothèses pour l'année suivante doivent tenir dans le même espace visuel, comme le montre le graphique F.

Exercice pour trouver la meilleure forme graphique du message

> Voici dix messages. Identifiez le type de comparaison et la forme visuelle la mieux adaptée pour défendre le message.

Comme le montre l'exemple n°1, notez dans la colonne « Comparaison » celle dont il s'agit *(D pour Décomposition, R pour Répartition, P pour Position, E pour Évolution, C pour Corrélation)*, puis cochez le ou les types de graphique les mieux adaptés.

Types de graphique / Messages	Comparaison D R P E C	Histogramme	Camembert	Doubles barres	Colonnes	Courbes	Points	Palier	Baromètre
1. Après une baisse dans les années 2010, les transactions immobilières croissent.	E				X	X			
2. La majorité des malades ont déclaré des symptômes entre 4 et 6 jours.									
3. Le taux de réussite sportive diminue avec les heures d'entraînement.									
4. Les trois quarts des œuvres commandées à l'artiste émanent d'entreprises.									
5. Cette année, les remises offertes aux clients ont évolué de façon irrégulière.									
6. En 2016, la plus grande part des fonds européens a été allouée à l'agriculture (65 %), devant la R&D (20 %).									
7. Après la fusion, le Groupe Telecom formé de ces deux géants des télécoms se situera au 5e rang du secteur.									
8. En 2015, 50 % de la population française disposait d'un revenu net annuel inférieur à 22 000 €.									
9. Des quotidiens payants, *Le Parisien* a le plus gros tirage devant *L'Équipe* et *Le Monde*.									
10. La consommation d'alcool et de psychotropes augmente avec la précarité.									

Co-auteur : Anne Vincent-Buffault

Corrigé page 205

DOSSIER 4

APPRIVOISER L'AMI MAIL

“

« Illim' » : illimité et immédiat, une mine de maux !

Nous côtoyons l'ami mail depuis des décennies sans en maîtriser les spécificités. Dans le secteur tertiaire, ce mode de communication devient omniprésent. À l'exception des médecins, avocats et notaires, et quelques corps d'État, de qui reçoit-on encore du courrier postal ? Même la correspondance scolaire est dématérialisée. Pourtant, noyés sous l'avalanche de mails, de plus en plus de cols blancs préfèrent parler plus et réduire le mail au rôle d'archivage. Ainsi, l'outil pourrait s'autodétruire si son utilisateur n'en saisit pas les caractéristiques et les limites.

Développé en 1961 par le MIT, ce nouveau moyen de communication libère du temps. Il supprime les tâches inhérentes à la matérialité du courrier : rédiger un brouillon, taper la lettre, imprimer, photocopier, adresser sans erreur (nom de l'entreprise, prénom et nom du destinataire, numéro et nom de rue, code postal, ville, pays), se rendre à la Poste pour peser, timbrer et envoyer le paquet de courriers.

Le mail, lui, combine l'écrit et la fascinante immédiateté, engloutissant à sa suite le temps de la réflexion. L'opération complète se résume à activer nos doigts sur un clavier : en moins d'une minute, un message est écrit, envoyé et réceptionné par plusieurs destinataires et témoins, à la localisation accessoire. Même leurs noms perdent de leur valeur, remplacés par mégarde en un clic par d'autres. À l'usage, la distance et le correspondant se sont effacés.

La durée permet la réflexion, l'immédiateté encourage l'impulsivité. On écrit vite et beaucoup, pour dépiler. De nombreux propos, souvent irréfléchis, partent et volettent au-dessus de nos têtes, envoyés vers des destinataires identifiés ou non, localisés ou non, incarnés ou non, rédigés par des émetteurs aux mêmes caractéristiques.

Construit sur ces observations, ce dossier développe les thèmes sur lesquels porter notre vigilance pour faire bon usage du mail.

Comment personnaliser ces échanges désincarnés ? Comment aider le lecteur à *contextualiser* le message, noyé dans une pile de conversations parallèles ? Quand retrouver l'usage de la parole dans nos échanges professionnels ? Que faire pour ne pas transformer cet outil générateur de temps libre en mangeur de temps qui dérègle nos priorités ?

Les outils

Outil 36 Le nœud papillon appliqué au mail

> “
> *Pour bien écrire, il faut beaucoup lire.*
> P. Diouf

En quelques mots

Comme pour tout écrit, **un texte de mail** – question, réponse, information – **s'écrit en deux temps trois mouvements** : le premier jet, rédigé au fil de la pensée, libre d'adressage, s'apparente à un monologue, qui exprime ce que l'on veut dire. Une fois mûrie la conclusion, l'on peut rédiger un message correctement adressé, que la relecture se chargera de densifier.

L'expérience montre que ces deux temps existent par nécessité, alors autant vous focaliser sur chaque étape. C'est un exercice facile avec le mail, mémo court, aisé à réorienter en missive, souvent structurée *à la Columbo*, directe et claire.

POSER LE CONTEXTE

POURQUOI L'UTILISER ?

Objectifs

- Rédiger des mails précis.
- Inciter le destinataire à la lecture.
- Prendre le temps d'une réponse soignée et fiable.
- Mieux cibler les messages.

Contexte

En simplifiant, trois situations résument notre activité épistolaire.

- Q : Nous posons une **question** pour obtenir une réponse.
- R : Nous allons **répondre** à une question.
- I : Nous devons diffuser une **information**.

COMMENT L'UTILISER ?

Étapes

1. Notez vos idées au fil de la pensée, puis résumez-les en mémo.

Le premier temps de l'écrit permet de poser ce que l'on sait et ce que l'on veut dire sans contrainte de forme ni d'adresse. Sur papier ou dans un mail adressé à vous-même, rédigez au fil de la plume. Ainsi, tirez au clair l'essentiel de votre propos. Vous seul le lirez. Prenez la peine de résumer ces notes en un mémo d'une quarantaine de phrases.

2. Qu'attendez-vous de ce courrier ?

Analysez la situation de communication : enjeu, objet et objectif de communication et dispositions probables du destinataire. Dégagez les idées principales, et décidez de leur disposition dans le mail (*Columbo* ou *Hitchcock*), de l'état d'esprit et du ton.

3. Adressez votre mail, réelle missive.

Sur un mail adressé à vous-même, transformez le mémo en message :

- réorganisez votre mémo au format *Columbo* ou *Hitchcock* selon la situation de communication (*cf.* étape précédente) ;
- sauf court mail d'informations, rappelez d'abord le contexte et personnalisez la formule d'accueil et de courtoisie. Dans une réponse, commencez par reformuler la question initiale en vos propres termes ;
- envoyez-vous la première version pour relire un peu plus tard.

4. Relisez, densifiez, avant d'envoyer votre mail.

Pour envoyer un mail concis à votre lecteur, relisez-le à une heure d'intervalle. Densifiez-le et corrigez-en les maladresses. Vérifiez que le ton du mail est adapté à cette cible :

– le vocabulaire est-il trop ou pas assez technique ?
– est-il trop familier ou trop distant ?
– pourriez-vous en parler d'abord par téléphone ?

Voir Outils 2, 3, 4, 5, 6, 8, 10, 12, 26 et 41

Méthodologie et conseils

- Relire n'est pas optionnel, encore moins pour un mail, qui a la propriété de circuler rapidement et librement… Un mail mal structuré et visiblement non relu entamera votre crédibilité.
- Si le destinataire « entend » par le ton du mail que l'on s'adresse à lui, il sera plus enclin à le lire.
- Ne dépassez pas 250 mots par mail, répartis en trois paragraphes. Au-delà, envoyez un document attaché.
- Pour une mise en page agréable, écrivez dans un traitement de texte, puis copiez le tout dans le mail.
- Si vous n'avez ni le temps, ni l'envie, le minimum est de « remonter » vos conclusions en début de mail, *à la Columbo*.
- Une heure passée à peaufiner un mail à fort enjeu n'est jamais perdue. *A minima*, cela évite des tracas futurs.

Suite outil 36 →

Avant de vous lancer…

✓ **Question, réponse ou information, envisagez le téléphone avant un courrier. Le dialogue est plus chaleureux et plus riche.**

✓ **Tirez au clair votre intention conversationnelle.**

Le nœud papillon appliqué au mail

Exemple

Dans l'exemple suivant, M. Iaou, dirigeant d'une entreprise de location de salles, reçoit le mail de M. Billard, un client mécontent. M. Iaou veut répondre au grief et proposer réparation. Dans le QRI, vous devez répondre à une réclamation.

Étape 1 : Cherchez l'exhaustivité puis résumez en mémo

> **Notez tous les éléments dans l'ordre dans lequel ils arrivent. Vérifiez que vous n'avez rien oublié.**

J'ai reçu un mail de M. Billard qui m'a écrit le lendemain de sa venue pour dire qu'il n'est pas content du service :

– il n'a pas eu la grande salle alors qu'il l'avait réservée il y a un mois, et il se trouvait avec des clients importants. En dépannage, on n'a pu que les conduire dans la petite salle du sous-sol !!!!

– l'informatique dit qu'ils ont écrasé toutes les réservations de la semaine quand ils ont installé la nouvelle version du site. Cela tombe mal, parce que c'est un grand compte potentiel et qu'il venait pour la première fois ;

– comment rattraper le coup ? Le dédommager en le remboursant ? Lui offrir une salle gratuite une demi-journée ?

> **Résumez ces informations en un mémo d'une quarantaine de mots.**

M. Billard, nouveau client et salarié d'une multinationale est mécontent : avant-hier, il s'est retrouvé dans une salle minuscule avec ses clients, alors qu'il avait réservé la grande. D'après l'informaticien, la nouvelle version avait écrasé les réservations. Comment dédommager M. Billard ? Comment le fidéliser ?

Étape 2 : Quel effet voulez-vous produire sur le destinataire ?

> **Analysez la situation de communication.**

- L'enjeu commercial est élevé :

M. Billard, cadre expérimenté d'une multinationale, pourrait devenir un client régulier et nous recommander auprès de ses collègues.

- L'objectif de communication est élevé :

Je souhaite faire revenir ce client mécontent, le plus tôt possible dans nos locaux, avant qu'il n'essaie les offres concurrentes.

- Quelles sont les dispositions probables de M. Billard ?

M. Billard semble très occupé et surtout mécontent, à cause du manque de confort pour travailler avec ses clients. Il sera plutôt défiant.

- Conclusion :

Le faire revenir dans le mois avec une offre attractive. Structurer les idées à la Hitchcock. Ton sérieux.

Étape 3 : Rédigez votre mail, réelle missive

> **Vous devez répondre à une demande. Le mail commence donc par reformuler le message reçu, dans vos propres termes, pour accuser réception de la demande, puis expose la réponse *à la Hitchcock*.**

Objet : votre réclamation

Bonjour,

J'apprends par votre mail du 12 septembre que vous avez dû travailler à plusieurs dans une petite salle du sous-sol la journée du 11 septembre, alors que vous aviez réservé la grande du rez-de-chaussée. Après recherche en interne, j'ai compris que votre réservation initiale a été effacée par erreur : nous

améliorons notre système informatique mais la mise à jour de la semaine dernière a décalé toutes les réservations dans l'agenda électronique !
C'est la première fois qu'un tel problème arrive, je m'en excuse. Il est normal que vous fassiez une réclamation.
Pour vous dédommager de ce souci, nous vous proposons la salle de votre choix gratuitement pendant une demie journée, selon les disponibilités au moment de votre appel.
Contactez-moi pour que je réserve au plus vite le jour et la salle qui vous iront bien. J'espère vous accueillir prochainement en nos locaux.
Je vous souhaite une excellente journée,
Bien cordialement.

Étape 4 : Relisez avec NOEL

> **Relisez avec NOEL.**

- **Nettoyer :** le texte ne contient pas de fautes d'orthographe ni de français.
- **Organiser :** le texte est bien structuré la lecture est fluide.
- **Enrichir et limiter :** en effet, le propos trop bavard ne s'adresse pas assez au destinataire. De plus, le ton est trop familier par rapport au contexte commercial et relationnel.

> **Légende des maladresses à corriger dans le texte :**

– texte bavard, à concentrer : *texte souligné* ;
– ton déplacé, trop familier : texte en PETITES MAJUSCULES ;
– contenu orienté vers le rédacteur et pas assez vers le destinataire : **texte en gras.**

Objet : votre réclamation
BONJOUR,
J'apprends par votre mail du 12 septembre que vous avez dû travailler à plusieurs dans une petite salle du sous-sol la journée du 11 septembre, alors que vous aviez réservé la grande du rez-de-chaussée. Après recherche en interne, j'ai compris que votre réservation initiale a été effacée par erreur : nous améliorons notre système informatique mais la mise à jour de la semaine dernière a décalé toutes les réservations dans l'agenda électronique !
C'est la première fois qu'un tel problème arrive, JE M'EN EXCUSE. IL EST NORMAL QUE VOUS FASSIEZ UNE RÉCLAMATION.
Pour vous dédommager DE CE SOUCI, **nous vous proposons la salle de votre choix gratuitement pendant une demi-journée, selon les disponibilités au moment de votre appel.**
CONTACTEZ-MOI **pour que je réserve** AU PLUS VITE **le jour et la salle** QUI VOUS IRONT BIEN. **J'espère vous accueillir prochainement en nos locaux.**
JE VOUS SOUHAITE UNE EXCELLENTE JOURNÉE,
BIEN CORDIALEMENT.

Résultat du travail de relecture

> **La réécriture réoriente le texte vers le destinataire, dans un ton moins familier avec un vocabulaire plus soutenu. De plus, on a concentré les bavardages et réduit de 30% le texte, à 113 mots au lieu de 157.**

Objet : RE : Votre réclamation et notre proposition de salle
Cher monsieur,
Le 11 septembre dernier, vous avez dû travailler à plusieurs dans une petite salle, à cause d'une mise à jour informatique qui a effacé votre réservation initiale. C'est la première fois qu'un tel incident se produit, et je comprends votre mécontentement. Toute l'équipe Bingo se joint à moi pour vous présenter nos excuses.
Pour réparer ce désagrément, nous vous proposons d'animer votre prochaine réunion chez nous gratuitement.
Je me tiens donc à votre écoute pour vous réserver, la salle qui conviendra.
Nous souhaitons avoir le plaisir de vous accueillir prochainement en nos locaux.
Sincères salutations.

Outil 37 Soigner l'objet du mail et l'aperçu

> Courrier électronique, pas plus intéressant pour autant.
>
> L. Fayard

En quelques mots

Les mails pré-ouverts s'accumulent telles des lettres préparées pour la lecture : notre boîte de réception affiche des dizaines de conversations parallèles, d'émetteurs et d'objets, oppressantes pour le destinataire. Comment arbitrons-nous ces multiples sollicitations, concurrentes les unes des autres ? Par quoi commencer, lesquelles supprimer ? Parmi les multiples facteurs tels que nos priorités et le nom de l'émetteur, **l'objet et la première phrase influencent le taux d'ouverture. Rédacteur** ou **simple facteur**, soignons ces premiers mots pour inciter notre destinataire à nous lire ou à nous répondre à temps.

L'OBJET ET L'APERÇU INVITENT LE LECTEUR

POURQUOI L'UTILISER ?

- Donner envie de lire le mail.
- Expliciter ce que l'on attend du destinataire.
- Donner le choix au lecteur : importance du contenu, durée de lecture et délai s'il y en a un.

COMMENT L'UTILISER ?

Étapes

1. Soignez l'objet.

- **Préparez l'objectif de communication :**

– Est-ce une question, une réponse ou une information ?
– Êtes-vous facteur et/ou rédacteur ? En quoi est-ce important qu'on lise votre mail ? Dans quel délai et pourquoi ?
– En *push* : Voulez-vous informer sans créer de débat, féliciter, alerter, rassurer ? Faire choisir ? Attendez-vous une réponse ?
– En RE: Voulez-vous répondre par mail à la question ?

- **Rédigez l'objet.**

En 3 à 15 mots maximum, l'objet incite à lire le mail : il rappelle le contexte, fait apparaître le destinataire et ce qu'on attend de lui.
– le thème – de quoi je parle ;
– l'objectif de communication : Question, RE, FYI... ;
– l'idée principale, annoncée par une affirmation explicite ou par une question qui suscite la curiosité ;
– ... adressée au destinataire ;
– parfois, le délai ou la durée de lecture.

Exemples :
FYI : Vos *jours de RTT en 2020.*
FYI : *Formation : que pouvez-**vous** faire financer ?*
À noter *: RDV en juin que **vous** n'aimeriez pas rater.*
*RH : **je réponds** à **votre** question sur les déplacements professionnels.*
RSE : notre *réponse à **votre** appel d'offre.*
Une question *: Quel cours d'espagnol choisissez-**vous** ? **RSVP avant le 15 mai**.*

Voir Outils 6, 7, 19 et 42
Voir Dossier 2

2. Soignez l'aperçu.
Sous l'objet, nous apercevons les premiers mots du mail (10 à 12), qui conduisent à l'ouvrir ou à le passer. Conclusion en tête : allez droit au but, mais rappelez le contexte. Personnalisez la formule d'appel qui dépend de votre relation avec le lecteur.
– **Pour informer sans débattre :** *Bonjour Marc, je te confirme la livraison des 4 mètres cubes de matériel le 2 juin vers 18h30 au port du Fret...*
– **Pour répondre :** *Madame, comme convenu hier au téléphone, vous trouverez ci-joint les deux rapports du GIEC en français.*
– **Pour relancer :** *Monsieur, comme je vous l'ai dit, j'ai besoin de votre avis sur tel sujet pour telle raison. Quand pourrions-nous en reparler ?*

Méthodologie et conseils

- Rédigez court – 12 mots maximum – en respectant les conventions de l'écrit, plus formelles que l'oral.
- Au-delà de 80 signes, l'objet est tronqué chez votre destinataire.
- Une fois un mail important ou urgent envoyé, prévenez le destinataire par téléphone en lui précisant l'heure d'envoi : certains reçoivent des dizaines de mails par jour...
- Dans une réponse, conservez l'objet initial – détachez la PJ, pour rester dans la boucle de conversation.
- Renommez l'objet si la discussion dérive et que le sujet précédent est clos.
- Évitez les mots que les FAI routent en *spam* par exemple le mot « gratuit ».
- Ne rédigez pas de texte dans l'objet.
- N'utilisez pas le mail pour des messages dignes d'un texto.

Avant de vous lancer...

✓ **Dans le doute, vouvoyez les francophones, même si vous les tutoyez par téléphone.**

✓ **Si l'échange se transforme en dialogue, changez de média.**

Outil

38 Bien clore un mail

> “
> *La politesse est la grâce de l'esprit.*
> H. Bergson

En quelques mots

La dernière phrase d'un courrier salue brièvement l'interlocuteur dans une formule convenue, en accord avec la nature de la relation et du contenu. Cet exercice ne présente pas de difficultés quand il s'adresse à des personnes identifiées : métier, hiérarchie, confiance, proximité culturelle. Mais en zone inconnue, les tergiversations intérieures surgissent : **la formule de courtoisie** peut froisser par familiarité ou maniérisme. L'interlocuteur y prêtera alors attention.
C'est que, dans un courrier à fort enjeu commercial ou relationnel, cette **signature finale** en dit long sur la sincérité du contenu et sur le positionnement de l'émetteur au sein de la relation.

LA FORMULE DE COURTOISIE DÉPEND DE LA SITUATION

POURQUOI L'UTILISER ?

- Conclure avec diplomatie.
- Dire avec clarté ce qu'on attend de l'interlocuteur.
- Saluer d'un ton ajusté au degré d'intimité et à la situation.

COMMENT L'UTILISER ?

Si aucune phrase de salutation ne se présente, cherchez à en savoir plus sur votre destinataire.

Étapes

1. Choisissez un ton en accord avec la relation.
La distance relationnelle s'entend dans la dernière phrase.
- Jusqu'à quel degré pourriez-vous être proche ?
- L'avez-vous rencontré, eu au téléphone, par mail ?
- Connaissez-vous son profil : Métier ? Semaine type ? Centres d'intérêt ?
- Est-ce un prospect, un client, un fournisseur, le collègue d'une autre entité ? Est-il plus expérimenté ? Quelle position hiérarchique ?
- De quel milieu professionnel ? Le vôtre, un autre, lequel ?

2. Annoncez-lui la prochaine étape, en donnant le choix.
Trouvez la formule cohérente avec vos attentes.
- Pour informer, gardez une salutaire distance : *Veuillez trouver ci-joint le bilan...*
- Pour engager à l'action, engagez-vous aussi : *J'attends votre réponse avant de...* plutôt que l'indifférent *Dans l'attente de votre réponse.*
- L'encourageant : *Si cela vous convient, je compte sur votre réponse mardi soir pour que je puisse...* plutôt que le trop confiant *Je vous remercie par avance....*
- Pour exprimer votre disposition, préférez : *Je souhaite* plutôt que le rabâché *En espérant que notre entretien.*
- *Sachez que* ou *Appelez-moi si besoin* à la place du timide *N'hésitez pas à m'appeler. Je reste à votre écoute* plus actuel que *À votre disposition.*

Voir Outils 20, 39 et 51

3. Avant de signer, saluez en accord avec le degré de proximité.
- Pour quelqu'un que l'on n'a pas rencontré : *Sincères salutations* : passe-partout classique et convivial.
- Pour une relation professionnelle sans histoire, non familière : *Cordiales salutations*, formel et chaleureux, moins banal que *Cordialement.*
- *Cordialement* : passe-partout, banal et correct.
- *Bien à vous* signifie *Je vous veux du bien.* Formel et classique entre professionnels se communiquant des informations. À éviter avec un supérieur éloigné. Si vous doutez que la formule soit comprise, préférez *Cordialement.*
- *Bonne continuation* : formel et encourageant, envers une personne que l'on n'a pas de raison plausible de revoir vite.
- Pour une relation quasi quotidienne : *Bonne journée*, *À bientôt*, *À demain*, formules dynamiques à faire suivre de *Cordialement* sauf si la relation est familière.

4. Évitez les expressions excessives ou désinvoltes.
À plus, *Très respectueusement*, *Je vous souhaite une très belle journée*, *À dispo*, etc.

Méthodologie et conseils

- Accordez la formule de politesse à la relation réelle, à votre objectif et aux conventions du secteur professionnel : évitez l'insincérité ou la familiarité forcée.
- À mail formel, formule formelle.
- Dans un mail, rédigez des formules plus courtes que dans un courrier.

Avant de vous lancer...

- ✓ **Renseignez-vous sur le destinataire par les réseaux professionnels tel *LinkedIn*.**
- ✓ **Il arrive que l'on tutoie à l'oral, mais que l'on conserve le voussoiement à l'écrit.**
- ✓ **Voir les sites comme : formuledepolitesse.fr**

Outil 39

Détecter l'intention conversationnelle

> “
> *Les chiens aboient, la caravane passe.*

En quelques mots

À la lecture du mail – ton du texte, des formules d'appel et de courtoisie, vocabulaire, sous-entendus combinés aux contextes culturel et relationnel de l'énoncé – le lecteur capte des signaux faibles pour interpréter le texte au-delà du message explicite : discret rappel à l'ordre, marque de solidarité, menace indirecte, réconfort, flicage, dénigrement, encouragement, etc. Mélange de conversation et d'écrit, le mail amplifie **les effets d'intention** à cause des témoins en copie. Pour y voir clair dans nos réponses, observons nos **intentions conversationnelles**, distinctes de notre objectif de communication.

TOUT MAIL CONTIENT UNE INTENTION CONVERSATIONNELLE

POURQUOI L'UTILISER ?

Objectifs

- Adopter une méthode pour décrypter des mails ambivalents.
- Décider sur quoi porter sa réponse.
- Rédiger des mails à l'intention conversationnelle plus limpide.

Contexte

Plus que toute autre communication, le mail atteint deux cibles : l'une sur le plan informatif et l'autre sur le plan relationnel.

COMMENT L'UTILISER ?

Étapes

1. L'intention conversationnelle (IC), qu'est-ce ?
Dans nos messages, nous exprimons un propos ouvert, assorti d'une intention. L'intention conversationnelle de l'émetteur désigne cet **effet secondaire, invisible dans le contenu littéral, mais perçu par le lecteur dans le contexte relationnel.** Dans certains cas, l'effet induit devient un objectif : l'émetteur **cherche à signifier** quelque chose au destinataire – aux destinataires en copie – **sans l'énoncer.**
En voici quelques exemples : *Voyez ma conscience professionnelle* – c'est le cas général et inoffensif, *voyez mon dévouement professionnel* par un mail nocturne qui montre que je travaille tard, *voyez ma compétence technique* par ma réponse savante, *voyez ma volonté de contrôle, mon pouvoir, ma détermination* à ne pas vous laisser tranquille, *ma présence commerciale, ma solidarité,* etc.

2. Comment détecter l'IC ? Écoutez les signaux faibles !
C'est au cours d'une lecture banale qu'un élément inattendu, positif ou négatif, a chatouillé votre vigilance. Spontanément, **certains signaux vous alertent** et invitent à la prudence avant de répondre. Ces signaux prennent souvent la forme d'interrogations. Vous vous demandez par exemple : *Pourquoi avoir mis le client en copie ? Comment expliquer ce mail nocturne alors qu'il travaille dans notre fuseau horaire ? Dans quel but notifier mon erreur avec la RH en copie ? Pourquoi reposer la question à l'équipe alors que je viens de lui donner la réponse ?*

3. Comment établir un diagnostic juste, ni susceptible, ni naïf ?
Attention, le mail transforme vite un malentendu en procès minute inextricable.
- Selon la nature et l'ampleur réelle des conséquences, commencez par admettre plusieurs interprétations à votre lecture.
- Puis, dialoguez par téléphone ou en entretien avec l'émetteur pour confirmer ou infirmer votre hypothèse sur l'anomalie.
- Enfin, s'il y a une maladresse dommageable, demandez-lui de la rectifier par mail.

Méthodologie et conseils

- Faites confiance à votre intuition, tant qu'elle s'appuie sur un élément objectif par rapport à une pratique habituelle : anomalie dans le ton ou le vocabulaire, heure d'envoi hors norme, destinataire incongru en copie, mail extraordinairement long, contenu apparemment inutile, détails superflus, etc.
- Par souci d'efficacité, n'entrez jamais dans des boucles conflictuelles par mail.
- Dans tous les cas, libre à vous de dialoguer, de répondre sans être dupe ou de ne pas répondre.
- Si le mail n'est qu'un prétexte à votre intention conversationnelle, envisagez un autre canal pour votre message.
- Si l'intention du mail est objectivement malveillante et provoque des conséquences lourdes, ne répondez pas et faites-vous conseiller.

Suite outil 39 →

Avant de vous lancer...

✓ **Les intentions conversationnelles germent plus souvent par mail, canal qui permet de dire sans confrontation et de prendre à témoin d'autres destinataires en quelques clics.**

✓ **Référence : J.-C. Anscombre, J.-L Austin, O. Ducrot**

Voir Outils 1, 20, 40 et 51

Détecter l'intention conversationnelle

Exercice

Comment l'objectif de communication (OC) et l'intention conversationnelle (IC) s'articulent-ils ?

- L'OC et l'IC forment deux composants indissociables d'un propos.
- L'OC s'exprime dans le message littéral tandis que l'IC, aux visées implicites, se réaliseront ou pas, selon le contexte relationnel et l'interprétation du lecteur.

Exercice pour mettre en regard le message émis et les lectures possibles du récepteur

> **L'exercice présente d'une part le point de vue de l'émettrice Léa – message, OC et IC – et d'autre part celui du lecteur Oscar – message reçu, lecture confiante ou défiante.**

Exemple :

- *Léa : Je vous conseille d'en parler rapidement à votre manager.*

– OC : obtenir qu'Oscar implique son manager.

– IC : lui donner un conseil d'ami.

- *Oscar : Je vous conseille d'en parler rapidement à votre manager.*

– Lecture confiante : *Je pense qu'il pourrait vous aider.*

– Lecture défiante : *Sinon, je m'en chargerais moi-même.*

> **Consigne : retrouvez le message envoyé par Léa d'après les deux interprétations d'Oscar, le destinataire.**

- **Messages de Léa**

A. Léa : *Retrouvons-nous jeudi de 8 h 30 à 10 h pour répéter l'exposé.*
– OC : Entraîner Oscar à présenter le nouveau produit au client.
– IC : Manifester ma conscience professionnelle et affirmer mon autorité.

B. Léa : *Dois-je te renvoyer ma fiche d'objectifs ?*
– OC : Comprendre la procédure.
– IC : Manifester ma conscience professionnelle ou laisser une trace (si j'ai déjà la réponse), etc.

C. Léa : *Pourrais-tu, STP, te libérer lundi pour participer à la réunion d'équipe hebdo à laquelle je ne t'ai pas vu depuis 3 semaines ?*
– OC : Informer Oscar que la réunion n'est pas optionnelle.
– IC : Rappeler que je fixe le cadre et que je ne t'autorise pas à sécher ces réunions.

D. Léa : *Je te remercie de m'envoyer aujourd'hui l'état de la facturation avec le client W.*
– OC : Obtenir aujourd'hui la facturation avec W.
– IC : Manifester ma conscience professionnelle.

E. Léa : *Tu n'as rien obtenu avec ce prospect, mais aucun commercial n'y arrive.*
– OC : L'informer que personne n'arrive à concrétiser avec ce prospect.
– IC : Lui faire savoir qu'il n'est pas pire que les autres et le réconforter.

F. Léa : *Je vous demande de respecter précisément les termes du contrat.*
– OC : Lui faire relire les détails du contrat.
– IC : Rappeler que je suis légitime pour réagir s'ils ne les respectent pas, menacer, laisser une trace.

G. Léa : *Viens-tu au Codir de mardi ? Au fait, je n'ai toujours pas reçu le compte rendu que tu devais m'envoyer avant le week-end...*
– OC : Savoir s'il vient mardi et lui rappeler pour la deuxième fois de m'envoyer le compte rendu.
– IC : Lui rappeler son oubli, et mon agacement.

- **Interprétations possibles du message lu par Oscar**

1. Quel est le message reçu ? [A, B, C, D, E, F, G ?]
- Lecture confiante : « ou est-ce que tu as quelque chose de plus important, ce que je comprendrais très bien ».
- Lecture défiante : « et si je ne t'y vois pas, cela va mal se passer pour toi ».

2. [A, B, C, D, E, F, G ?]
- Lecture confiante : « donc ne t'inquiète pas, tu n'as pas démérité ».
- Lecture défiante : « cela ne m'étonne pas, tu es aussi mauvais que les autres ».

3. [A, B, C, D, E, F, G ?]
- Lecture confiante : « si tu as le temps pour que je puisse t'aider à préparer le prochain RDV ».
- Lecture défiante : « impérativement et tu as intérêt à être prêt ».

4. [A, B, C, D, E, F, G ?]
- Lecture confiante : « essaie de ne pas oublier, j'ai vraiment besoin du compte rendu ».
- Lecture défiante : « c'est la dernière fois que je te le réclame ».

5. [A, B, C, D, E, F, G ?]
- Lecture confiante : « envoie-moi la facture si possible aujourd'hui. J'en ai besoin pour le *reporting* ».
- Lecture défiante : « envoie-moi ce document sans faute aujourd'hui, je te l'ai déjà demandé avant-hier et hier. Ce sera la dernière fois ».

6. [A, B, C, D, E, F, G ?]
- Lecture confiante : « ai-je bien compris la procédure ? »
- Lecture défiante, quand l'émetteur semble instruire un dossier : « tu ne pourras pas dire que je ne t'ai pas posé la question ».

7. [A, B, C, D, E, F, G ?]
- Lecture confiante : « parce qu'il est complexe et certains clients ne prêtent pas attention à toutes les clauses, ce qui engendre parfois des litiges ».
- Lecture défiante : « on gagne toujours nos procédures ».

Voir corrigé page 205

Outil 40 Rédiger un mail délicat

> “
> *Nous tenons les uns aux autres par la parole.*
> M. de Montaigne

En quelques mots

Grief justifié ou exagéré, malentendu sans conséquence, biais de compréhension, mauvaise foi, posture défensive ou simple décision nécessaire, **mille motifs expliquent un mail agressif ou déplaisant.** Comme le mail transforme une flammèche en incendie, il est déconseillé de répondre à chaud. Avant de bondir sur votre clavier, faites un diagnostic honnête et juste, parlez-en d'abord avec votre interlocuteur, reconnaissez vos torts quand ils existent et proposez une idée pour la suite. Cela vous épargnera du temps perdu dans un jeu de ping-pong stérile qui agace au lieu de construire.

ALERTE À L'INCENDIE

POURQUOI L'UTILISER ?

- Répondre à un mail délicat sans faire monter le ton.
- Dire sans blesser ni exagérer.
- Purger le problème et ouvrir sur la suite.

COMMENT L'UTILISER ?

Étapes

1. Étudions un exemple.

« Comment annoncer une décision désagréable dont vous êtes le responsable ? »

– **Tom** : *J'avais assuré à mon client, Julie, qu'on aurait terminé le chantier avant l'emménagement des salariés dans les locaux mais on a besoin d'environ une semaine de plus.*

– **Objectif de Communication (OC)**: Trouver un arrangement pour limiter les inconvénients pour les salariés et maintenir la relation.

– **Structure :** *à la Columbo* car la relation est bonne et le client se doute que tout n'est pas fini.

Bonjour Julie,

Annoncer : *J'ai à vous annoncer une nouvelle contrariante : j'avais prévu de terminer à la fin du mois, mais cela n'est pas réaliste. J'ai besoin de dix jours de plus.*

Explorer, expliquer : *Nous avons pris du retard lors de ces huit derniers mois. Nous voici à la fin du chantier et la connectique des salles de réunion reste à installer. J'en suis désolé mais je ne vois pas d'autre solution.*

Coopérer, passer à autre chose : *Je voudrais limiter les inconvénients pour vos équipes. Pourrions-nous échelonner ensemble les travaux en fonction de vos besoins réels ?*

2. Comment préparer un mail délicat ?

Analysez la situation de communication.

- Évaluer les dommages réels. Adoptez le point de vue de l'autre.
- Formulez l'OC : se dédire, restreindre, rassurer, dire non, prendre sa part sans tout endosser, etc.
- Décidez de la structure *à la Hitchcock* ou *à la Columbo* en fonction de votre relation avec le destinataire.

Voir Outils 1, 2, 5, 7, 26, 39 et 51 et dossier 2

3. Comment rédiger un mail délicat ?

Rédigez un projet de mail dont voici la structure.

a. En cas de réponse, reformulez la demande avec vos propres mots.
b. Énoncez l'idée principale *(Présent)*.
c. Explorez les causes du grief, puis expliquez-les, donnez votre point de vue et votre part de responsabilité *(Passé)*.
d. Coopérez, ouvrez le débat, passez à autre chose *(Futur)*.
e. En fonction de la situation, proposez une réparation proportionnée aux dommages réels.

Méthodologie et conseils

- Rappelez les faits, soyez précis et honnête.
- Pour réussir à dépasser un différent, chacun doit endosser sa part de responsabilité.
- Reconnaître qu'on a rendu un travail imparfait ou commis une bourde n'est pas mortel. Présenter ses excuses non plus.
- Pour discuter de façon constructive, trouvez d'abord un terrain d'entente, puis énoncez les points d'accord et de désaccord.
- Avant d'envoyer votre mail, adressez-le à vous-même et relisez-le à froid pour le densifier et le dépassionner.
- Si la situation est bloquée, rencontrez les protagonistes en présence d'une tierce personne.
- Pour répondre à des félicitations, il suffit de faire preuve de sincérité et de partager la joie d'être encouragé.

Suite outil 40 →

Avant de vous lancer

✓ **Pour dénouer un sujet délicat, commencez par dialoguer et écouter.**

✓ **N'entrez pas dans des boucles conflictuelles par mail. C'est chronophage et aggravant.**

Suite outil **40**

Rédiger un mail délicat

Exemples

Cas 1 : Savoir dire non

Comment dire non quand c'est une nécessité, sans braquer l'autre ?

- **Point de vue (POV) de Sam** : *Je voudrais des congés dans trois semaines.*
- **POV de Phil** : *J'aimerais mais je ne peux pas satisfaire ta demande, car j'ai besoin de toi pour répondre aux clients d'Amérique latine.*
- **Objectif de Communication :** Faire accepter la décision. Par souci d'équité et de cohésion d'équipe, s'organiser pour établir un roulement.

Bonjour Sam,

Accuser réception : *J'ai bien reçu ta demande de congé pour les trois dernières semaines de juin.*

Répondre - Annoncer : *J'aurais aimé satisfaire ta demande mais j'ai besoin que tu assures la continuité de service avec les clients d'Amérique latine.*

Explorer, expliquer : *Comme tu le sais, seuls Marianne et toi parlez portugais et espagnol, et elle a posé ses dates il y a deux mois.*

Coopérer, passer à autre chose : *Pour que cela ne se reproduise pas, voyons tous les trois quel roulement mettre en place.*

Cas 2 : Torts partagés, prendre sa part sans tout endosser

Comment prendre sa part sans tout endosser, dans un cas de mécontentement justifié mais exagéré ?

- **POV de Guilaine** : *Je suis furieuse. Leur pres' sur l'avancement du projet était vraiment nulle et la DG est fumasse. Leurs consultants coûtent un bras à la boîte. La prochaine présentation a vraiment intérêt à être à la hauteur sinon on les sort.*
- **POV d'Henri** : *C'est vrai qu'on a été confus sur les sujets D et E mais on a été clairs sur les sujets ABC.*
- **Objectif de Communication :** Comment être meilleur la prochaine fois ? Quels gages apporter ?

Madame,

Accuser réception : *Vous nous avez fait part de votre mécontentement au sujet de notre prestation de vendredi matin. De plus, vous m'apprenez que Mme Grabuge était mécontente.*

Expliquer, endosser sa part : *Comme vous, je pense que nous aurions pu mieux faire sur les sujets D et E. Nous avions pourtant beaucoup préparé cette présentation, mais le résultat n'était pas à la hauteur sur ces deux sujets. En revanche, j'estime que nous avons été tout à fait professionnels sur les sujets A, B et C, qui sont complexes.*

Coopérer : *Nous souhaitons prendre en compte votre alerte. Je vous propose que nous répétions ensemble la prochaine présentation, la veille du comité de pilotage. Qu'en pensez-vous ?*

Cas 3 : Mauvaise foi ou mémoire courte

Comment faire dégonfler le soufflé en objectivant la situation ?

- **POV de Lucas** : *Je suis furieux que les services généraux nous aient collés dans une petite salle alors qu'on était douze. On était trop à l'étroit pour se déplacer librement : le client n'était pas content et je le comprends ! Un Groupe comme le nôtre, c'est inadmissible.*
- **POV de Sandra** : *Il y a un mois, Lucas a réservé une salle pour six. Comme nous n'avons pas reçu d'autre commande, le nombre de participants a dû augmenter entre-temps et il a oublié de changer sa réservation.*
- **Objectif de Communication :** rafraîchir la mémoire sans faire perdre la face.

Bonjour Lucas,

Accuser réception : *Vous vous êtes plaint d'avoir animé dans une salle trop petite lundi. En effet, la salle Brest n'est pas dimensionnée pour travailler à plus de huit.*

Explorer, expliquer : *Je ne m'explique pas votre déception car vous avez obtenu la salle que vous souhaitiez au moment de votre réservation, enregistrée le 22 mars par Chrystèle. Aviez-vous demandé une autre réservation, je n'en vois pas trace ?*

Coopérer, passer à autre chose : *Si une situation similaire se reproduisait, appelez-nous. Il arrive parfois qu'une salle se libère de manière impromptue.*

Cas 4 : En fait, « c'est la faute de personne »

Comment dénouer la situation quand chaque interlocuteur pense avoir bien fait et qu'on découvre *a posteriori* que c'est un intermédiaire qui a loupé une étape ?

- **POV de Charlie** : *Je suis furieux, l'usine n'a pas reçu la commande CLOCK à temps, alors que j'avais insisté auprès du commercial pour recevoir les lots mardi matin au plus tard.*
- **POV de Christelle** : *J'avais précisé qu'il fallait commander avant vendredi 12 h. Or, le bon de commande est arrivé samedi à 10 h.*
  Après enquête, le service Achat de Charlie ne lui avait pas transmis cette information cruciale.
- **Objectif de communication :** Dénouer la contrariété et éviter que le raté ne se reproduise.

Bonjour Charlie,

Accuser réception : *Vous attendiez la commande CLOCK mardi et vous ne l'avez pas reçue que mercredi.*

Explorer, expliquer : *Après enquête, mes services m'apprennent qu'ils ont reçu le bon de commande samedi matin. Or, je vous avais précisé qu'avec la durée du transport, nous en avions besoin vendredi avant midi si vous souhaitiez être livré mardi.*

Coopérer, passer à autre chose : *J'espère néanmoins que ce décalage n'aura pas trop de conséquences pour vous. Dites-moi comment nous pouvons nous organiser pour éviter ce « couac » lors d'une prochaine commande.*

Outil

41

À question bien posée, accueil mieux disposé

> “ *Z'avez pas vu Mirza ?*
>
> N. Ferrer

En quelques mots

« T'as lu mon doc ? » Notre interlocuteur se froisserait s'il lisait cette question au ton sec, adouci dans une conversation où l'on s'entend. Pourquoi cette sensibilité exacerbée ? **Toute question directe, ouverte ou fermée, appelle, voire exige, une réponse** – c'est d'ailleurs à cela qu'on la reconnaît. Dépouillé d'intonation, l'écrit amplifie cette revendication.

Aussi, la façon dont vous **formulez la question manifeste votre rapport à la personne interrogée**, en matière de proximité et de considération. Heureusement, un nuancier de questions directes et indirectes équipe notre langue et civilise nos dialogues écrits.

UN NUANCIER DE QUESTIONS DIRECTES ET INDIRECTES

? POURQUOI L'UTILISER ?

Objectifs

- Obtenir la réponse de l'interlocuteur :
– sans le froisser par manque d'égards ;
– sans le fatiguer par excès de précautions.
- Régler le ton d'une question.

Contexte

Royaume des conversations sans voix, les courriers instantanés multiplient les questions. Lapidaire à l'oral, une question requiert une forme soignée à l'écrit.

COMMENT L'UTILISER ?

Voici trois formulations d'une même demande :
– Directe : *Quand l'exposé a-**t-il** lieu **?***
– Directe et courtoise : ***Pourriez-vous, s'il vous plaît, m'indiquer*** *quand l'exposé aura lieu ?*
– Indirecte : *Je me demandais quand aurait lieu l'exposé.*

Étapes

1. La question directe par écrit, quand, comment ?
Dans une relation où la spontanéité est possible, adressez une question directe, mais soignez la formulation : permutez le sujet et le verbe, ou ajoutez le pronom personnel, puis terminez par *s'il te plaît* ou *je te remercie par avance*, et un point d'interrogation : ***Tu peux*** *m'expliquer l'exo ?* devient ***Peux-tu*** *m'expliquer l'exo, stp ?*

2. La question directe et courtoise, quand, comment ?
La courtoisie évite le piège de la familiarité. Elle invite, en douceur, le lecteur à répondre. C'est la modalité la plus courante dans la communication professionnelle : équipe, hiérarchie aval ou amont, client, prospect ou fournisseur. Ajoutez une formule de politesse et employez le conditionnel :
Pourriez-vous, s'il vous plaît*, m'indiquer quand… ?*

3. La question indirecte, quand, comment ?
- Certaines situations – *i.e.* négociation – méritent plus de tact, incompatible avec la spontanéité d'une question directe. Une question indirecte n'oblige pas l'autre à répondre :
Je me demandais *quand aurai**t** lieu l'exposé.*
- Pour la formuler, commencez par un verbe de questionnement suivi du contenu de la question, et terminez par un point :
Je me demande si, quand, de quelle façon…
Nous aimerions savoir/comprendre si…
Je vous prie de bien vouloir me dire si…
Je m'interroge sur les causes de…

4. Trait d'union ou apostrophe ?
Placé après le verbe, le pronom y est toujours relié par un trait d'union.
*Est-**ce** clair ? Peut-**il** venir ?* Sujets inversés.
*Dites-**le-lui**, allez-**y** !* Compléments (le, lui, y) d'un impératif.
– Placé avant le verbe, le **pronom** n'est **jamais relié.**
*S'**il te** plaît ?*
– Enfin, on insère un ***t*** euphonique – non grammatical – pour fluidifier la prononciation :
*A-**t**-elle dit cela ?*
*Y a-**t**-il du sel ?*
– À ne pas confondre avec le ***te*** élidé en ***t'*** à l'impératif devant ***en*** et ***y*** :
Va-t'en ! du verbe s'en aller. *Ne t'y penche pas.*

Méthodologie et conseils

- Pour régler le ton, adressez-vous à l'autre comme vous préféreriez qu'il s'adresse à vous.
- La forme indirecte ménage la prudence mais peut masquer le contenu.
- Évitez les questions négatives de type « Tu n'aurais pas un… ».

Suite outil 41 →

Avant de vous lancer…

✓ **Privilégiez les questions ouvertes, amorcées par *quand, qui, quoi, dans quel but, pourquoi, comment*, etc. – d'autant que certaines cultures disent toujours « oui » à une question fermée (oui/non).**

Voir Outils 7, 26, 42 et 51 et dossier 2

Suite outil 41

À question bien posée, accueil mieux disposé

À la redécouverte des amorceurs de questions ouvertes

Laissons de côté les amorceurs de questions ouvertes faciles à manier comme *qui, quoi, quand, combien, où,* et concentrons nos efforts sur nos quatre favoris : *pour quoi, pourquoi, en quoi* et *comment* et leurs synonymes.

- **Pour quoi** ou **dans quel but** appellera une réponse présentant l'objectif, le but, la cible, dans l'avenir.
Dans quel but voulez-vous changer la disposition ?
- **Pourquoi** appellera une réponse expliquant les causes, les raisons, les motivations issues du présent ou du passé.
Pourquoi ont-ils démissionné ?
- **En quoi** appellera un développement pour étayer un point de vue avec des faits et des exemples.
En quoi est-ce une difficulté pour votre service ?
- **Comment** appellera une réponse décrivant la manière, le procédé, le moyen, la façon, la continuité.
Comment les équipes ont-elles organisé le déménagement ?

Transformer une question fermée en question ouverte

Une question fermée conduit à répondre ***oui*** ou ***non***.

- Directe fermée : *Penses-tu terminer le travail à temps ?*
- Directe ouverte : *Selon toi, à quelle heure auras-tu terminé ?*
- Indirecte fermée : *Je me demandais si tu avais relu le bilan.*
- Indirecte ouverte : *Je voudrais/j'aimerais savoir quand tu auras relu le bilan.*

Moduler le ton d'une question

En fonction du média et de la relation tissée avec votre interlocuteur, vous poserez une question plus ou moins directe.

Exemples avec des questions fermées :

1. Familier : *T'es prêt oui ou non ?*
2. Directe : *Es-tu prêt ?*
3. Écrite directe et courtoise : *Pourrais-tu me dire quand tu seras prêt ?*
4. Familier : *Tu viens à la réu' ?*

Même question à lire, avec une distance croissante :

1. Familier : *Tu viens à la réunion ?*
2. Directe : *Viens-tu à la réunion ?*
3. Directe courtoise : *Penses-tu venir à la réunion ? Pourrais-tu me dire si tu viens à la réunion ?*
4. Indirecte *: Je me demandais/je voudrais/j'aimerais savoir si tu viendras à la réunion.*

Exemples avec des questions ouvertes :

1. Familier : *La conférence, c'est quand ?*
2. Écrite directe *: Quand la conférence a-t-elle lieu ?*
3. Écrite directe et courtoise : *Pourriez-vous m'indiquer dans quelle salle la conférence a lieu ?*

Même question à l'écrit, avec une distance croissante :

1. Familier: *T'envoies quand le bilan ?*
2. Directe : *Quand nous envoies-tu le bilan ?*
3. Directe courtoise : *Pourrais-tu me dire quand tu nous envoies le bilan, stp ?*
4. Indirecte *: Je me demandais/je voudrais/j'aimerais savoir quel jour tu nous envoies le bilan.*

Reconnaître les tournures incorrectes

Exemple A : *Nous aimerions savoir <u>comment</u> les équipes <u>ont-~~elles~~</u> organisé...*

La phrase affirmative « nous aimerions savoir » induit une question indirecte qui n'a pas à porter l'inversion du sujet, spécifique des questions directes.

Exemple B : *Comment les équipes ont organisé le déménagement.*

Initiées par un « amorceur » de question – *qui, quel, quand, comment, pourquoi, dans quel but* – ces formes affirmatives sont tolérées à l'oral mais incorrectes à l'écrit.

S'il s'agit d'affirmer un propos, on écrira :
Voici la manière dont les équipes...
S'il s'agit de solliciter une réponse :
Comment les équipes ont-elles organisé... ?

Exemple C : Comment la réorganisation a-t-elle amélioré la vie des équipes ?

La tournure est maladroite : elle veut interroger un résultat, mais amorcée avec « Comment », elle interroge un procédé. **Préférable** : ***En quoi*** *la réorganisation... ?*

Exercice n°1 : Reliez la question directe avec la question indirecte

Directe				Indirecte
Dans combien de temps partez-vous ?	1 •		• A	Je voudrais comprendre en quoi la réorganisation a amélioré la vie des équipes.
Pourquoi t'opposes-tu à ce projet ?	2 •		• B	Cela me rendrait service de/J'aimerais savoir dans combien de temps vous pensez partir.
Qu'est-ce qui a bloqué la négociation ?	3 •		• C	J'ai besoin de savoir comment ils ont réussi à...
En quoi la réorganisation a-t-elle amélioré la vie des équipes ?	4 •		• D	Je cherche les raisons qui t'opposent à ce projet. *Ou* Je voudrais comprendre ce qui t'oppose...
Comment ont-ils réussi à convaincre la patronne ?	5 •		• E	Je ne m'explique pas ce qui a bloqué la négociation. Qu'en est-il ?
Pourquoi soutenez-vous ce projet ?	6 •		• F	Je me demande dans quel but vous soutenez ce projet.

Exercice n°2 : Associez la question fermée avec son équivalent en question ouverte

> **Reformez les binômes questions ouvertes et questions fermées.**

- Déterminez si la question est directe (D) ou indirecte (I).
- Déterminez si la question est ouverte (O) ou fermée (F).
- Puis, associez chaque question directe fermée (DF) avec sa formulation directe ouverte (DO) et associez chaque question indirecte fermée (IF) avec sa formulation indirecte ouverte (IO).

> **Modèle :**

- DF : *Êtes-vous prêts ?*
- DO : *Quand pensez-vous être prêts ?*
- IF : *Je voudrais savoir si vous êtes prêts.*
- IO : *Je me demandais à quelle heure vous pensez être prêts à partir.*

1. Obtiendrez-vous les estimations de coûts avant lundi ?
2. Dans combien de temps pensez-vous être prêts à partir ?
3. J'aimerais savoir si vous pensiez obtenir les estimations avant lundi.
4. Trouves-tu ce candidat intéressant ?
5. Je me demandais à quelle échéance vous pourrez obtenir les estimations.
6. Comment, pourquoi, quand ont-ils convaincu le client ?
7. Je me demandais ce que tu penses de ce candidat.
8. À quelle échéance pensez-vous obtenir les estimations ?
9. Es-tu prêt ? Êtes-vous prêts ?
10. Je me demandais s'ils avaient réussi à convaincre le client.
11. Que penses-tu de ce candidat ?
12. J'aimerais connaître les arguments employés pour convaincre le client.
13. Je me demandais si tu trouves ce candidat intéressant.
14. Ont-ils convaincu le client ?

Voir corrigé page 205

Outil 42 Gommer ses travers rédactionnels : PIPO

« *Écart de langage plus mortel que faux pas.*
Les 1 001 nuits, 177e nuit

En quelques mots

Si nos talents de rédacteur progressent par entraînement, notre vigilance de lecteur s'est, elle aussi, affûtée : quand je reçois le mail d'un correspondant habituel, j'en corrige spontanément les défauts rédactionnels : interlocuteur **impulsif** ? Je réorganise les idées. **Bavard** ? Je me concentre pour dégager l'essentiel. **Abrupt** ? Je reconstitue les douceurs manquantes. **Abstrait** ? J'essaie de traduire le propos en actions concrètes.

Le modèle PIPO – **provocateur, indécis, prédicateur, ordinateur** – caricature **quatre travers rédactionnels fréquents, parfois combinés**, pour améliorer le style de ces drôles d'écrits qui mêlent parole et corps de la lettre.

JOUER AVEC NOTRE PROFIL PIPO

POURQUOI L'UTILISER ?

- Améliorer son style spontané pour être mieux compris.
- Faciliter la coopération du lecteur.

COMMENT L'UTILISER ?

Étapes

1. Reconnaissez le style Provocateur

Plutôt centré sur l'avis du rédacteur, le propos se déroule au gré de l'élan et de l'humeur du moment.

- L'effet positif sur le lecteur : entraînant, dynamique, créatif, visionnaire.
- Le risque pour le lecteur : impression de désordre et d'irrationalité, tourbillon difficile à canaliser et à rappeler à la réalité et à la précision.

2. Reconnaissez le style Indécis

Le propos consacre autant de soin à la relation qu'à l'objet du message, même en cas d'urgence.

- L'effet positif sur le lecteur : agréable, discussion possible, ouverture d'esprit, empathie, écoute.
- Le risque pour le lecteur : l'objectif du message disparaît dans les précautions. En cas de conflit, de négociation ou d'urgence, ce texte prévenant peut engendrer méfiance ou impatience par un propos perçu inauthentique ou fuyant.

3. Reconnaissez le style Prédicateur

Le texte au ton neutre décrit tout au niveau le plus détaillé. La prudence analytique est le maître mot. L'auteur a des réticences à donner son point de vue.

- L'effet positif sur le lecteur : travail précis et fiable, étude approfondie aux données vérifiées et croisées. Rassurant pour un audit analytique, un mode d'emploi, une procédure méticuleuse, un travail scientifique.
- Le risque pour le lecteur : les longues explications détaillées, superflues pour l'enjeu risquent d'assommer le lecteur.

4. Reconnaissez le style Ordinateur

Le propos est direct, voire sec, aux phrases laconiques. Il traite directement du contenu, précédé d'un salut et clos par une signature électronique. Concentré sur la tâche plus que sur la relation, seule l'efficacité opérationnelle mérite une dépense de temps.

- L'effet positif sur le lecteur : efficace au plus haut degré, notamment en cas d'urgence. Propos nets pour décider. Pas de bavardage, on avance, c'est tout.
- Le risque pour le lecteur : il peut se sentir rudoyé par des instructions abruptes, disposition contraire à l'écoute et la coopération.

Méthodologie et conseils

- **Pour le profil Provocateur :** réorganisez vos idées en deux ou trois points, présentés pour que le lecteur comprenne directement ce que vous attendez de lui. Selon les circonstances, offrez au destinataire la possibilité de donner son avis. Outils prioritaires : « DDDD », « Planter le plan ».
- **Pour le profil Indécis :** explicitez rapidement l'objectif et le résultat attendu. Écourtez les présentations et limitez les points d'attention relationnels ou personnels. Outils prioritaires : « Objectif de Communication », « Aller droit au but », « S'organiser en *time boxing* », « *Hitchcock* ou *Columbo* ».
- **Pour le profil Prédicateur :** ajoutez des titres et des intertitres qui résument. Donnez votre point de vue, ne restez pas dans la description neutre. Dès que possible, commencez par la conclusion. Déplacez les détails en annexe ou en PJ. Outils prioritaires : « Toujours résumer », « Objectif de Communication », « Angler le texte », « *Hitchcock* ou *Columbo* ».
- **Pour le profil Ordinateur :** utilisez les codes conversationnels de courtoisie, rappelez le contexte et intéressez-vous quelques secondes à votre interlocuteur, surtout dans le cadre d'une relation hiérarchique descendante : il répondra plus vite à vos questions. Outils prioritaires : « Soigner l'objet du mail », « Bien clore le mail », « DDDD », « Objection PISE », « Vulgariser ».

Avant de vous lancer...

✓ **Répondez au quizz page 206.**

Outil 43

Choisir le bon canal

Fiche rédigée par Laure Pedrono

> « L'homme est un animal social. »
> Aristote

En quelques mots

Plus de 1,4 milliard de mails s'échangent quotidiennement dans le monde. Ce moyen privilégié de communication convertit nos dialogues en échanges silencieux et transforme nos boîtes mail en grands bazars d'informations non hiérarchisées. Pour contrer cette prolifération, **sélectionnons un canal adapté**, non pas à notre confort d'accès, mais **à la relation avec le destinataire et aux degrés d'importance**, d'urgence et de confidentialité du message. Pléthores de solutions existent : téléphone, messagerie instantanée, texto, groupes en ligne, visioconférence et même la rencontre de visu !

TOUT DÉPEND DE LA RELATION ET DU CONTENU

POURQUOI L'UTILISER ?

Objectifs

- Choisir le bon canal.
- Améliorer la qualité des échanges.
- Réduire le temps consacré aux mails.
- Répondre à temps aux requêtes urgentes, avec discrétion aux messages confidentiels, avec réflexion aux sujets importants.

Contexte

Le mail présente de nombreux avantages – réception immédiate, dossiers faciles à conserver, destinataires multiples... Mais, noyé sous le nombre, le destinataire ne les lit plus : il n'est pas rare de doubler un mail d'un appel téléphonique « *T'as vu, je t'ai envoyé un mail !* » pour obtenir la réponse.

COMMENT L'UTILISER ?

Étapes

1. Que voulez-vous obtenir de vos destinataires et quand ?

Quel est le degré de confidentialité, d'importance, d'urgence ? Quel est l'objectif : transmettre une information, obtenir une réponse précise, discuter d'un sujet, contribuer à un travail collectif, désamorcer un conflit naissant ?

2. À qui vous adressez-vous ?

Quel degré d'intérêt ? Concerné, consulté ou informé ? De familiarité ? De confiance ? Combien de personnes ?

3. Quel canal choisir ?

- **L'échange de visu** **permet tous les dialogues** : élaborer, **clarifier**, argumenter, **expliquer** un cas complexe, deviner la position sur un sujet **confidentiel**, déceler l'indicible, **dénouer** des situations délicates. Simple, ce choix exige du **temps, de la proximité** et parfois du **courage relationnel**.
- **L'échange téléphonique** **économise un déplacement pour des sujets simples, courts, urgents ou confidentiels**. Substitut à l'entretien, il prend du temps et engendre aussi des effets annexes au strict contenu : spontanéité et contact vivant par la voix.
- **La conférence téléphonique**, imposée par la distance, **convient au sujet à faible enjeu et non confidentiel.** Pour s'entendre, limitez à trois sites de sous-réunion. Privilégiez la visioconférence si la qualité de la transmission le permet.
- **Le groupe en ligne**, de type *Yammer* ou *Teams*, permet à plusieurs personnes dispersées de partager un bureau virtuel. Utile, il évite les avalanches de mails multidestinataires.
- **Le mail**, courrier **lu à l'écran** et dont l'envoi paraît gratuit, établit une conversation épistolaire simple et non confidentielle. Attachez un document quand le texte dépasse 200 mots.
- **La messagerie instantanée** convient à une demande ponctuelle, précise et urgente, avec question fermée : *as-tu relancé M. Tac ?, Pourrais-tu fermer le fichier source, stp ?*
- En particulier, le texto suppose une proximité avec le destinataire. À réserver pour un message **pragmatique**, **urgent**, **éphémère** et **informel** : *Déjeuner au Genevois à 12 h 45 ?*

Méthodologie et conseils

- Relisez le texte, parfois confus à cause de l'affichage prédictif.
- N'oubliez pas les règles de courtoisie, quel que soit le canal.
- Les messages instantanés interrompent le travail de vos collègues. Pensez-y !

Avant de vous lancer...

- ✓ **Quoique tentants, mails, messages instantanés ou SMS aggravent une situation conflictuelle.**
- ✓ **Consultez la matrice d'Eisenhower.**

Voir Outils 7, 13, 14 et 39

Outil 44

Du bon usage du mail

> *Les mails ne sont pas des lettres, ils ont leur propre langage, mais ils nient la réflexion et tuent l'imagination.*
>
> P. Calvetti

En quelques mots

Si vous êtes né avant 1980, vous avez vécu l'apparition magique du **mail**. Du jour au lendemain, envolées les heures à la photocopieuse et les trajets nocturnes à la poste centrale. Effacé le délai de transport d'un dossier à l'étranger. Qu'avons-nous fait de ce temps libéré ? Après quelques décennies, les mails saturent nos boîtes et les destinataires. **Comment recentrer cet outil si efficace sur sa fonction première ?** Comment ne plus écrire pour ne rien dire ? Comment réduire le nombre de mails ? Comment exploiter utilement ce facteur apparemment gratuit, pourtant luxueux d'un point de vue écologique ?

PRIVILÉGIER LE DIALOGUE

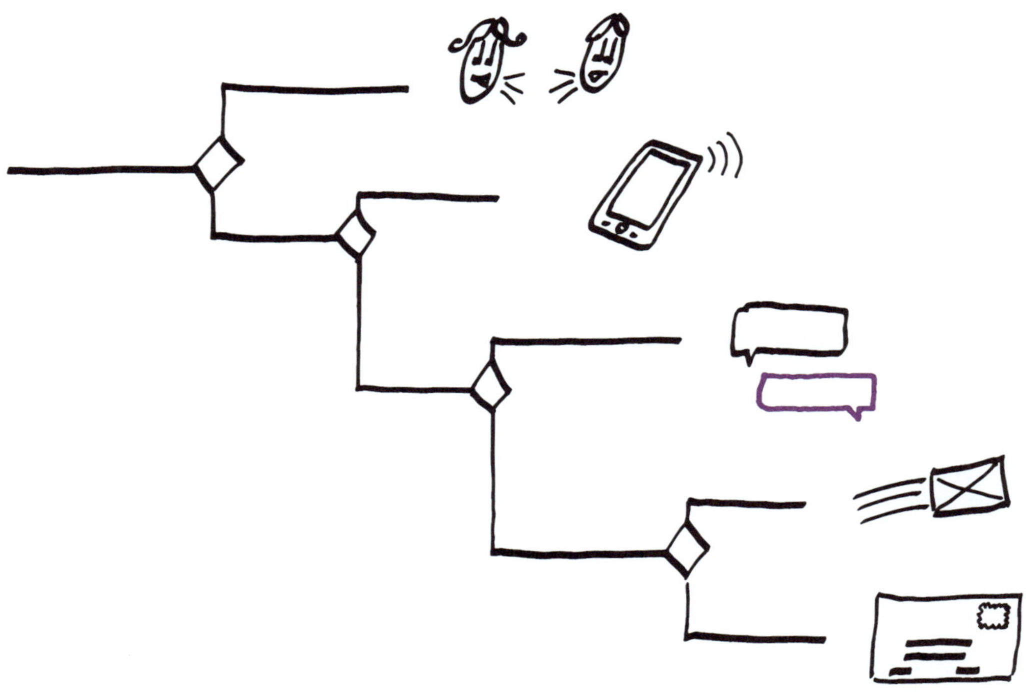

POURQUOI L'UTILISER ?

- Se réapproprier le mail.
- Améliorer son usage : écrire moins et mieux.

COMMENT L'UTILISER ?

Étapes

1. Quelles sont les spécificités du mail ?

- Facteur et message, le mail laisse une trace écrite du contenu et des conditions d'envoi.
- Employé à bon escient, il fait gagner du temps puisqu'il économise le temps d'acheminement.
- Facile à transférer, le mail n'est pas confidentiel.
- Gratuit à première vue, il coûte cher à l'environnement.
- Du point de vue du destinataire, le mail est plus intrusif que le courrier postal : l'enveloppe avec le nom et l'adresse fait un sas qui permet de choisir le moment de lire.
- Personne n'aime dépiler le courrier, encore moins les mails.

2. Pourquoi écourter les mails ?

Pour une chronique quotidienne reçue par mail, l'abonné consacre 3 à 5 minutes de lecture libre à ce texte qu'il a choisi de recevoir. Le journaliste, rompu à l'écrit, présente un contenu facile à lire. Pourtant, les articles dépassent rarement les 600 mots, répartis en plusieurs paragraphes.

Notre destinataire subit nos mails. Il doit lire son courrier mais n'en a pas envie. Combien de temps concédera-t-il à ces lectures subies ?

Au mieux, 1 minute, soit 180 mots – 3 mots par seconde. Ce texte d'environ 12 lignes de 15 mots s'affichera complètement à l'écran. Si le mail est trop long, attachez un document accompagné d'un court message écrit ou téléphoné. Bref, allez droit au but et résumez encore.

3. Comment s'organiser pour dépiler le courrier ?

En général, lire des mails requiert peu de concentration : dépilez vos mails par séquences dédiées, quand votre énergie baisse. Triez-les grâce à la matrice d'Eisenhower : urgent – important.

- Urgent ? Sortez le gâteau du four avant qu'il ne brûle, c'est urgent mais pas important.
- Important ? Améliorez le dialogue social aura des conséquences à long terme, important mais pas urgent. Séparez les mails traités en une minute des autres.

4. Quand choisir un autre canal ?

Le mail permet d'envoyer des informations précises à tracer dans le corps du mail ou en PJ. Ce média remplace une lettre, destinée à un ou plusieurs destinataires, la confidentialité en moins. Pour limiter le nombre de mails, une question : paieriez-vous un timbre pour ce mail ? Si la réponse est non, préférez un autre mode de communication, inspirez-vous de l'Outil 43 « Choisir le bon canal ».

Méthodologie et conseils

- Le mail est une lettre dont on lirait d'abord le nom de l'émetteur, l'objet et l'aperçu. Soignez ces derniers car ils en conditionnent l'ouverture.
- Personnalisez et contextualisez vos mails.
- Adressez-vous le mail pour le relire avant envoi.
- En cas d'absence, indiquez la personne qui vous remplace.
- Évitez d'envoyer des mails nocturnes qui pressent l'autre de travailler la nuit. Utilisez le *draft* ou l'envoi différé.
- Pour reposer votre esprit, déconnectez-vous de temps en temps et déprogrammez les *push* de vos écrans.

Suite outil 44 →

Voir Outils 5, 14, 15, 26, 42 et 43

Avant de vous lancer...

- ✓ **Pour simplifier le dialogue, préférez toujours un échange direct avec un autre canal : RDV, téléphone, texto, *chat*, espace partagé...**
- ✓ **Le mail n'est pas un *chat*. Adoptez les écogestes !**

Du bon usage du mail

Interview

Spécialisé dans la transition énergétique des grandes entreprises, Arthur Arrighi de Casanova dirige des missions de conseil dans la branche Énergie d'un cabinet international.

Vous travaillez dans un groupe international du numérique. Avec quelques collègues, vous animez des sessions de *Digital Cleaning* destinées aux salariés. Comment l'idée vous est-elle venue ?

Notre initiative trouve sa genèse dans la prise de conscience généralisée des problèmes liés aux émissions de CO_2. Les grandes entreprises ont un devoir d'exemplarité auprès de leurs clients et de leurs employés. Soutenu par une Commission environnementale interne, notre cabinet cherche à réduire l'impact environnemental sur toute son activité : les transports associés aux missions, la consommation d'énergie pour nos locaux et nos outils, et enfin le numérique - mails, dossiers partagés et stockage. L'atelier de nettoyage numérique met en œuvre cette volonté.

Comment calculez-vous l'empreinte d'un mail ?

Nous nous appuyons sur les études d'analyse de cycle de vie de l'Agence de l'environnement et de la maîtrise de l'énergie (ADEME) qui fournissent les bilans carbone de tous types de produits et services : baguette de pain, voiture, portable, etc. On trouve donc des références scientifiques fiables : un mail de 1 mégaoctet (Mo) émettrait 15 grammes de CO_2 par destinataire, et un fichier, mail, ou calendrier de 1 Mo stocké sur un serveur, émettrait 10 grammes de CO_2 par an. C'est impossible de mesurer exactement les émissions induites par une entreprise, mais cela donne une indication sur les volumes en jeu.

Quels sont les objectifs des *Digital Cleaning Day* ?

Les ateliers visent deux objectifs : l'un de sensibilisation, l'autre d'action.
D'abord, nous faisons prendre conscience des conséquences du numérique sur les émissions de CO_2. Puis, nous réduisons les volumes de data stockés et donc évitons des émissions à venir, en séance.

En quoi la sensibilisation est-elle importante ?

Les émissions issues du numérique sont méconnues. Elles proviennent pour les deux tiers de la production du matériel, terminaux, etc., et pour un tiers de l'utilisation et du stockage des data. Nos ateliers ciblent ce dernier tiers.
En effet, nos boîtes mails et dossiers partagés prolifèrent de façon illimitée. Rien n'est fait pour

réduire les volumes, c'est même l'inverse. Dans les dossiers partagés, par exemple, des versions automatiques des fichiers sont enregistrées sans que ce soit visible, et parfois jusqu'à plusieurs milliers de versions pour un même fichier. On peut supprimer ces sauvegardes intermédiaires (ex : 500 versions de 20 Mo chacun pèsent 10 Go), mais le chemin de clics et le paramétrage du seul rôle habilité à le faire sont infranchissables au non-averti.
Les versions s'accumulent et restent sur les serveurs.

Comment une session se déroule-t-elle ?

C'est un travail collectif de 2 h, animé par nos spécialistes engagés sur l'impact CO_2 de l'entreprise : l'atelier peut rassembler une centaine de salariés – présents ou en ligne – pour nettoyer leur ordinateur et les espaces de stockage.
La première partie est consacrée à la sensibilisation. Nous leur apportons des repères chiffrés : l'activité numérique représente plus de 3 % de la consommation d'électricité globale et cette part augmente exponentiellement.
Puis, vient la mise en pratique : au démarrage et à l'issue du nettoyage, chacun inscrit son total d'octets dans notre outil maison. Celui-ci calcule la quantité de CO_2 épargnée et sa correspondance en trajets – voiture, avion ou train.

Comment les participants réagissent-ils ?

En attendant de systématiser les sessions dans des formations obligatoires, elles sont ouvertes aux volontaires. Pendant les 2 h, les participants, déjà motivés, traversent trois états : au départ, incrédules ou surpris par les chiffres vertigineux du CO_2 autour du numérique, puis troublés voire agacés par les dégâts ignorés, et enfin satisfaits d'avoir allégé leur empreinte par la suppression de mails et de dossiers, comme les versions intermédiaires enregistrées à leur insu.

Quelques entreprises ont supprimé les mails internes. Qu'en pensez-vous ?

Ces initiatives visent davantage l'efficacité et le bien-être au travail que la réduction de l'empreinte CO_2. Les consultants reçoivent des centaines de mails par jour, chronophages et décourageants.
Pour l'environnement, les alternatives telles que le dossier partagé et les messageries instantanées coûtent aussi cher que les mails, tandis que le téléphone ou les SMS émettent 100 à 1 000 fois moins de CO_2.

Quels écogestes conseilleriez-vous aux utilisateurs du numérique ?

Quand on prend conscience de l'empreinte CO_2, on modifie son mode d'utilisation. Voici quelques conseils.
Au jour le jour :
- Limitez le nombre de destinataires au strict indispensable.
- Dans un mail collectif, ne répondez qu'à l'émetteur.
- Limitez les PJ, envoyez un lien : les systèmes de type *wetransfer, Framadrop* ne stockent pas les données, contrairement à *Dropbox, Framadrive, Onedrive*, etc.
- En réponse d'un mail qui portait une PJ, détachez-la.
- Accédez aux sites en tapant leur nom plutôt que de lancer une recherche.
- Videz la boîte indésirable et la corbeille, ou automatisez l'opération pour les mails de plus de 30 jours.
- Ne propagez plus les chaînes, préférez les liens.

Chaque trimestre :
- Supprimez les versions intermédiaires.
- Supprimez les versions inutiles du disque dur, idem dans les dossiers partagés, aux versions souvent cachées.
- Supprimez les mails les plus lourds et les plus anciens, aidez-vous des tris par date et taille des fichiers.
- Videz la corbeille locale et celle de votre fournisseur d'accès.
- Stockez sur un disque externe ce que vous ne regardez jamais.
- Désabonnez-vous des newsletters que vous ne lisez pas grâce au lien RGPD.

Le nettoyage numérique est un nouvel apprentissage, aux chemins de clics peu intuitifs et fastidieux, presque impossible à réaliser seul. Les moments de nettoyage collectif motivent par leur résultat : en 2 h à 80 consultants et 5 animateurs, nous supprimons jusqu'à 400 Giga, une économie d'environ 10 tonnes de CO_2, soit 10 vols Paris-New York. Des résultats évocateurs aux effets incitatifs forts !

5

DOSSIER

INFORMER ET RENDRE COMPTE

“

L’esprit n’est pas comme un vase qu’il ne faille que remplir.

Plutarque

Dans le secteur tertiaire, nous devons souvent produire des documents dont l'Objectif de Communication se résume à transmettre des relevés de données ou de décisions, des procédures, des instructions. En pratique, il s'agit de proposer des textes exprimés avec objectivité, en vue d'archivage ou de travaux ultérieurs. Cette consigne, simple en apparence, contrarie notre penchant à donner un avis, tendance encouragée par les haut-parleurs de réseaux sociaux, médias accessibles à tous, à tout moment et en tous lieux, de façon illimitée.

Rappelons notre définition de cet Objectif de Communication « *informer net, sans créer de débat* ». Le propos incite le lecteur à comprendre ce qui est décrit et à enregistrer l'information sans se poser trop de questions.

On objectera avec justesse qu'un paragraphe ou un texte bien structuré répond nécessairement à une question préalable. Mais l'Objectif de Communication se place du point de vue de l'effet sur le destinataire : quelles réactions voulons-nous obtenir du lecteur ou de l'auditoire ? Qu'il s'approprie le propos, qu'il en comprenne la logique, qu'il ne mette pas en doute sa « fiabilité » ni son « honnêteté ». Si l'objectif est atteint, il enregistrera l'information dans son agenda et « se le tiendra pour dit ». Il n'aura pas besoin de compléments d'informations, ni l'envie de contester le message. Grâce au contenu précis et objectif, sans opinion ni intention, il sera convaincu de votre objectivité. Ainsi, pour réussir une communication destinée à une simple information, le rédacteur doit mettre ses opinions en retrait. Comment cela se traduit-il dans le texte ?

En vertu du principe de réciprocité, si vous ne souhaitez pas de débat, ne le créez pas. Restez factuel sans défendre de position. Enregistrez et transmettez une information que vous garantissez fiable et inoffensive.

Dites les faits en vous appuyant sur des données fiables et vérifiées. De façon quasi scientifique, exprimez des constats sans donner votre point de vue, ni explicite, ni implicite au détour d'un adverbe superflu. Grâce à la relecture, assurez-vous qu'il n'y a pas d'ambiguïté, ni de sous-entendus dans les expressions employées.

La distanciation objective n'est pas si aisée : elle suppose de la rigueur, de l'écoute et de la réserve, des qualités en voie de disparition.

Les outils

Outil 45

Le nœud papillon pour informer

"

Je n'enseigne pas, je raconte.

M. de Montaigne

En quelques mots

Écrire en simple messager n'est pas si spontané. Pour que vous puissiez informer sans négocier avec le destinataire du bien-fondé du message, **focalisez votre attention sur le ton « scientifique »** : un texte concis qui énonce des constats objectifs, aux données préalablement fiabilisées.

Pour cet Objectif de Communication au plus bas de l'échelle, le rédacteur adopte le point de vue du facteur. Nulle trace de son opinion ni de son émotion dans le message. Selon le principe de réciprocité, un propos où le rédacteur s'engage peu, engagera peu le lecteur. Et c'est ce que l'on cherche !

POUR INFORMER, LE MÉMO ET LA MISSIVE SE RESSEMBLENT

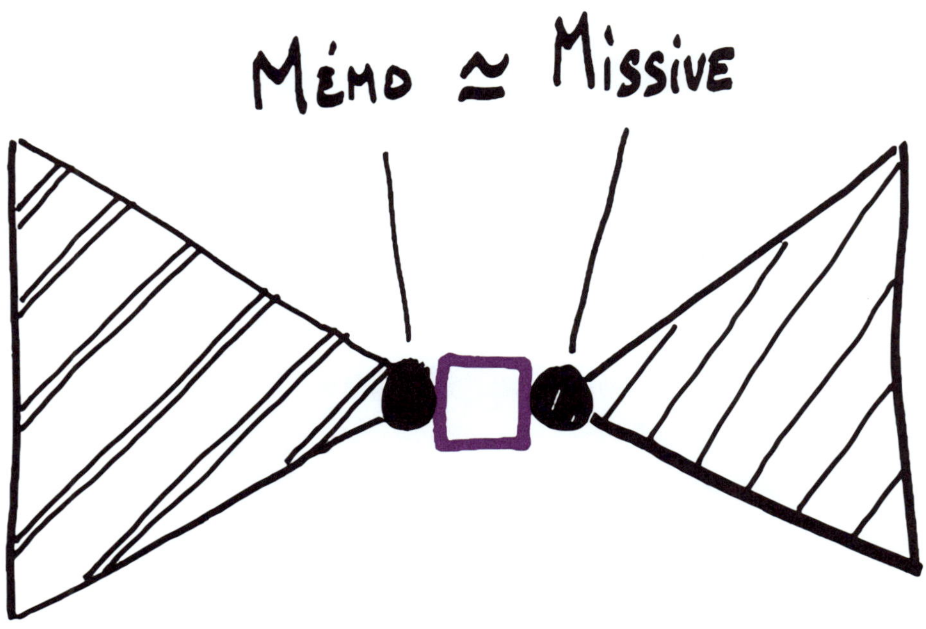

POURQUOI L'UTILISER ?

Objectifs

- Réussir un texte objectif.
- Informer sans engendrer de débats superflus.

Contexte

Vous rédigez un compte rendu, courrier administratif, rapport de stage, relevé de données qualitatives ou quantitatives.

COMMENT L'UTILISER ?

Étapes

1. Résumez votre dossier en mémo.
Comment résumer le dossier avec des données clés, en vue de le déléguer à votre successeur en quelques minutes ?
Mémo. *L'entreprise H propose trois canaux de transport : le naval, le rail, l'aérien, par ordre de rapidité.*

2. Étudiez la situation de communication.
Pour cet Objectif de Communication (OC), le but est que le lecteur prenne bonne note sans débattre. Pour un ton juste, étudiez le contexte du message et le profil de vos destinataires. Les outils DDDD, PIPO et PISE vous y aideront.

3. Formuler la missive sur un ton objectif.
Issu du mémo, le message clé incite le lecteur à engranger l'information sans solliciter son avis. Le ton « scientifique » énonce des constats.
Comment transporter vos marchandises ?
Mémo transformé en missive : *Voici, par ordre de rapidité, les trois canaux de transport que l'entreprise HL vous propose : le naval, le rail, l'aérien.*

4. Personnalisez davantage.
Si l'enjeu du propos le mérite, adaptez le message au profil PIPO du lecteur.
– Le provocateur apprécie un trait d'esprit.
FYI : L'escalier vous tend ses marches. Retour d'ascenseur le 1er juin 2020.
– **L'*indécis*** apprécie la volonté d'harmonie.
FYI : Pour nous protéger tous du virus, l'ascenseur sera inutilisable jusqu'au 31 mai 2020.
– **Le *prédicateur*** a besoin de nombreux détails indiscutables.
FYI : Par souci d'hygiène et de lutte contre le virus, l'ascenseur ne fonctionnera pas du 13 mars 2020 à 8 h au 31 mai 2020, 8 h.
– **L'*ordinateur*** préférera un contenu bref et opérationnel : faits, objectif, délai.
FYI : L'ascenseur sera remis en fonction le 1er juin 2020.

5. Choisissez votre plan.
Dans 95 % des cas, annoncez l'idée principale en tête dans une structure *à la Columbo*. Puis, développez-la avec les idées secondaires. Par égard pour le lecteur, classez-les par importance, urgence ou chronologie.

6. Retravaillez le ton.
Retravaillez pour un texte concis et objectif. Le lecteur doit entendre des constats, sans avis ni émotion.
Frôlant l'épuisement, l'ensemble du corps médical de Strasbourg se donne à fond depuis des semaines.
Le texte revu donnera :
À Strasbourg, tout le corps médical se mobilise jour et nuit depuis un mois.

Voir Outils 1, 2, 7, 8, 9, 26, 42 et 61

Méthodologie et conseils

- Pour cet OC, le mémo et la missive se ressemblent. Plus l'OC s'élève, plus l'écart se creuse.
- Veillez à un ton objectif, voire scientifique, des phrases concises de constats, des informations chiffrées. Excluez les messages d'opinions.
- Pour informer sans créer de débat, évitez les démonstrations et les analyses de causes.
- Avant de tirer des conclusions, croisez les données pour en vérifier la fiabilité, répertoriez les sources et les dates.

Avant de vous lancer…

✓ **Collectez des données objectives, vérifiables et vérifiées.**

✓ **Ne vous faites pas facteur de messages que vous estimez nuisibles ou malhonnêtes.**

Outil 46 Informer sans ennuyer

> “
> *La beauté ne s’apprécie que par contraste.*
> T. Gauthier

En quelques mots

Comment transmettre une information peu folichonne, telle une note de service, sans barber ni créer de débat ? Facile, il suffit de décrire ou transmettre les faits sans émettre d’avis. Mais alors, comment ne pas assommer le destinataire ? Voici une astuce pour le tenir éveillé : nous distinguons mieux les **caractères noirs** posés sur un **fond blanc** que brun ; de même, le lecteur **mémorisera** plus facilement **une information inscrite sur un contrechamp**. Pour rehausser **l’information principale**, ajoutez **un préambule** – une question, une comparaison, un paradoxe… L’effet de contraste tiendra le lecteur informé sans l’ennuyer.

CRÉER LE CONTRASTE

POURQUOI L'UTILISER ?

Objectifs

- Mettre en lumière une information factuelle, sans donner d'avis mais sans ennuyer.
- Aider le lecteur à tenir compte du message à la première lecture.

Contexte

Pour informer sans débat, rédigez des phrases de constats avec des données complètes et objectives.

COMMENT L'UTILISER ?

Chaque étape propose une astuce pour créer le contraste. Certaines peuvent être associées.

Étapes

Voici cinq astuces pour épicer votre texte sans donner votre avis : **insérez un contexte** sur lequel l'information principale **ressort**.

1. **Ouvrez le paragraphe par une question.**
Pour casser la monotonie, le rédacteur peut :
- amorcer les développements par une question ;
- y répondre en une phrase résumant l'idée principale avant de donner des exemples.

Comment se portent les ventes du produit A ? Réponse.

2. **Ajoutez un ancrage historique.**
Le repère daté met en perspective l'information.
***Cette année,** le produit A **atteint enfin/plafonne/stagne à** 12 % du CA.*
***Depuis 2017,** le produit A **domine** toujours le marché.*

3. **Ajoutez un ancrage sémantique.**
Employez des verbes avec un présupposé, comme :
- un essai préalable : *abandonner, renoncer à, réussir* ;
- une action préexistante : *continuer à, persister, atteindre* ;
- un relevé antérieur : *plafonner et stagner.*

4. **Amplifiez le fait par un préambule.**
***Dépassant** les ventes de B et C, le produit A domine…*
***En raison de** sa qualité, le produit A…*
***Grâce aux** investissements dans la qualité…*
***Sans que l'on** ne se l'explique encore, le produit A…*

5. **Montrez un paradoxe.** De nombreuses amorces ajoutent un contrechamp qui contraste avec l'idée principale.
***En dépit des** défauts de qualité/**Malgré** un contexte/**Alors que** ce produit/**À revers de** nos prévisions… le produit B n'a rien donné, **mais/néanmoins, pourtant/**le produit A, **lui**, a…*

6. **Adoptez un ton enjoué.**
Certes, le calendrier des RTT n'est pas folichon, mais justifie-t-il un ton sinistre ou administratif ?
Ci-joint le calendrier des RTT.
Un ton enjoué qui contraste avec le contenu sera plus agréable à lire.
À nos agendas : le nouveau calendrier des RTT est arrivé !

Méthodologie et conseils

- Choisissez un préambule qui fait référence à ce qui s'est passé, pour renforcer l'ancrage de l'information.
- Pour que votre lecteur prenne note sans discuter, rédigez un texte factuel, sans donner votre avis. Le constat objectif est le mieux adapté.
- Le ton du texte indique au lecteur ce que vous pensez de l'information transmise : nouvelle neutre, alarmante ou agréable.
- Attention à la langue de bois.

Voir Outils 4, 15, 19 et 20

Avant de vous lancer…

✓ **L'oral autorise un ton plus joueur que l'écrit : « Nous l'attendions : le Beaujolais nouveau est arrivé et le calendrier des RTT aussi ! »**

Outil 47 Tisser le rapport au fil du stage

> “
> *L’éducation n’est qu’un tissage de regards.*
> C. Singer

En quelques mots

Étape initiatique, **le rapport de stage** constitue souvent le premier écrit professionnel de celui qui entre dans la vie active. Cet exercice formel ne présente aucune difficulté intellectuelle, mais offre un réel défi d’organisation. Le stagiaire, débutant dans un environnement d’adultes expérimentés et peu disponibles, se sent submergé par les informations à mémoriser, comprendre, classer, résumer et illustrer. Le rapport de stage présente **les informations dans un autre ordre que celui de l’apprentissage** : adoptez la démarche en nœud papillon et organisez-vous pour tisser le document au fil de l’eau.

ANTICIPER POUR ÉVITER LA NOYADE

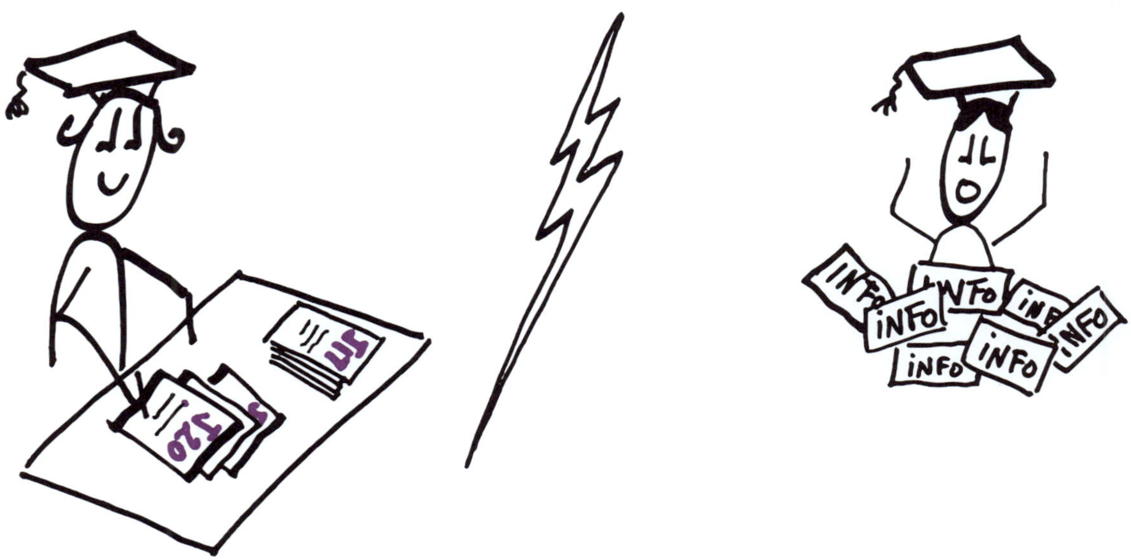

POURQUOI L'UTILISER ?

- Produire un rapport de stage de qualité.

COMMENT L'UTILISER ?

Étapes

1. Comment reconnaître un rapport de stage de qualité ?

- **La page d'accueil** pose le cadre : elle présente la désignation du département et de l'entreprise, le site et les dates du stage, le nom et le rôle de l'auteur, du tuteur de l'école et du tuteur en entreprise et le logo de l'entreprise.
- **Les remerciements** témoignent que vous avez conscience du temps que l'équipe vous a consacré pour vous former.
- **Le plan sous forme de questions-réponses** prouve que vous savez structurer et résumer un propos dynamique.
- **Le contenu** montre que vous avez compris l'environnement dans lequel vous travaillez : acteurs, rôles et enjeux, du secteur d'activité, du métier, de l'entreprise par rapport à ses concurrents et à ses clients. Il présente aussi vos acquis professionnels concrets. Le texte dense démontre que vous savez résumer les informations.
- **L'introduction** montre que vous savez présenter une situation et invite le lecteur en annonçant le plan.
- **La conclusion** résume votre point de vue sur l'activité et resitue les apports du stage par rapport à vos savoirs théoriques.
- **Les références, les chiffres clés et leurs sources** garantissent que vous appuyez vos affirmations sur des faits fiabilisés.
- **Les illustrations** attestent que vous savez utiliser le triptyque des logiciels courants en entreprise.
- **Le glossaire** indique que vous avez acquis le langage spécialisé du secteur et de l'entreprise.
- **La typographie homogène et l'orthographe correcte** confirment que vous savez écrire dans un français professionnel.

Voir Outils 10, 15, 17, 18, 26, 42, 46 et 48

2. Sauf plan imposé, optez pour un plan télescopique, du général au particulier.

- Le secteur et le métier dans lequel vous travaillez : histoire, concurrents, clients, enjeux, chiffres clés.
- La place et le rôle de votre entreprise et de votre service, les processus clés et les interactions avec les autres métiers.
- Votre retour d'expérience : vos rôles et responsabilités ? Qu'avez-vous appris sur les techniques opérationnelles et relationnelles ? Qu'avez-vous découvert sur vous-même ?

Attention, si vous commencez par un plan thématique, transformez-le en plan dynamique une fois le texte terminé. Les chapitres 1 et 2 restent factuels. La dernière partie vous donne la parole : le ton plus personnel mêle sincérité, diplomatie et nuance.

Méthodologie et conseils

- Anticipez l'étape de rédaction en préparant ce qui dépend peu du stage même : lisez les revues professionnelles, syndicats et chambres des métiers, site et plaquette de l'entreprise.
- Veillez à ne donner aucune information confidentielle sans l'accord explicite du responsable de département.
- Résistez aux copier-coller facilement repérables. Pourquoi plagier ce que vous pourriez dire avec vos mots ?
- Prévoyez du temps pour relire attentivement : le tuteur s'attache au confort de lecture et à la qualité de la page d'accueil (sommaire, introduction, conclusion, schémas, références, orthographe).

Avant de vous lancer...

✓ **Au début du stage, l'échéance paraît lointaine. Intégrez régulièrement vos notes dans le rapport. Produisez au fur et à mesure les schémas chronophages.**

Outil 48 Présenter une typologie GEME

> *Si je pense avant de classer ? Si je classe avant de penser ?*
>
> G. Pérec

En quelques mots

À l'exception du domaine scientifique, consolider des masses de données pour les exploiter ou, à l'inverse, décomposer un dispositif complexe pour le comprendre, conduit à classer sur des **critères subjectifs**. Ceux qui ont analysé les informations définissent les critères de répartition, pertinents à leurs yeux, parfois peu intuitifs pour les autres. Pour expliquer clairement nos arbres de structures, organigrammes et typologies, adoptons le réflexe **globalement exhaustif et mutuellement exclusif (GEME)**.

Ce test rapide sera précieux pour limiter les débats stériles sur l'emplacement de tel élément !

LE RÉFLEXE GEME FACILITE LA TRANSMISSION

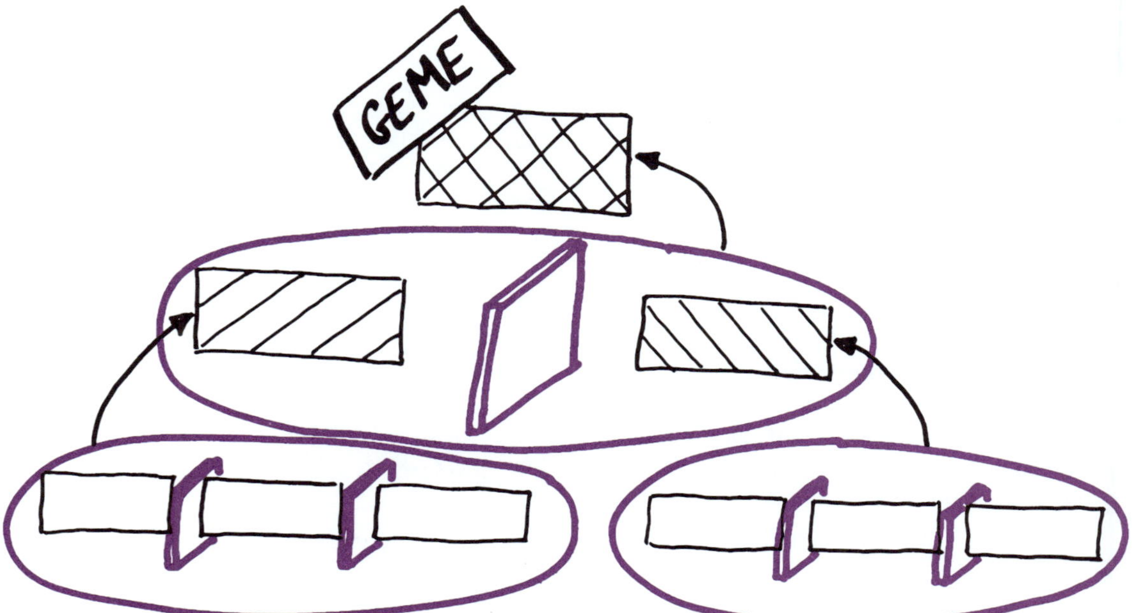

POURQUOI L'UTILISER ?

Objectifs

- Expliquer une typologie, un arbre de structure, un classement.
- Dégager plus facilement l'idée principale de chaque branche.
- Expliquer facilement les critères de distribution et des catégories.

Contexte

On présente souvent des typologies : les salariés d'une entreprise par compétences, les tâches d'un service par activité, les fonctions d'un logiciel par aspect technique, etc. Mais les clés de répartition ne sont pas scientifiquement prédéfinies.

COMMENT L'UTILISER ?

Étapes

1. Qu'est-ce qu'un classement de qualité ?
Un classement ou une répartition de qualité permet à toute personne de l'expliquer à quelqu'un d'autre, sans discuter de l'emplacement de tel ou tel élément.

- Tous les éléments sont-ils distribués dans la typologie ? Accueille-t-elle tous les cas ? Si oui, elle est **g**lobalement **e**xhaustive.
- Les critères de classement sont-ils faciles à expliquer ? Peut-on en donner une définition claire, sans qu'aucune catégorie ne se chevauche ? Si oui, les critères de classement sont **m**utuellement **e**xclusifs les uns des autres.

Si le classement est GEME [j'aime], il sera facile à transmettre, à comprendre, à résumer.

2. Comment choisir les critères de regroupement ?
Les critères dépendent de l'objectif du classement. Appliquons la méthode GEME sur un exemple de **regroupement**. Elle fonctionne aussi pour décomposer un objet complexe.

Exemple : Classons dix légumes dans au moins 3 catégories contenant chacune au moins 2 éléments : *choux, carottes, navets, laitue, épinards, oignons, ail, haricots blancs, lentilles et betteraves.*
Selon l'objectif de la répartition, les critères changent : le cuisinier pense menu, le cultivateur périodes de plantation, le botaniste famille scientifique, le diététicien santé, le peintre couleur, etc.

3. Qu'est-ce qu'un regroupement GEME ?
Dans notre exemple, le classement qui accueille les dix légumes sans chevauchement entre catégorie, sera GEME et facile à expliquer :

- botaniste : *bulbes, racines, graines, feuilles* ;
- mathématicien : *initiale du mot A à C, D à K, L à Z.*

En revanche, le classement imprécis *rouges, verts, blancs* sera discutable et discuté : Comment définir chaque catégorie ? Quelle catégorie accueille la lentille brune et le navet ? Etc.

4. Vérifiez que votre classement sera compris.
Prenez le temps d'expliciter l'objectif du classement, ce que chaque catégorie inclut et ce qu'elle exclut. Quand les frontières entre catégories sont floues ou qu'elles n'accueillent pas tous les éléments, changez de critères.

Méthodologie et conseils

- Bonne nouvelle : l'esprit humain a le réflexe de classer l'information pour la mémoriser.
- Mauvaise nouvelle : nous n'avons pas les mêmes critères de classement spontané. Explicitez le périmètre de chaque catégorie.
- S'il y a une rubrique « Divers », c'est que le classement est (un peu) bancal.

Voir Outis 6, 18 et 19

Avant de vous lancer...

✓ **Pour simplifier des dispositifs complexes, on classe parfois arbitrairement certains éléments. Expliquez votre choix pragmatique et justifiez-le en amont pour éviter des débats stériles sur l'emplacement des éléments.**

✓ **Votre classement n'est pas accepté ? Adoptez d'autres clés de répartition en respectant la règle GEME.**

Outil 49 Proposer un *reporting* utile

> « Ce qui compte ne peut pas toujours être compté, et tout ce qui peut être compté ne compte pas forcément.
>
> A. Einstein

En quelques mots

En deux clics, des graphiques, courbes et cartes colorées s'actualisent dans la magie d'un kaléidoscope. Mais trop de mesures brouillent la capacité du décideur à prendre du recul.

Pour que les relevés d'indicateurs jouent leur rôle d'aide à la décision, ceux qui les conçoivent doivent contrôler régulièrement la fiabilité des données et en résumer l'idée principale. Mais le plus difficile, c'est d'**adopter un état d'esprit économe** : séparer l'important de l'accessoire, négocier toutes demandes supplémentaires de tri, si facile à produire grâce aux prouesses techniques des logiciels actuels, mais qui souvent freinent la décision.

NE MONTRER QUE L'ESSENTIEL À LA DÉCISION

POURQUOI L'UTILISER ?

- Produire périodiquement des relevés d'évaluation quantitatifs ou qualitatifs synthétiques, fiables et (encore) utiles.
- Aider à orienter ses choix : continuer dans la même direction ou réorienter l'un des éléments mesurés ?

COMMENT L'UTILISER ?

Adaptez la démarche en nœud papillon à ce type de restitution.

Étapes

1. Consolidez les données chiffrées.

2. Rédigez l'idée principale.
Analysez les relevés intermédiaires puis résumez-les en une idée principale à retenir, par rapport au précédent relevé. Quelle est l'information irrégulière ou inattendue ? De quelle nature est-elle ? Comment l'expliquer ?
En dehors du premier trimestre, la structure des charges est calquée sur l'année précédente.

3. Mettez en forme l'idée principale.
Sur un tableau ou un graphique, guidez le regard du lecteur vers l'idée principale : couleur, gras, détourage, flèche...

4. Introduisez l'idée principale.
Pour aider le lecteur à saisir d'un coup d'œil, accompagnez le relevé d'un court texte qui place l'idée à retenir dans son contexte.
Comme prévu, l'année n présente la même structure de charges que n-1, avec une légère inflation globale. Seul le premier trimestre voit ses charges tripler par le remplacement de la chaudière dont l'explosion a été causée par Lagaffreux.

5. Comment présenter les données ?
Les possibilités pour présenter les données sur un relevé quantitatif ou qualitatif sont innombrables.

- **L'exemple SWOT** éclaire une question posée en distinguant, par thème, les forces et faiblesses observables et les risques et opportunités.
- **L'exemple ABCD** présente les **a**ctions réalisées, les **b**énéfices et **c**ontrariétés associés, et l'étape pour leur **d**énouement.

A. *La ligne de production fabrique le nouveau produit.*
B. *Toute l'équipe est formée.*
C. *Le taux de déchets reste trop élevé (23 %).*
D. *Tester un nouveau mélange avant 15 jours.*

- **La grille SCQA** (Outil 12) peut aussi servir de trame pour présenter l'idée principale.

Méthodologie et conseils

- Commanditaires, restreignez vos relevés aux compteurs indispensables, sous peine de noyer les opérationnels : ils passeraient plus de temps à les produire qu'à se mobiliser sur leur métier.
- La flexibilité ludique des logiciels ne justifie pas la demande exponentielle d'indicateurs.
- Si le relevé prend trop de temps à produire, manifestez-vous auprès du commanditaire pour qu'il se limite.
- Clarifiez les rubriques : explicitez l'intitulé des lignes et des colonnes, le périmètre couvert ou exclu, les chevauchements d'informations et les angles morts du relevé au décideur.
- On balaie plus qu'on ne lit un *reporting*. Si vous changez un jour une rubrique habituelle – devise, période étudiée, etc. – assurez-vous que le lecteur l'aura remarqué. Il ne suffit pas de changer la légende !

Avant de vous lancer...

✓ **Vérifiez régulièrement la qualité des données sources et l'utilité des relevés antérieurs, surtout après un changement organisationnel ou de système d'information.**

✓ **Servez-vous d'outils comme : *Powerbi, Tableau, Timeline, Excel,* etc.**

Voir Outils 6, 12 et 35

Outil 50

Réaliser un compte rendu de qualité

> “
> *L'homme qui n'a pas de parole ne manque jamais de mots.*
> L.-P. Robidoux

En quelques mots

Après une réunion de suivi, un atelier de travail, un comité de pilotage ou de direction, **rendre compte des propos par écrit** relève des activités chronophages qui semblent stériles. Pourtant, un compte rendu structuré et au bon niveau de détail formalise le travail accompli, scelle une étape et forme **le tremplin commun pour les activités ultérieures.** Témoin silencieux utile en cas de malentendus, le compte rendu laisse une trace des informations partagées et des décisions prises auprès des personnes concernées. En le validant, les participants signent de nouveau le contrat tacite pour avancer ensemble.

LAISSER UNE TRACE

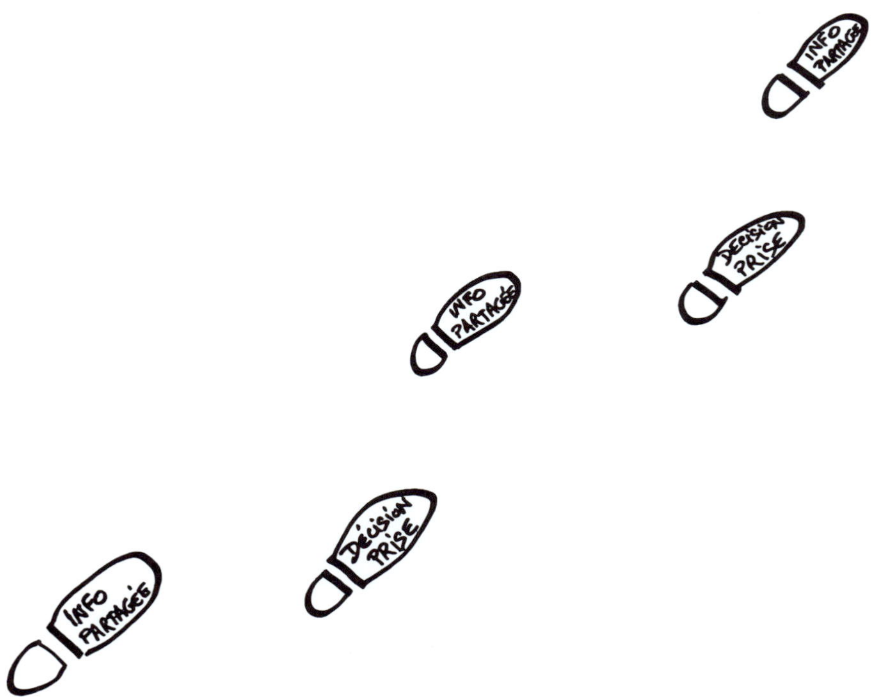

POURQUOI L'UTILISER ?

Objectifs

- Enregistrer les débats et décisions avec objectivité.
- Disposer d'archives en cas de malentendu ou de conflit ultérieur.
- Permettre aux absents de se mettre à jour.

Contexte

On peut produire un compte rendu (CR) après un entretien, une négociation, un comité de suivi ou un comité de pilotage. On y parle projet, ressources, délais, budget, répartition du travail, plan commercial, décisions, actions, prochaines étapes...

COMMENT L'UTILISER ?

Étapes

1. **Prenez des notes lisibles.**
Sur trois colonnes, distinguez les locuteurs, les débats, et votre monologue. Photographiez nettement les travaux collectifs.
2. **Saisissez à chaud.**
À la fin de la réunion, tapez à chaud une première version de CR pour ne pas perdre l'esprit de la réunion. Comme il s'agit d'informer, le ton sera impartial.
3. **Structurez le document.**
Plusieurs choix se présentent selon la situation : devez-vous transcrire de façon exhaustive ou sélective ? Nominative ou non ? CR chronologique ou thématique ? Un relevé de décisions suffit-il ?
La première page présente l'essentiel à retenir :
– thème, date, lieu et durée, objectif, ordre du jour et invités, les présents et absents excusés ;
– l'auteur, la référence et le statut du CR, ceux du support présenté ;
– les principales conclusions classées par importance, et le plan d'action (quoi, qui, quand) ;
– le relevé de décisions, les points d'accords et de désaccords.
Les autres pages restituent les échanges, selon deux principes :
– pour les réunions fluides, le CR résume en une page les réflexions et les décisions, auxquelles sera joint le support présenté ;
– pour les réunions à fort enjeu, où chaque intervention compte, rédigez-en la synthèse et rendez compte des échanges *in extenso*. Conservez l'enregistrement s'il existe.
4. **Relisez avant diffusion.**
Vérifiez les montants, dates, noms et tous points potentiels de désaccords. Déposez le CR sur une boîte partagée, à valider dans les 48 h. Modifiez le statut une fois les remarques intégrées.

Méthodologie et conseils

- Rédigez un compte-rendu objectif, complet et fidèle aux échanges.
- Éliminez toute ambivalence : le CR sera relu en cas de malentendus, tout comptera (propos, noms, actions, dates, données).
- Transcrivez les échanges en vous calant sur l'ordre du jour.
- Notez à part vos impressions, à ne pas diffuser.
- Fignolez le CR final dans les 24 h. Au-delà, le travail est beaucoup plus fastidieux.
- Sur le CR, incrémentez une référence qui inclut la date pour faciliter les recherches par un archivage homogène.
- Inspirez-vous des modèles de compte-rendu comme le R.I.D.A. (acronyme de Relevé pour Information, Décision, Action) ou le R.A.C.I. acronyme des termes *Responsible* (chef du projet), *Accountable* (sponsor), *Consulted* (sachant), *Informed* (personne à informer) pour expliciter les responsabilités.

Voir Outils 4, 15, 26 et 52 et annexe p. 198-199
Voir Outils E et F en ligne

Avant de vous lancer...

✓ **Plus la réunion est lourde d'effets, plus vous soignerez un CR proche de l'esprit des échanges. Prévoyez éventuellement d'enregistrer les débats.**

✓ **Définissez à l'avance les modalités de validation du CR.**

Outil 51 Sourire au courrier administratif

> “
> *Je vous écris pour vous dire qu'une dame m'a dit…*

En quelques mots

S'adresser à l'URSSAF ou aux impôts fait partie de la vie professionnelle. Pourquoi appréhendons-nous tant ces courriers ? Peut-être parce que leurs destinataires semblent désincarnés pour toujours. En tout cas, ces lettres conduisent aux autorisations, duplicatas, remboursements, etc. Pour limiter les rebondissements insoupçonnés, la consigne est simple : présenter d'emblée des données complètes, sur un ton calme et objectif, dans une présentation aérée. En effet, malgré notre impression, **des êtres humains** – rarement responsables du problème – **vont lire nos missives et y répondre**. Écrivez efficacement et de manière courtoise !

DES ÊTRES HUMAINS VONT LIRE VOTRE MISSIVE

POURQUOI L'UTILISER ?

Objectifs

- Être efficace dès le premier courrier.
- Informer sans ambiguïté et sans agressivité.

Contexte

Tout le monde trouve désagréable de converser avec un destinataire dont on ne connaît ni le nom, ni la voix, dans une relation asymétrique.

COMMENT L'UTILISER ?

Étapes

1. **Concentrez-vous sur le contenu.**

Rassemblez les documents sources, les précédents courriers et les références « stables » chez vous et chez eux.

Au brouillon, notez l'objectif du courrier et préparez un court texte. Que voulez-vous obtenir ? Transmettre ? À qui ? Dans quel délai ? Pourquoi ? Quelle sera l'étape suivante ?

2. **Rappelez les données constantes.**

Dans le premier tiers de la page, rappelez toutes les informations qui identifient l'émetteur, le destinataire et l'objet. De haut en bas, dans le sens de lecture :

- À gauche, vos coordonnées postales et téléphoniques, nos références chez eux, à droite, les coordonnées du destinataire.
- Dessous à gauche, l'objet et l'attention.

Objet : demande d'information.

- À droite, lieu et date.

Attention *: À ~~l'intention~~ l'attention de* ou *Affaire suivie par + nom.*

3. **Rédigez le corps de la lettre.**

Commencez par la formule d'accueil *Madame, Monsieur*, à rappeler dans la formule de courtoisie. Puis, rédigez un texte court : écrivez une première version factuelle et précise, dénuée d'émotivité. Écrémez, remontez l'idée principale en tête et vérifiez l'orthographe.

- Pour émettre une demande, structurez le texte sur le modèle SCQA (Outil 12).
- Pour répondre à une demande, rappelez-la avant d'y répondre. Répondez point par point dans le même ordre que le courrier entrant.

4. **Rédigez la formule de courtoisie**.

Convenue, cette phrase clôt le courrier. Elle est plus courte par messagerie que par courrier papier : *Dans l'attente de votre accord/de vous lire/d'une réponse de votre part, je vous prie de recevoir/d'agréer/d'accepter, l'expression de/l'assurance de mes salutations respectueuses/mes sentiments les meilleurs...*

Méthodologie et conseils

- Veillez à un ton objectif et à un contenu précis et juste.
- Vérifiez les données constantes : une seule erreur entraîne des heures de travail pour la rectifier.
- Allez droit au but, ne noyez pas le lecteur avec l'historique. Dès que possible, remontez la conclusion *à la Columbo* .
- Si vous parlez au nom d'une entreprise, écrivez au pluriel (nous) , sinon écrivez au singulier (je).
- Plus facile à lire, le courrier doit tenir sur une page A4. Limitez-vous à 200 mots. Au-delà, résumez et ajoutez une annexe avec les détails.
- Par mail, envoyez votre lettre au format PDF en pièce jointe avec un texte d'accompagnement court et calme (20 mots).

Voir Outils 5, 7, 15, 19, 26, 38, 40 et 41

Suite outil 51 →

Avant de vous lancer...

- ✓ **Une personne en chair et en os lira votre lettre : adoptez un ton courtois, quel que soit l'objet du courrier.**
- ✓ **Modèles de lettres : *afnor.org, notaires.fr, lettres-gratuites.com,* etc.**

Suite outil 51

Sourire au courrier administratif

Exemples et contre-exemples

Quelques exemples de formules spécifiques

Ces quelques exemples au ton neutre pourront vous aider à construire un propos simple et factuel.

- **Émettre une information**

Dans le cadre de ..., vous voudrez bien noter que...
Je vous prie de bien vouloir noter que...
J'ai l'honneur de vous informer que...

- **Émettre une demande d'information**

Je vous prie de bien vouloir me transmettre...
Dans le cadre de ..., vous voudrez bien me faire parvenir...

- **Répondre**

~~*À la suite de notre entretien*~~, Reformuler la demande avant de répondre.
Dans votre courrier du XXX, vous nous demandez d'envoyer...
Par votre courrier cité en référence, vous avez signalé/attiré mon attention sur...
Le XX, par téléphone, vous m'avez informé que...
Suite à est incorrect : *à la suite de, en réponse à.*

- **Aborder**

J'occupe depuis ... et je souhaite mettre en place...
Dans la perspective d'une coopération proche...
L'étude de votre produit me conduit à vous demander de plus amples informations... (formel).

- **Autres formules habituelles**

Je ne dispose pas de ces renseignements et je le regrette.
Je vous prie de bien vouloir accepter mes excuses pour...
Je vous remercie de l'attention que vous porterez à ma demande et je vous prie de...
Je reste à votre disposition pour d'éventuelles informations complémentaires.

Exemple de courrier à éviter et les étapes pour l'améliorer

Voici un exemple de courrier qui cumule les erreurs à éviter :

Bonjour,
C'est avec stupéfaction que je reçois un avis qui augmente de 10 % mes impôts au motif que je ne les ai pas payés à temps.
Dois-je vous rappeler que, lorsque nous nous sommes rencontrés il y a quatre mois, je vous ai signalé que je souhaitais dématérialiser ma déclaration, mais que les deux codes qui m'avaient été envoyés par votre service avant l'été, étaient erronés et ne m'avaient pas permis d'accéder à mon espace personnel ? C'est d'ailleurs pour cette raison que j'avais fini par vous contacter.
C'est au cours de ce RDV en octobre que vous avez pu constaté de visu le problème.
Depuis lors, le problème persiste, malgré mes relances. J'ai envoyé de multiples mails (vous étiez en copie) pour obtenir un nouveau code, sans succès aucun.
Bien sûr, l'échéance est dépassée ! Par la faute de vos services et je REFUSE d'endosser toute responsabilité alors que j'ai fait tout ce qui était en mon pouvoir pour vous alerter et faire mon devoir de citoyen.
Je vous demande donc de rectifier cette erreur AU PLUS VITE, et de faire savoir à votre centre financier qu'il n'y a aucune raison que je sois ainsi surtaxé.
En espérant pouvoir compter sur votre réactivité, je vous prie, SVP, d'agréer mes salutations distinguées.

Jules Brisard

Quelles sont les erreurs à éviter ?

- Le texte va-t-il droit au but ? Est-il concis avec des données complètes et objectives, exprimées dans un ton calme et détaché ?
- Au contraire, le texte bavard, sans date ni chiffre précis, semble écrit au fil de l'énervement et décrit la chronologie.

Dès le début, le rédacteur dit son émotion et plus loin, il accuse le service de n'avoir toujours pas fait son travail.

Même si le fond est juste, est-ce une riche idée d'adresser un tel message, long et agressif, à l'interlocuteur qui n'est pas responsable du problème et que l'on sollicite pour agir en notre faveur ?

Les améliorations à apporter

- En *italique*, le texte initial.
- **En gras**, le contenu utile, à remonter en début de courrier.
- En orange, les termes qui montrent l'énervement, à supprimer ou à atténuer.
- En romain, les détails secondaires ou redondants, à déplacer en annexe ou à supprimer.

Bonjour,

C'est avec stupéfaction **que je reçois un avis qui augmente de 10 % mes impôts** *au motif que je ne les ai pas payés à temps.*

Dois-je vous rappeler que, lorsque nous nous sommes rencontrés il y a quatre mois, je vous ai signalé que je souhaitais dématérialiser ma déclaration, mais que **les deux codes qui m'avaient été envoyés** par votre service avant l'été **étaient erronés** et ne m'avaient pas permis d'accéder à mon espace personnel ? C'est d'ailleurs pour cette raison que j'avais fini par vous contacter...

C'est au cours de ce RdV en octobre que vous avez pu constater de visu le problème.

Depuis lors, le problème persiste, malgré mes relances. J'ai envoyé de multiples mails (vous étiez en copie) **pour obtenir un nouveau code,** sans aucun succès.

Bien sûr, l'échéance est dépassée ! Par la faute de vos services et je REFUSE d'endosser toute responsabilité alors que j'ai fait tout ce qui était en mon pouvoir pour vous alerter et faire mon devoir de citoyen.

Je vous demande donc **de rectifier cette erreur** AU PLUS VITE, et **de faire savoir à votre centre financier** qu'il n'y a aucune raison que je sois ainsi surtaxé.

En espérant pouvoir compter sur votre réactivité, *je vous prie d'agréer mes salutations distinguées.*

Reformulation du courrier

En 103 mots au lieu de 210, le texte écrémé annonce d'abord la demande (a) et résume ce qui explique cette situation (b). Les accusations sont supprimées. Le ton est factuel, constructif et courtois.

À l'attention de Madame Froussette,

Madame,

(a) Je vous demande une remise gracieuse de la pénalité de retard pour les impôts locaux. En effet, je n'ai pu payer mes impôts à temps, faute de code d'accès.

(b) Le 24 octobre 2019, vous aviez d'ailleurs accepté de me rencontrer pour élucider le problème. Mais ces démarches sont restées sans résultat pour le moment.

Que dois-je faire pour régulariser les sommes dues sans pénalité ? Que me conseillez-vous pour obtenir ce code ?

Je vous remercie de l'attention que vous porterez à ma demande et je vous prie d'agréer, Madame, l'expression de mes sincères salutations.

Jules Brisard

Outil 52 Prendre des notes

> “ La reproduction simple des faits et des hommes est un travail de greffier et de photographe.
>
> A. Dumas

En quelques mots

En réunion, en entretien ou au téléphone, le scribe attentif et concentré doit savoir écouter en même temps qu'il analyse et sélectionne ce qui vient d'être dit pour l'écrire vite. Ces opérations mentales requièrent des capacités **d'écoute, de hiérarchisation, de synthèse et de rédaction rapide.**
À quoi et à qui serviront ces notes ? Sont-elles la mémoire de tous les échanges ou de la seule décision et de son argumentaire ? Vont-elles guider un exposé, un débat ou un entretien client ? S'il n'existe pas de recette, un entraînement régulier et une préparation adaptée vous feront gagner un temps précieux pour **obtenir des notes fiables.**

ÉCOUTER POUR PRENDRE DE BONNES NOTES

POURQUOI L'UTILISER ?

- Prendre des notes fiables et exploitables.
- Gagner du temps pendant la prise de notes.

COMMENT L'UTILISER ?

Étapes

1. **Réfléchissez à quoi les notes serviront.**
Selon vos réponses, la prise de notes change. Servent-elles à mémoriser tout ou partie des sujets, guider ou tracer le raisonnement ou vous rassurer ? Pour vous ou d'autres ? Notes exhaustives ou sélectives ? Objectives ou subjectives ?

2. **Préparez-vous.**
Chargez à bloc la batterie de votre ordinateur.
- **Pour faciliter la prise de notes :**

– ne lésinez pas sur la quantité de feuilles attachées et aérez vos notes ;
– dédiez une page à vos abréviations, signes, symboles, termes propres à cet exposé, méthodes, concepts. Pour un sujet peu familier, étudiez le jargon :
– préparez les sigles, les noms et fonctions ;
– préparez les tableaux, schémas, plans d'action à renseigner en séance.
- **D'après l'objectif**, structurez l'espace des feuilles selon un ou des critères :

– **par thème :** cartographiez votre feuille par thème. Les notes à la façon d'une toile d'araignée – *Mind mapping* – en sont une forme dérivée ;
– **par émetteur :** préparez 4 colonnes pour accueillir les initiales de l'intervenant, les énoncés, votre monologue, les imprévus ;
– **par fonction du propos :** distinguez l'Introduction (O pour *ouvrir*), question clé (Q) ou secondaire (Q2), développement clé (D) ou secondaire (D2), synthèse (F pour *fermer*), transition (T), nouveau thème (NW). En séance, séparez chaque stade ;
– **par niveau de détail** : exploitez les niveaux de lecture d'une page. Dans les notes, distinguez les objectifs, faits, hypothèses, etc.

3. **Gagnez du temps pendant la prise de notes.**
Installez-vous près des orateurs et concentrez-vous. Repérez l'idée principale avant de noter. Reliez les idées par des traits.
Pour accélérer la prise de notes :
– utilisez beaucoup de feuilles ;
– notez les mots et idées clés.
Ne transcrivez pas tout :
– recourez aux abréviations, signes, schémas et symboles ;
– éliminez les articles ;
– supprimez les finales des mots, des voyelles ;
– choisissez un signe pour les sons [an], [on], [in] ;
– la même idée est reformulée ? Notez-la d'un symbole précis qui renvoie à l'idée initiale.

4. **Retravaillez juste après l'exposé.**
N'attendez pas avant de clarifier vos pattes de mouches, même si vous avez enregistré le débat :
– relisez dans la foulée et corrigez à chaud les mots mal formés ;
– consultez la colonne « monologue » et vérifiez l'exhaustivité des notes, complétez les informations, expressions, chiffres ou noms ;
– ajoutez le résumé de votre cru.

Méthodologie et conseils

- Parfois, les interlocuteurs parlent bas, vite et en même temps : ne vous arrêtez pas sur les ratés. Signalez-les pour y revenir après.
- Prévoyez une colonne spéciale pour votre monologue silencieux : doutes, questions, critiques...
- Décrivez les éléments du contexte : noms, disposition autour de la table, bruits de travaux...
- Ne prenez pas de notes au kilomètre machinalement, structurez-les déjà en séance, le travail de reprise sera deux fois moins fastidieux.

Voir Outils 12 et 18

Avant de vous lancer...

✓ **On note en moyenne 25 mots à la minute. Entraînez-vous à noter ce qui est dit (5 fois plus de mots à l'oral qu'à l'écrit) pendant une émission radio.**

6

DOSSIER

EXPLIQUER ET PROVOQUER LE DÉBAT

“

Il y a quelque chose de pire que d’avoir une mauvaise pensée, c’est d’avoir une pensée toute faite.

C. Péguy

Quand il s'agit de transmettre un contenu évident, le messager est souvent remplacé par une machine : guidage téléphonique, billetterie automatique, distributeur, etc. Mais pour tout le reste, les espaces de dialogue et de partage non formatés existent encore : avec nos clients ou nos collègues, nous discutons, alertons, rassurons, cadrons, expliquons, ce qui, par écrit, donne lieu à une note de cadrage, une synthèse, un guide utilisateur ou un *post*.

Le mot *« cum-prehende »*, littéralement « englober, saisir ensemble quelque chose » répond à « *explicare* », « déployer », dérivé de *plicare* « plier ». Cet éclairage latin souligne le travail du « compreneur » : il doit accepter la représentation d'une idée nouvelle, et son réseau de causes et de conséquences. Parfois, « expliquer » consiste aussi à justifier *a posteriori* un choix. Dans ce cas défensif, il est encore plus important d'écouter, mais aussi de préparer le cheminement pédagogique pour que l'interlocuteur ouvre sa porte mentale.

Dans tous les cas, expliquer sans arrogance suppose d'avoir pris du recul sur le sujet, condition pour clarifier les éléments de « base ». Il faudra aussi faire preuve de créativité pour dévoiler gaiement les enchaînements et les angles morts.

Sous la forme d'un dialogue explicite ou intérieur, il s'agit d'éveiller la curiosité, de faire germer des questions et de créer une « nouvelle perception du présent ».

Mais le talent de « l'explicateur » repose aussi sur son envie de transmettre, sur son attirance pour la pédagogie ludique et sur sa capacité à établir une relation de confiance avec l'interlocuteur.

En synthèse, pour inciter quelqu'un à s'approprier une idée nouvelle dans toutes ses dimensions, celui qui « déplie » l'idée doit s'impliquer vraiment.

Aussi, vous trouverez dans ce dossier comment engager votre propos, vulgariser, démystifier et bien poser le contexte, étapes essentielles à une communication claire et accessible.

Comme l'affirme notre cher Boileau « *ce que l'on conçoit bien s'énonce clairement, et les mots pour le dire arrivent aisément* », vous aurez réussi votre clarification si, à son tour, votre interlocuteur trouve aisément les mots pour la transmettre à un tiers.

Qu'il est doux de songer à des propagations désirables !

Les outils

Outil 53

Le nœud papillon pour expliquer

> “ *Il faut traduire, commenter, distribuer, expliquer, donner à tous, [...] tous les poètes, tous les philosophes.*
>
> V. Hugo

En quelques mots

Pour faire comprendre les causes et leurs effets, exposer des scénarios, présenter une démarche, on doit souvent **expliquer** et pas seulement informer. Écrire en deux temps, c'est réfléchir à la façon de simplifier la complexité pour son public. Quelles notions clés faire assimiler, avec quels exemples probants et quel cheminement ? **L'induction**, qui dégage un principe commun à partir de quantité d'observations, ou **la déduction**, qui applique au cas particulier une loi générale déjà prouvée sont des solutions. Les cartésiens que sont les Français préféreraient la déduction : choisissez la méthode qui éclaire votre lecteur et non celle qui vous permet de briller.

LA MISSIVE VISE LA PÉDAGOGIE

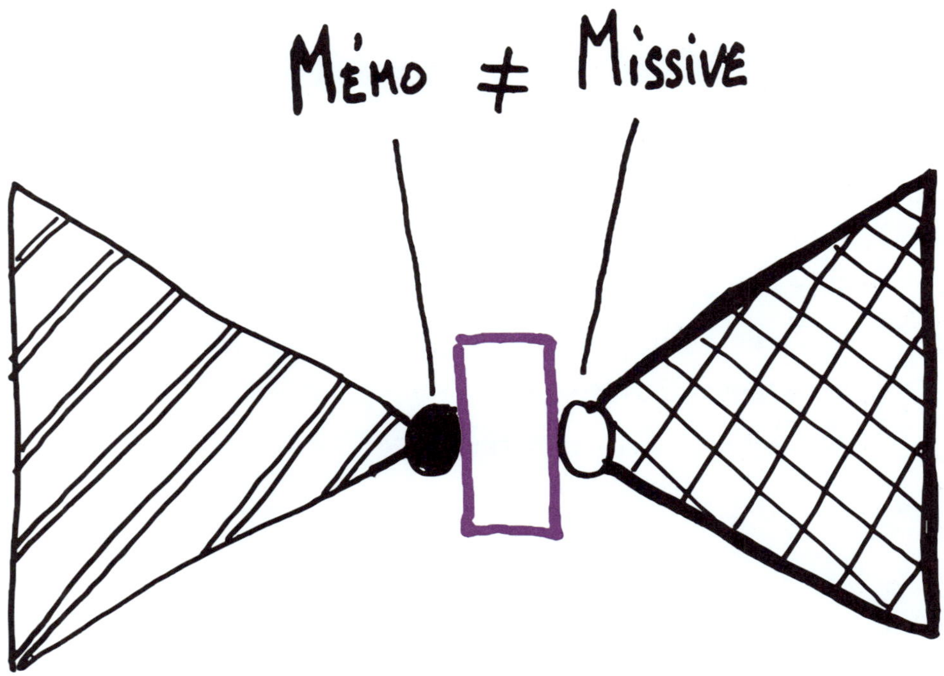

POURQUOI L'UTILISER ?

Objectifs

- Transformer un mémo en explication.
- Identifier la notion clé et l'exemple percutant.
- Choisir le raisonnement inductif ou déductif.

Contexte

Souvent, on doit expliquer les conclusions.

COMMENT L'UTILISER ?

Étapes

1. **Résumez pour vous-même le dossier en mémo.**
Un nouveau virus très contagieux venu d'Asie se propage dans la population. Sur le plan sanitaire, fermer la frontière est inutile car le virus a déjà envahi la population quand on s'en aperçoit.

2. **Étudiez la situation de communication.**
- **Quel est l'objectif de communication ?**
Faire comprendre que la fermeture des frontières n'endigue pas la propagation d'un virus déjà disséminé.
- **Quelle(s) notion(s) clé(s) le lecteur doit-il comprendre ?** Cette notion est « clé » car elle conditionne le reste de la compréhension. Dans l'exemple, c'est la propagation **exponentielle**, **non linéaire** d'un virus.
- **Quel exemple ou métaphore peut débloquer ?**
Sissa et les grains de riz.
- **Induction ou déduction ?** Étudiez le profil de votre interlocuteur grâce à votre intuition, aux outils DDDD et PIPO : le pragmatique préférera l'induction, le raisonneur la déduction. Si l'une ne fonctionne pas, essayez l'autre.
- **Plan *à la Hitchcock* ou *à la Columbo* ?**
Cela dépend de l'accueil du destinataire. Pour les thèmes pré-admis par votre lecteur, gagnez du temps avec *Columbo*.

3. **Transformez le mémo en message clé et expliquez-le par induction ou déduction.**
Message clé (MC) : *Une fois le virus disséminé, fermer les frontières a peu d'effet.*

Voir Outils 3, 7, 10, 12, 42 et 55

- **Du particulier au général, l'induction.**
Le principe commun – ici le MC – s'induit des éléments détaillés.
En 2020, les pays A, B, C, D, E et F ont fermé leurs frontières et la pandémie prospère.
Au XIVe *siècle, période de mondialisation modeste, un seul bateau a introduit la peste qui ravagea l'Europe de 1347 à 1352.*
- **Du général au particulier, la déduction.**
Expliquez la « loi » générale et appliquez-la au cas particulier.
Q1 : *Comment se propage un virus très contagieux ?*
Loi générale : *Une maladie contagieuse augmente de façon exponentielle, donc non linéaire. En voici un exemple : en remerciement d'avoir inventé le jeu d'échecs, le roi Belki laissa le Sage Sissa choisir son cadeau. Il se contenta de grains de riz mais posés sur l'échiquier selon une loi exponentielle : un grain sur la 1re case, deux sur la 2e, en doublant à chaque case. À la 64e case, tous les grains du royaume ne purent suffire.*
Cas particulier : *À cause de la propagation exponentielle de la virulente Covid-19, une poignée de malades contamine des milliers de gens. Fermer la frontière est inutile : le virus s'est déjà disséminé quand on découvre les premiers cas.*

4. **Retravaillez le texte.** Condensez-le. Ajoutez des exemples issus d'autres registres et faciles à comprendre.

Méthodologie et conseils

- Clarifiez les termes que vous employez.
- Simplifiez, illustrez, schématisez
- Travaillez les exemples et les métaphores.
- Entraînez-vous à expliquer la même notion avec les deux cheminements.
- La déduction s'applique aisément aux sujets scientifiques.

Avant de vous lancer…

✓ **L'essentiel n'est pas de briller mais de se faire comprendre.**

Outil 54

Poser le cadre avec le QQOQCP

> “ Comment dire l'impression que produit le contact de dix corps pressés sur la plate-forme arrière d'un autobus S un jour vers midi du côté de la rue de Lisbonne ?
>
> R. Queneau

En quelques mots

Comment donner au lecteur les éléments pour qu'il comprenne dans quel contexte s'inscrit votre propos ? De quelles informations minimales a-t-il besoin ? Bien connue des journalistes, la formule **QQOQCP**, attribuée à Quintilien, apporte au lecteur le kit minimum indispensable pour situer ce dont vous parlez. Drôle à prononcer, le [*kukuhokucépé*] égrène les questions auxquelles vous vous astreindrez à répondre pour bien poser le cadre : **Quoi, Qui, Où, Quand, Comment, Pourquoi**. Ainsi, vous garantirez au lecteur un socle complet pour poser le contexte de sa réflexion et guider sa concentration.

LE KIT DES QUESTIONS PRIMORDIALES

POURQUOI L'UTILISER ?

- Rappeler le contexte.
- Faciliter la compréhension à première lecture.
- Éviter les demandes complémentaires à cause d'un message incomplet ou vague.

COMMENT L'UTILISER ?

Dans toutes communications, le rédacteur doit répondre à ce chapelet de questions primordiales, sous peine de perdre le lecteur.

Étapes

1. Voici un texte qui respecte le QQOQCP.

Dans l'exemple qui suit, le texte factuel transmet des informations QQOQCP.

Qui ? Où ? *Je soussigné Nestor Barnou, propriétaire du 2 rue Louis Beige, bâtiment D, 4e étage, code 1888C, interphone Borba,* **Quoi ?** *vous demande l'intervention rapide du plombier chez mon locataire, M. Borba,* **Pourquoi ? Comment ?** *en raison d'un problème qui s'est produit hier, le 2 juin, sur l'évacuation d'eau dans sa cuisine : l'utilisation de sa machine à laver le linge a occasionné une fuite chez un voisin résidant au-dessous de son appartement.*

Pourquoi ? *Veuillez contacter M. Borba au 06 01 01 01 01 pour convenir d'un RDV.*

2. Déplions le *[kukuhokucépé].*

Le QQOQCP permet de vérifier que le texte répond à toutes les questions.

- **Quoi ?** Quel est l'objet du message ?
- **Qui ?** Qui sont les personnes concernées ?
- **Où ?** Où se déroule ce dont on parle ?
- **Comment ?** Comment se déroule l'opération ?
- **Quand ?** Quand l'action a eu lieu ?
- **Pourquoi ?** Quelles causes ou raisons ? Quel but ?

3. Améliorons un contexte incomplet.

Un texte incomplet porte à confusion. Dans l'exemple qui suit, ni le Qui ni le Quoi ne sont clairs. Qui est-il ? Que veut-il ? Est-ce gratuit ou payant ?

Madame,
Je souhaiterais vous rencontrer dans le cadre d'une proposition de partenariat avec votre association. En effet, mon rôle est d'accompagner les particuliers pour trouver une location de vacances au meilleur prix. Je m'appelle Mister Fol de Besttarifs. Notre offre est gratuite pour votre association car la diffusion d'une affiche permet de mettre en place l'avantage pour vos salariés via *une offre exclusive : au-delà de trois, chaque salarié verra ses frais de dossier nettement réduits. Je me tiens…*

Le texte revu clarifie les éléments QQOQCP : l'entreprise qui prospecte, son offre et sa méthode. Il expose qui fait quoi et qui paie quoi. On a supprimé le détail inutile au sujet d'une affiche.

Madame,
Depuis cinq ans, notre entreprise Besttarifs.com aide les particuliers à trouver leur location de vacances en deux semaines, selon dix critères de sélection et au meilleur prix.
Cette étude de marché est un service payant, accessible soit individuellement soit collectivement, en regroupant plusieurs demandes.
Dès trois demandes, les frais de dossier baissent de 30 %. Je souhaiterais vous rencontrer pour expliquer notre offre à vos salariés. Quand pourrions-nous…

Voir Outils 8, 15, 17, 19 et 42

Méthodologie et conseils

- Pour vérifier que votre propos est clairement exposé, passez-le au gril du bimillénaire [*kukuhokucépé*].
- « Pourquoi » et « Pour quoi » ne présentent pas le même contenu : l'un regarde le passé, l'autre l'avenir.
- Le QQOQCP se transpose en anglais par 5W1H : *What, Who, Where, When, How, Why.*
- Souvent, Combien ou *How much* complète la formule qui devient [*kukuhokucécépé*] ou 5W2H.

Avant de vous lancer…

✓ **Vérifiez avec précision les informations fournies dans votre [*kukuhokucépé*].**

Outil 55 Vulgariser, pas si simple !

> « L'imagination a créé l'analogie et la métaphore. »
>
> C. Baudelaire

En quelques mots

Nous, animaux sociaux et bavards, devons un jour ou l'autre **vulgariser un savoir ou un savoir-faire à quelqu'un** : rédiger les consignes pour démarrer la vieille chaudière, brosser à grands traits notre nouveau job à des amis, expliquer la soustraction et ses retenues à un enfant, promouvoir l'utilité de « facedebouc » à son berger de grand-père… Verbe aux sons tapageurs et au sens enchanteur, « vulgariser » exerce l'intellect, réveille le pédagogue intérieur, l'arrache à sa routine pour qu'il se hisse à la hauteur de l'interlocuteur, et non l'inverse. Pas si simple de dire l'**essentiel en mots communs sans le dénaturer**. Un sacré défi !

SE METTRE À LA HAUTEUR DE L'INTERLOCUTEUR

POURQUOI L'UTILISER ?

Objectifs

- Transmettre un savoir ou un savoir-faire sans chercher à briller.
- Oser la pédagogie, oublier l'expertise.

Contexte

Formation, article dans une revue généraliste, vous devez mettre à la portée de non-spécialistes des notions dont ils ignorent la langue et les raisonnements, à vous familiers.

COMMENT L'UTILISER ?

Étapes

1. Pourquoi est-ce difficile à comprendre ?

Dans l'exemple qui suit, pour le rédacteur, le texte semble limpide : l'idée et les arguments sont exhaustifs et exacts alors que :

- le texte manie des notions abstraites que le néophyte ne connaît ni ne maîtrise, en **gras**.
- les termes inhabituels et les locutions enchâssées compliquent la compréhension, soulignés.

L'objectif d'une fiche « variable » est de rassembler la documentation, en dynamique dans le temps, permettant ***d'argumenter des hypothèses prospectives d'une variable à un horizon donné****, variable elle-même* ***sujet d'incertitude*** *sur la période de réflexion choisie* ***impactant l'objet ou le sujet de la prospective****.*

Mais le non-initié devine plus qu'il ne comprend.

2. Pourquoi vulgariser ?

Les textes d'experts excluent : seuls, des spécialistes décryptent. Vulgariser est utile pour le lecteur et le « traducteur » : le lecteur accède à des savoirs, l'expert « traducteur » met son travail en perspective et en étalonne les réelles complexités et... banalités. L'esprit critique prend du galon.

3. Comment vulgariser ?

Pour vulgariser son propos, le rédacteur commence par quitter sa posture de spécialiste et son univers.

En pratique :

– **sélectionnez** les notions et résultats qui ne peuvent être élagués sans détruire le cœur de l'idée ;
– **renoncez** aux subtilités ;
– **raccourcissez** mots, phrases et explications ;
– **trouvez** des métaphores ;
– **traduisez** le vocabulaire spécialisé en termes courants : « chiroptère » devient « chauve-souris » ;
– en français, **préférez les mots aux racines latines** : « syntaxe » devient « grammaire » ;

Voici l'exemple de l'étape 1 vulgarisé :

La fiche « variable » rassemble toute la documentation sur l'évolution passée, présente et future d'une variable. Dans la période étudiée, la fiche explique les tendances et les ruptures de la variable, en fonction des hypothèses.

4. Comment vérifier ?

Le test véritable s'effectue auprès de lecteurs « naïfs » qui brassent d'autres idées, dans un autre univers professionnel avec d'autres référentiels et priorités.

Test : Peut-il vous réexpliquer ce qu'il a lu ?

Méthodologie et conseils

- Offrez au lecteur de 9 ans à 99 ans, les clés pour accéder à votre univers : définitions, valeurs, démarche, etc.
- Acceptez d'occulter l'aspect complexe de votre spécialité.
- Ciblez la métaphore qui accélère la compréhension.
- Créez, transposez : figures de style, analogies, jeux...

Voir Outils 3, 19, 26 et 35

Avant de vous lancer...

✓ **Laissez de côté le pouvoir que confère l'expertise. Devenez un « passeur » : un peu de distance ne peut pas faire de mal !**

✓ **Avez-vous une authentique envie de démystifier un savoir ou savoir-faire, sans réserve ni arrogance ?**

Outil

56 Préparer une note de cadrage

“ *Il est permis de dépasser les bornes à condition toutefois de rester dans les limites.*

P. Dac

En quelques mots

Comme son nom l'indique, la note de cadrage clarifie les contours d'une action à réaliser – projet, mission, nouvelle activité – et le rôle des personnes concernées. Rédigé par le chef de projet après une vague d'entretiens menés auprès des futurs contributeurs, ce texte synthétique constitue le **premier document de référence**, qui décrit les enjeux, les objectifs et les moyens ainsi que les engagements mutuels. **Pour ce contrat interne, adopté par tous** avant de lancer le projet, l'on comprend l'importance cruciale de **propos précis et explicites** pour limiter les interprétations et malentendus ultérieurs.

CLARIFIER LE PROJET POUR TOUS LES ACTEURS

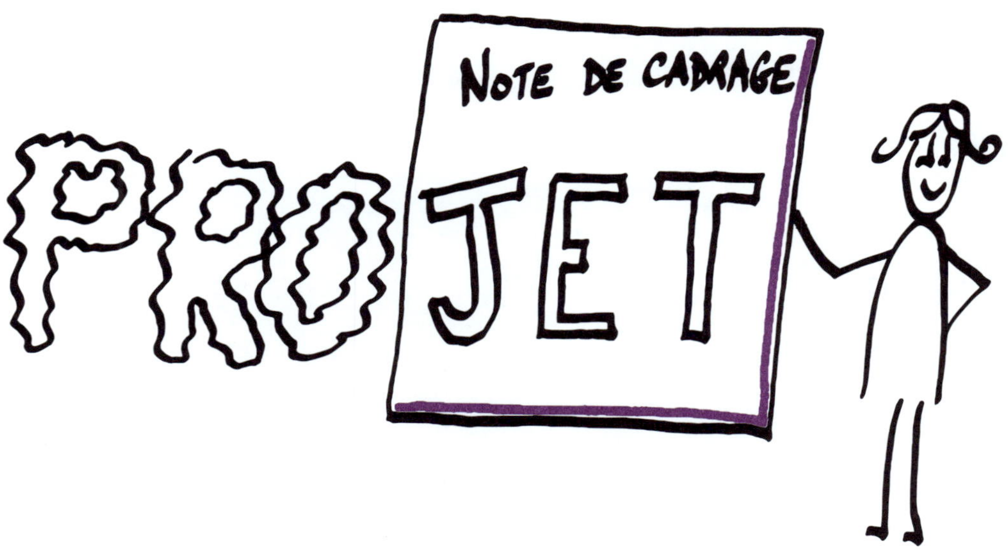

POURQUOI L'UTILISER ?

Objectifs

- Formuler les engagements mutuels de chaque contributeur sur une période donnée.
- Dimensionner le projet, recruter, composer l'équipe.
- Permettre à chaque acteur de s'organiser et aux fournisseurs d'établir leur devis.

Contexte

Pour réaliser la note de cadrage (NdC), le chef de projet (CdP) discute avec chaque contributeur et, si besoin, les prestataires. La NdC présente leurs engagements réalistes en matière de périmètre, de ressources humaines, de budget, de disponibilité et de délai.

COMMENT L'UTILISER ?

Étapes

1. Explicitez avec le sponsor.
Explicitez les objectifs stratégiques et opérationnels ainsi que les contraintes du projet. Proposez des participants au comité de pilotage.

2. Préparez les entretiens.
Préparez les entretiens à conduire auprès des contributeurs permanents ou occasionnels.

- **Expliquez le projet** : enjeu, objectif, améliorations attendues, périmètre, budget, planning, livrables, arbitrage et suivi.
- **Identifiez leurs rôles** et engagements, sur chacune des dimensions – rôle, périmètre, disponibilités.
- **Faites valider** le compte rendu d'entretien, qui servira de base à la NdC.

3. Rédigez la NdC.
Sur la base des informations obtenues au fil des entretiens, rédigez un *draft* de NdC à faire valider par le sponsor. Voici un exemple des rubriques d'une NdC.

- **Le périmètre** : activités, produits, marchés, entités-processus actuels et nouveaux, et système d'information. Précisez ce qui en est exclu.
- **Les objectifs stratégiques et opérationnels**, complétés des améliorations attendues chiffrées.
- **Les contributeurs au projet et leurs rôles** : la composition des comités de pilotage et de suivi – sponsor, chef de projet, contributeurs des autres directions – et le calendrier des réunions.
- **Le budget** réparti par chantier et par contributeur présenté en jour/homme et en K€.
- **Les ressources** (métier, fonction, IT) et le calendrier de leur mise à disposition.
- **Les fournisseurs extérieurs**, mode de sélection, type de contrat et signataires.
- **Un planning** avec les échéances dures et les tâches à paralléliser. Si besoin, réalisez un diagramme de Gantt.
- **Les indicateurs** et les facteurs clés de succès.
- **La documentation** : référencement des documents, règles d'utilisation des outils de partage

4. Retravaillez jusqu'à la version définitive.
Ce contrat interne engage tous les contributeurs tout au long du projet. Il doit convenir à tous, sinon, les angles morts ressurgiront. Faites-le relire, stabilisez une version finale après plusieurs validations, souvent chronophages.

Méthodologie et conseils

- Document synthétique de 3 à 20 pages, la NdC démontre au Comité de direction que le sponsor maîtrise les paramètres de l'investissement humain et financier qu'il sollicite.
- Pour finaliser la NdC, plusieurs boucles de discussion seront nécessaires. Planifiez ce temps.
- Document de référence pendant le projet, la NdC ne sera utile au chef de projet et à tous les contributeurs que si les termes sont explicites, compris et acceptés par tous.
- Mal ficelée et imprécise, la NdC risque d'engendrer des malentendus sur les tâches et les délais. Trop détaillée, elle découragera le lecteur.

Avant de vous lancer...

✓ **À la place des entretiens, on peut rassembler les contributeurs pour concevoir la première version de NdC, au cours d'un atelier.**

Voir Outils 15, 41, 50 et 57

Outil

57 Dégager la synthèse

> « Cocteau, quelle voix merveilleusement maigre ! Pas une trace de gras.
>
> J. Cau

En quelques mots

L'un des écrits les plus ardus à rédiger, **la note de synthèse**, n'exhibe que les crêtes de votre étude, sans la dénaturer. Privé d'espace pour approfondir chaque sujet, vous ne disposez que de quelques lignes pour confier au décideur le plan, les consignes et les clés du château. Pour dégager une synthèse, ni carottage ni dégraissage du dossier : vous devrez **ajouter un niveau d'abstraction**, énoncé dans une proposition nouvelle qui résume ce que les données détaillées ont en commun. Grâce à cette extraction, renforcée par une poignée d'exemples probants, le lecteur aura le choix de plonger dans le rapport détaillé.

RÉSUMER POUR PROPOSER L'ESSENTIEL

POURQUOI L'UTILISER ?

- Présenter l'essentiel replacé en contexte.
- Donner envie de lire le rapport détaillé.

COMMENT L'UTILISER ?

Étapes

1. Qu'appelle-t-on un résumé de qualité ?

Exemple :

Pour chaque dossier de « prêts cédés », les investisseurs attendent de la banque cédante une centaine d'informations avant de fixer leur prix, d'autant plus élevé que les informations démontreront à l'acquéreur qu'il pourra continuer le recouvrement et mobiliser la garantie des créances (a).

Cette double exigence fait de la qualité des données LA question clé pour la banque cédante (b).

Analyse :

Dans un texte développé, les informations saturent le lecteur et l'auteur ne peut pas « descendre plus bas » dans les explications. À l'inverse, dans une synthèse de qualité, les idées principales (a) sont mises en perspective d'après un enjeu (b). Le lecteur peut approfondir en lisant l'étude détaillée.

2. Comment concevoir une synthèse de qualité ?

Déroulez la démarche en nœud papillon pour ne répondre qu'à la question principale qui intéresse le lecteur, souvent décideur d'après votre synthèse.

- **Résumez l'étude pour vous-même.**

Par exemple : *La banque qui vend ces créances risquées veut les vendre le plus cher possible, celle qui achète veut payer le juste prix.*

- **Étudiez la situation de communication.**

En quoi cette information sera utile au lecteur ? Que va-t-il en faire ? Comment éclairer sa lanterne ? Sur quoi attirer son attention ? Au regard de quoi et en quoi le point est-il crucial ?

- **Formulez la question qui souligne l'enjeu, le risque ou l'opportunité pour le lecteur.**

Cette étape cruciale orientera votre synthèse. Par exemple : *Quel est le critère clé pour la banque qui cède et pour celle qui acquiert ces créances ?*

- **Répondez en une phrase,** et développez-la en deux ou trois conclusions majeures, étayées chacune par un exemple indiscutable. Aidez-vous de la technique du « et alors ? » pour énoncer la conséquence la plus intense.
- **Condensez trois fois le texte,** grâce aux outils rappelés en bas de page.

Méthodologie et conseils

- Rappelez l'enjeu et le contexte du dossier.
- Anglez le texte.
- Privilégiez la narration *à la Columbo*.
- Adoptez un ton dynamique et allant droit au but, phrases courtes et mots courts.
- Soulignez la structure en accentuant les niveaux de lecture.
- Le plan QR de l'étude fournit déjà un résumé. Pour le transformer en synthèse, « anglez-le » autour de la préoccupation principale du lecteur, tournée vers le passé (causes) ou l'avenir (conséquences).
- Ne développez pas : complétez chaque idée nouvelle par un exemple qui prouve objectivement votre affirmation.
- Si l'imagination vous fait défaut, commencez par une introduction SCQA.
- Si vous bloquez, résumez à voix haute en trois minutes, notez les idées, recommencez.

Voir Outils 5, 6, 12, 17, 18, 19, 26, 35, 48, 53 et 62

Avant de vous lancer...

✓ **Pour prendre du recul, il faut bien connaître le dossier et son contexte.**

✓ **Acceptez la frustration de ne pas exposer les travaux intermédiaires.**

✓ **Préparez les conditions pour vous concentrer.**

Outil 58 Torréfier un *post* fort et léger

> « Ce qui est intéressant, ce n'est pas moi, mais le point de vue de celui qui raconte.
>
> S. Marceau

En quelques mots

Quel est ce nouvel objet éditorial, souvent sélectionné au hasard par le lecteur-flâneur, lu en diagonale sur écran, sitôt transféré ou sitôt oublié ? D'où vient notre motivation à publier ? Pourquoi passer du temps à écrire pour afficher notre avis, qui risque fort de s'abîmer dans la « Galaxie du Lecteur Inexistant » ?
Observons qu'**un *post* de qualité** régale pendant quelques secondes des amateurs dans l'ennui ou en pause. Paradoxalement, ce paragraphe enlevé exige réflexion et concentration. Le rédacteur conçoit ainsi **un *post* concis au traitement léger** et il offre au lecteur un moment de détente qui comble sa curiosité.

LE *POST* DÉFEND UNE SEULE IDÉE

POURQUOI L'UTILISER ?

Objectifs

- Concevoir un paragraphe qui tient.
- Intégrer les spécificités du *post* et de son mode de lecture.

Contexte

Vous rédigez un *post* pour commenter un évènement, partager un savoir étonnant, pratique ou drôle.

COMMENT L'UTILISER ?

Étapes

1. Rédigez le mémo.
Décrivez en quelques lignes manuscrites ce que vous voulez dire. Ne vous souciez ni du ton ni du vocabulaire. Menez votre réflexion à son terme. Ajoutez une phrase qui résume ce qu'il faut finalement retenir : c'est le mémo.

2. Étudiez la situation de communication.
Sur écran, un texte de 50 mots se lit en 20 secondes, durée type avant qu'un lecteur flâneur ne zappe... Le *post* devra donc être concis au ton léger mais engagé. Quel est votre objectif de communication ? Défendre un point de vue, alerter, rassurer, faire comprendre ? À qui s'adresse-t-il ?

3. Dégagez la question à laquelle répond votre *post*.
Tel un paragraphe, le *post* défend une et une seule idée. À partir du mémo, dégagez la question principale à laquelle vous répondez. Elle commence par « pourquoi », « comment », « dans quel but », etc.
Pourquoi les chauves-souris volent-elles de nuit ?

4. Quel plan choisir ? Comment développer ?
Texte voué à une lecture papillonnante, structurez-le *à la Columbo* : attaquez par l'idée principale qui répond à la question. Puis, développez-la en un plan descriptif ou démonstratif. Complétez chaque affirmation par un exemple.

5. Travaillez l'accroche.
Si le lecteur n'est pas captivé en cinq secondes, il quittera votre *post*. La tonalité des premières phrases flirte avec la communication orale. Voici des possibilités d'accroches :
- Déclinez la question en une formule qui intriguera le lecteur :
Comment apprendre le piano sans piano ?
- Faites rêver :
Et si vous deveniez pianiste...
- Annoncez le thème, suivi de votre point de vue :
Chauve souris : La nuit refroidit son corps échauffé par l'écholocation.
- Annoncez un chiffre fiabilisé et éclatant :
1 000 personnes hospitalisées ces dernières 24 h...

6. Retravaillez le *post* avant toute publication.
Le *post* est concis, clair, sans fautes d'orthographe.
- Concis : 250 mots maximum. Avec des phrases de 10 mots courts, un vocabulaire enrichi mais courant pour faciliter la compréhension.
- Clair et dynamique : adoptez un ton engagé, sacrifiez détails, subtilités, formules de prudence.
- Améliorez votre style PIPO.
- Vérifiez les fautes de frappe et d'accord, surtout sur le verbe.
- Ajoutez un lien vers un schéma, un site, une source, et testez qu'il fonctionne.
- Vérifiez et citez vos sources.

Voir Outils 5, 6, 19, 20, 26, 39, 42, 54 et 62

Méthodologie et conseils

- Pédagogue avant tout : élaguez, simplifiez, ajoutez des exemples fiables et des métaphores. Restez concrets.
- Ne traitez pas de sujets complexes : le lecteur fait l'école buissonnière lorsqu'il lit des *posts*.
- Adoptez un ton dynamique et franc, proche d'un polar américain ou d'un commentateur sportif.
- Anglez le texte.
- Relisez avant de publier : ceux qui vous lisent oublieront le sens de votre propos mais se souviendront de votre orthographe ou de votre français.

Avant de vous lancer...

✓ **Réfrénez votre envie de tout commenter : interpréter un *post*, c'est le signaler digne d'intérêt.**

Outil 59 Rédiger un guide utilisateur

> *Pas rentable d'utiliser un appareil complexe pour accomplir une tâche simple.*
>
> R. Aloysius

En quelques mots

Le lecteur d'un **guide utilisateur** est avant tout un utilisateur qui lit pour obtenir une réponse. Il cherche à obtenir un service *via* une machine ou une application : il ignore la procédure, il a besoin de s'informer, de savoir-faire ou de débloquer une situation, **sans entrer dans la technicité**. Il s'attend à obtenir rapidement la réponse, formulée dans un **langage courant**.

Aussi, vous devez rédiger votre document en fonction des **besoins de l'utilisateur** et faire preuve de **pédagogie**. Avant de diffuser le guide, vous en **testerez** la lisibilité par des utilisateurs potentiels. C'est l'unique façon d'en garantir la qualité et de limiter les réclamations ultérieures.

COMMENT FAIRE FONCTIONNER UNE MACHINE ?

POURQUOI L'UTILISER ?

Objectifs

- Aider l'utilisateur à utiliser une machine ou une application.
- Lui faire gagner du temps.
- Réduire les temps d'assistance en ligne.

Contexte

L'utilisateur consulte le guide utilisateur (GU) ou envoie une question *via* un *chatbot* quand il se trouve devant un obstacle.

COMMENT L'UTILISER ?

Étapes

1. Analysez le profil du lecteur utilisateur.
Pourquoi consulte-t-il ce document ? Est-ce un débutant, un habitué ? Quel âge a-t-il ? Quel est son langage quotidien ?

2. Structurez le guide utilisateur en conséquence.
Le sommaire propose des portes d'accès sous forme de questions, telles que l'utilisateur se les formule. **Recensez les demandes les plus fréquentes et isolez les cas exceptionnels à la fin du sommaire. Pour faciliter l'accès, rédigez le sommaire sous forme de questions ouvertes** « je ».
Comment puis-je voir ma commande ?

3. Décomposez les actions en étapes.
Commencez par décrire le résultat de la procédure qui démarre. Puis, décrivez chaque action en deux à trois étapes. Au-delà, scindez l'action ou résumez l'étape.
Géolocalisez ce qui vous paraît évident. Ne descendez pas en deçà de trois niveaux de lecture.

4. Rédigez en termes courants et personnels.
Comment puis-je accéder à mon dossier ?
Je reçois mon numéro par courrier et je l'écris directement dans la page qui s'affiche.
Comme le montre l'exemple, employez :
– des mots simples, non techniques, non jargonneux, sans anglicismes, compréhensibles par votre destinataire ;
– des phrases courtes et claires : des réponses univoques – pas de slashs, pas de doubles négations, des verbes courts en un mot, au présent et à la voix active ;
– en réponse aux questions, décrivez l'action à réaliser en commençant par « je » ou par l'impératif ;
– des informations énumérées en quelques tirets plutôt que dans une longue phrase.

Voir Outils 15, 26, 41 et 55

5. Illustrez.
Les schémas et les copies d'écran aideront le lecteur. Servez-vous des copies d'écran pour décomposer les descriptions. Séparez le descriptif des gestes de vos commentaires.

6. Organisez des tests avant toute diffusion.
Indispensable, le test vérifie que le guide est opérationnel.

7. Préparez l'évolution du document.
Qui mettra à jour les informations ? Comment sont-elles intégrées et à quelle fréquence ? Comment en informer les utilisateurs ? Vous éviterez que votre guide ne soit périmé en quelques mois.

Méthodologie et conseils

- Par définition, le guide utilisateur s'adresse au débutant qui ne connaît ni ne maîtrise le vocabulaire ou la procédure.
- Employez un vocabulaire compris par vos grands-parents.
- Rédigez de courts paragraphes de 50 mots aux phrases brèves et précises.
- Un sommaire mal structuré décourage l'utilisateur. Testez-le avant de tout développer.
- Pour vous organiser, anticipez les phases d'illustration et de tests, très chronophages.
- Trouvez un surnom facile plutôt qu'un sigle pour désigner la machine ou l'application dont il s'agit.
- Évitez les renvois, explicitez en pied de page.
- Évitez les définitions ou regroupez-les dans un glossaire alphabétique.

Suite outil 59 →

Avant de vous lancer...

✓ **Installez un dictionnaire en ligne : cnrtl.fr**

Suite outil 59

Rédiger un guide utilisateur

Interview

Interview de Bertrand Imbault, responsable de projets en système d'information dans le secteur de la banque et de l'assurance.

Comment le guide utilisateur (GU) est-il conçu ?

Nous parlons de la documentation destinée à l'utilisateur final d'une application : les GU sous forme de guide à télécharger ou de conseils *via* un *chatbot* qui répond aux questions. Pour une application interne, la maîtrise d'ouvrage et le « métier » rédigent cette documentation. Quand la première version de l'application est aboutie, on en vérifie les fonctionnalités et l'ergonomie, ainsi que la lisibilité du GU par des mises en situation. En phase pilote, cela permet d'améliorer le dispositif avant la diffusion officielle.

Pourriez-vous donner un exemple de mise en situation ?

Pour éprouver la qualité de l'application et du GU, un échantillon d'utilisateurs teste l'application pilote pour repérer les défauts d'ergonomie, les instructions mal formulées et les défauts de cohérence entre les instructions et la réponse de la machine.

Prenons l'exemple d'une application dans laquelle l'utilisateur doit saisir son numéro de sécurité sociale. On demande à l'utilisateur testeur d'y saisir une donnée erronée, comme son nom. Cette mise en situation permet de vérifier que la réponse automatique n'est pas « saisie non valide » mais « l'application ne reconnaît pas votre saisie, veuillez saisir votre numéro de sécurité sociale. »

Concernant la formulation, les textes des GU doivent être compréhensibles par un enfant de 12 ans, sans assistance complémentaire : les questions rédigées comme l'utilisateur se les pose, les réponses compréhensibles et complètes, les schémas cohérents avec le texte et l'écran.

Comment s'organisent ces mises en situation ?

Il s'agit d'organiser des sessions avec un échantillon d'utilisateurs et un observateur qui note tout sans intervenir. Une session dure environ 2 heures. Dans le détail, ces étapes ne s'improvisent pas et se préparent :

- trouver les bons profils de testeurs, proches des utilisateurs finaux ;
- à chaque session, faire dérouler des mises en situation et faire verbaliser à l'utilisateur tout ce qu'il voit et ce qu'il se dit ;
- améliorer l'application et le GU après quelques sessions, puis recommencer.

Pour les applications qui seront utilisées à grande échelle, par exemple une aide en ligne sur un site public, on prépare aussi des scénarios, par exemple : « *Vous déménagez et vous voulez savoir comment mettre à jour votre adresse sur votre permis de conduire ?* »

Quels conseils donneriez-vous ?

Les aides mal conçues ou mal rédigées vont engendrer beaucoup d'assistance en ligne. Soyez exigeants sur la qualité de l'échantillon qui va tester : le temps investi à trouver les bons profils sera récompensé par la qualité des remarques. S'il y a beaucoup de mises en situation, ne sollicitez pas toujours les mêmes personnes.

Quant aux conseils sur le déroulement de la mise en situation, l'observateur peut faire lui-même l'exercice sur un autre document, un mode d'emploi quelconque pour mettre à l'aise les participants. Il peut aussi poser des questions ouvertes pour amorcer la restitution :

- *à votre avis, qu'est-ce que le rédacteur cherche à vous faire faire ou à vous faire comprendre ?*

Pour aider le participant à dire ce qu'il a trouvé confus sans s'exposer ouvertement, faites-le parler *via* une tierce personne :

- *pensez à une personne précise de votre entourage qui pourrait avoir besoin de ce mode d'emploi. Qu'est-ce qui, dans le document, pourrait lui être directement utile ? Où cela pourrait-il lui poser problème ?*

Comment expliquez-vous que tant de GU laissent à désirer ?

Les GU, y compris les *chatbots*, sont les parents pauvres dans la mise en place d'un système d'information. L'entreprise investit beaucoup de temps et d'argent dans des applications, moins pour aider l'utilisateur final à se les approprier. Je pense qu'il y a plusieurs raisons :

- souvent le GU n'a pas été testé ou n'a pas été mis à jour méthodiquement par manque de temps. Or un mode d'emploi qui ne permet pas de répondre aux questions spécifiques de l'utilisateur, a peu de chances d'être une réussite ;
- parfois il n'a pas été testé auprès du bon public. Il arrive que ceux qui écrivent le GU connaissent déjà plus ou moins l'application. De ce fait, le rédacteur ne parvient pas à se placer dans la peau d'un utilisateur qui découvre l'application et son interface ;
- il arrive aussi qu'il y ait beaucoup de jargon, sous prétexte de la présence d'un glossaire. Finalement, c'est l'utilisateur qui doit faire l'effort de vulgarisation.

Comment expliquer ce défaut d'investissement ?

En synthèse, je pense que beaucoup d'ingénieurs d'applications voient les GU, quelles que soient leurs formes, comme des travaux administratifs, donc secondaires : il n'y a plus de systèmes ingénieux à créer. Il ne reste qu'à décrire par écrit ce qui leur paraît évident, avec peu de valeur ajoutée de leur point de vue.

En fait, l'expérience montre qu'un GU de qualité fait partie intégrante du produit fini. D'ailleurs, la qualité du GU est révélatrice de celle de l'application : quand le GU est bien conçu et bien rédigé, l'application est de qualité. À l'inverse, quand le GU est incomplet ou mal structuré, l'application se présente souvent dans une version inaboutie. Malheureusement, la charge de ce poste tend à être sous-évaluée dans un projet, alors que concevoir une documentation utile requiert de la méthode et du temps.

Dans les faits, un mode d'emploi médiocre aura peu de conséquences pour les personnes qui ne travaillent pas seules : l'entraide joue. Mais cela devient un problème pour les utilisateurs isolés, notamment pour accéder aux services publics dématérialisés.

7

DOSSIER

CONVAINCRE

“

J'avais tort de vouloir convaincre par le raisonnement [...] où il ne faut persuader que par le sentiment.

P.-A. Beaumarchais

Quand on mesure l'offre pléthorique de citations sur les thèmes « convaincre » et « persuader », on réalise le rôle particulier de cette promesse dans les relations privées, professionnelles, politiques, et ce, de tout temps.

Ainsi, les moments où l'on a réussi à convaincre le sponsor du projet d'arbitrer, la DG de décider, l'interlocuteur de coopérer, le prospect d'accepter le devis, le client d'investir, etc. restent des temps forts d'une vie professionnelle.

Or, l'on ne convainc pas si l'on n'est pas soi-même convaincu.

Ciblant l'objectif de communication le plus élevé, ces écrits requièrent votre engagement le plus intense, au sens où, dans les œufs au bacon, le cochon s'engage plus que la poule...

Une fois votre détermination stabilisée, il faudra déployer un effort important pour :

- établir une relation de confiance et un dialogue de bonne qualité par une écoute attentive ;
- susciter l'intérêt par un argumentaire précis et fiable ;
- créer l'adhésion par l'étude approfondie des objections possibles et de leurs réponses réalistes, évaluées depuis le point de vue de l'objecteur.

Comment cela se traduit-il ? Ces documents à lire ou à écouter en exposé, exigent des auteurs de la réflexion : découvrir l'interlocuteur et ses enjeux professionnels, écouter authentiquement ses demandes explicites et implicites, étudier avec objectivité les écarts entre votre représentation et la sienne, travailler un argumentaire serré aux idées liées par un enchaînement logique ou causal, s'appuyer sur des données incontestables, étudier la nature des objections avec l'outil PISE, schématiser des hypothèses et des scénarios plausibles, projeter l'interlocuteur pour qu'il perçoive l'intérêt à changer de point de vue.

L'argumentaire mêle raison et émotion, à des degrés divers. Par tempérament, certains tendront à convaincre par la raison ; d'autres, préférant la relation à la tâche, ajouteront une pincée de persuasion.

Mais, pour parvenir à vos fins, c'est sur le violon de votre destinataire qu'il est préférable de vous accorder.

Les outils

Outil 60

Le nœud papillon pour convaincre

> La polémique attire, seule la nuance est juste.
>
> J. Daniel

En quelques mots

Pour convaincre un interlocuteur d'investir, d'arbitrer, d'agir, de changer de comportement, en un mot, de s'aventurer, le rédacteur doit lui-même prendre des risques dans son propos : il adresse une missive au contenu personnalisé et au style engagé.
Pour la préparer, **le cœur de la démarche en nœud papillon** devient une étape déterminante : cerner précisément ce qu'on attend du destinataire, en étudier les dispositions, **écouter ses attentes, anticiper et trier les objections** faciles à réfuter des autres. Ce travail exprime votre authentique **implication** et produit un message ciblé, un argumentaire ciselé, un ton qui fait mouche.

LA MISSIVE MONTRE VOTRE ENGAGEMENT

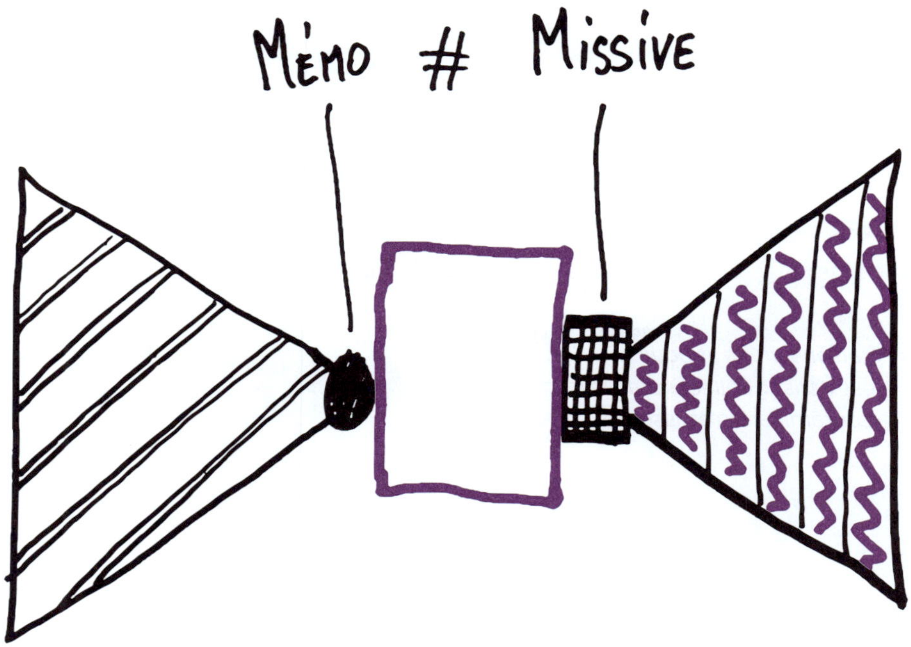

POURQUOI L'UTILISER ?

Objectifs

- Réussir un texte engagé.
- Convaincre par écrit.

Contexte

Vous rédigez une proposition commerciale, une consigne contraignante...

COMMENT L'UTILISER ?

Étapes

1. Résumez vos notes en mémo.

Si vous déléguiez le dossier à votre successeur, comment le résumeriez-vous ?

Mémo : *Un nouveau virus très contagieux a migré chez les humains. Dans les cas sévères, les hôpitaux placent les malades sous respirateur en attendant que leur immunité prenne le dessus. Seul remède prouvé, s'isoler pour éviter une propagation éclair et la saturation des hôpitaux.*

2. Étudiez la situation de communication.

Quel est l'objectif de communication ? Accueil favorable ou pas ? Le sujet étant inconnu du public, préférez une narration *à la Hitchcock*.

OC : *Je veux inciter les citoyens à rester chez eux, sans créer de panique.*

3. Quel message clé (MC) et quel plan ?

Pour inciter le lecteur à adhérer, le MC aura l'engagement d'une recommandation. Le plan QR sous forme d'argumentaire s'appuie sur les enjeux et les objections.

MC : *Tu veux sauver des vies ? Reste planqué !*

Q1 : ***Quel choix faisons-nous et pourquoi ?***

R1 : *S'isoler, c'est utiliser collectivement la durée pour ralentir la contamination et lisser les urgences sanitaires.*

- Choix 1 : *Ne rien changer et compter sur l'immunisation naturelle.*
- Choix 2 : *S'isoler pour échelonner la contamination : la population s'immunise en plusieurs mois.*

Conclusion : *Quel est l'enjeu de notre action individuelle ?*

Q2 : ***Figer l'économie et augmenter le chômage, ou démultiplier les capacités hospitalières ?***

R2 : *Contre ce virus très contagieux, démultiplier les capacités impliquerait des travaux à la durée incompressible :*

– construire ou aseptiser de nouveaux espaces ;

– fabriquer des produits et des équipements ;

– former des équipes spécialisées de soignants.

Q3 : ***Comment organiser la vie pendant le confinement ?***

R3 : *Organisez vos journées et lisez les informations officielles sur le site Covid19.gov.fr : équilibre ; vie matérielle ; symptômes.*

4. Retravaillez le texte.

Condensez-le dans un style engagé. Ajoutez un exemple concret ou un chiffre clé à tout nouvel argument.

Méthodologie et conseils

- Pour cet OC élevé, la communication fait entendre l'avis de l'auteur : le message clé diffère beaucoup du mémo (voir l'exemple).
- Une démonstration aux idées liées impliquera plus le lecteur qu'un plan descriptif aux idées juxtaposées.
- Renforcez vos conseils par des expertises, elles-mêmes étayées par des données fiables.

Avant de vous lancer...

- ✓ **Travaillez les objections.**
- ✓ **Préparez des exemples indiscutables.**
- ✓ **Les argumentaires pour convaincre un interlocuteur vous demanderont beaucoup plus de temps de préparation et de rédaction. Mais l'enjeu en vaut la chandelle !**

Voir Outils 2, 3, 5, 10, 12, 17, 26, 35, 42, 55 et 62

Outil 61 Préparer les objections avec PISE

> *L'art de persuader consiste autant en celui d'agréer qu'en celui de convaincre.*
>
> B. Pascal

En quelques mots

Contrairement à l'idée reçue, nous aimons découvrir de nouvelles façons de travailler, à la condition de trouver un intérêt à la nouvelle donne. Pour transformer ses routines, l'équipe doit mobiliser beaucoup d'énergie et de temps. Aussi, la proposition doit convaincre si l'on veut que les personnes concernées adhèrent au plan d'action. **L'analyse PISE (pouvoir, intérêt, savoir, envie)** permet de comprendre les objections et d'améliorer le dispositif en levant quelques réticences. Elle peut compléter une étude d'impacts techniques. *A minima*, la grille PISE éclaire un autre point de vue au lancement ou en cours de projet.

JE PEUX, J'AI INTÉRÊT, JE SAIS, J'AI ENVIE

POURQUOI L'UTILISER ?

Objectifs

- Enrichir une proposition commerciale ou la description d'un projet.
- Recenser et anticiper les objections probables.

Contexte

Dans le cadre d'un changement d'organisation ou d'une décision ponctuelle, on identifiera les sources de résistances pour concevoir un argumentaire convaincant.

COMMENT L'UTILISER ?

Chaque lettre de l'acronyme PISE sera présentée à chaque étape. L'étape « Envie » est présentée en n°4 mais elle est déterminante.

Étapes

1. P comme Pouvoir.
Les destinataires du message pourront-ils réaliser concrètement ce qui est proposé, sur le plan collectif ou individuel ?

- Tout changement demande un travail supplémentaire. L'équipe travaille-t-elle déjà en sous-effectif ?
- Les nouvelles responsabilités sont-elles compatibles avec les responsabilités actuelles ?
- Quels moyens proposer pour dépasser ces obstacles ?

2. I comme Intérêt.
Les destinataires ont-ils intérêt à réaliser ce qui est proposé, sur le plan collectif ou individuel ?

- Vont-ils étendre leur pouvoir ou en perdre ?
- Développer de nouvelles compétences ?
- Élargir le champ d'expérience ?

3. S comme Savoir.
Les destinataires détiennent-ils la connaissance pour réaliser ce qui est proposé, sur le plan collectif ou individuel ?

- Quels savoir-faire existent déjà et lesquels font défaut ?
- Les formations existent-elles ? Les personnes y ont-elles accès ?
- Ont-elles le temps et les tuteurs pour se former ?

4. E comme Envie.
Les destinataires ont-ils envie de contribuer à la proposition, sur le plan collectif ou individuel ? Voici quelques raisons de ne pas avoir envie d'investir du temps dans un changement énergivore :
– **défiance** : les salariés n'ont pas été consultés en amont, ils n'adhèrent pas à l'objectif ou à la méthode ;
– **découragement** : le système d'information a déjà changé deux fois en trois ans ;
– **défaut d'énergie** : à quelques mois de la retraite... ;
– **défaut de sens** : la proposition heurte les valeurs ou une représentation du métier ;
– **opposition au prescripteur du projet** : perçu comme illégitime, incompétent ou autre motif de refus.

5. Proposez des solutions.
Vous chausserez le point de vue de votre interlocuteur pour proposer des remèdes réalistes aux objections fondées : formation, installation d'un poste de travail adapté, etc. Quant aux oppositions de posture, cette grille permet *a minima* d'amorcer le dialogue et de faire avancer les choses pas à pas.

Méthodologie et conseils

- Certaines réticences se résolvent, d'autres non.
- Ne niez pas les objections fondées, sauf si vous voulez provoquer l'hostilité.
- Distinguez ce qui est dit de la personne qui le dit. Parfois, l'interlocuteur n'est que le porte-parole d'une position plus générale.

Voir Outils 20, 33, 39, 41, 43 et 63

Avant de vous lancer...

✓ **Personne n'a envie de faire quelque chose qui va nuire à son intérêt professionnel ou personnel : ce point est le plus difficile à « retourner » car il relève de l'individu.**

Outil 62 Angler pour convaincre

> “
> *Regarder les choses de tout le monde avec un éclairage personnel.*
>
> J. Renard

En quelques mots

Posé au pied d'une sculpture, le projecteur contraste les formes par l'ombre portée et souligne leurs places relatives. Déplacez-le et la réalité perçue se renouvelle. Par transposition, un texte non anglé renvoie au hall gigantesque d'un aéroport : l'observateur, écrasé sous un éclairage vertical, voit tout au même plan.
Angler un propos, c'est choisir l'emplacement du projecteur pour écrire depuis un poste fixé. De quel point de vue éclairer les faits ? Que laisser dans l'ombre ? Cette audace profite à deux intéressés : le rédacteur se facilite le travail par un parti pris limpide et gratifie le lecteur d'un texte dynamique.

CHOISIR UN POINT DE VUE ET LE METTRE EN VALEUR

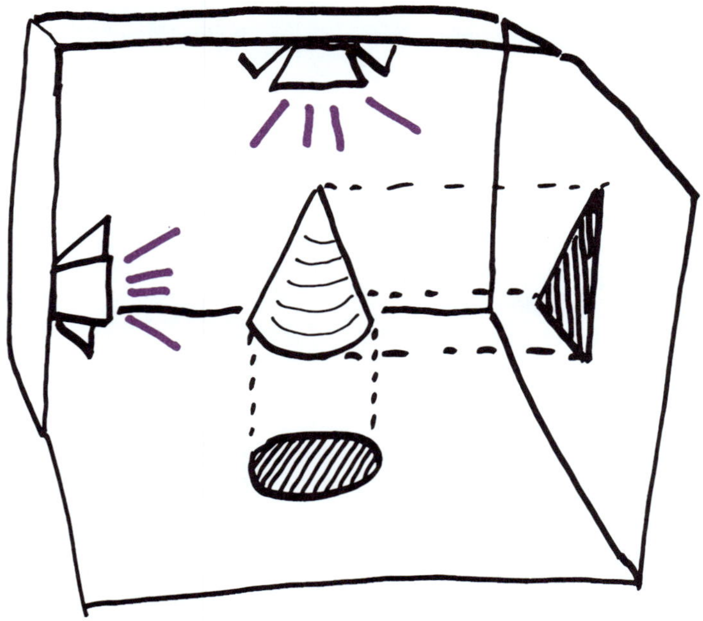

POURQUOI L'UTILISER ?

Objectifs

- Convaincre avec un texte qui présente un point de vue (POV).
- Tonifier un texte vague.
- Susciter l'intérêt du lecteur et mobiliser son esprit critique.

Contexte

Pour atteindre un objectif de communication (OC) élevé, le rédacteur réfléchit à l'angle du texte. D'où parlez-vous ? Depuis quelle place et dans quel rôle vis-à-vis du lecteur ?

COMMENT L'UTILISER ?

Étapes

1. Résumez d'abord les informations que vous allez « angler ».

Restez factuel.

La dématérialisation des échanges et des données se traduit par un dispositif concret : 90 % de nos communications Internet passent par des câbles sous-marins. En 2019, environ 400 câbles encerclaient la planète sur plus de 1 million de km, posés et entretenus par une quarantaine de bateaux câbliers. Pour fonctionner, cette activité virtuelle consomme 7 % de la consommation mondiale d'électricité. Si Internet était un pays, il serait le 3e plus gros consommateur après les États-Unis et la Chine.

2. Formulez la question à laquelle vous allez répondre.

Il s'agit de choisir l'angle où poser le projecteur : formulez avec soin la question précise à laquelle va répondre votre propos, en soulignant **une problématique ou un paradoxe**. Elle permet de **délimiter la réponse**. Pour un sujet complexe, précisez aussi les thèmes exclus de votre propos.

- **Angle historique** : *Du pigeon voyageur à l'accès illimité aux informations, quels rôles ces évolutions ont-elles joués sur les luttes civiles et militaires ?*
- **Angle philosophique** : *Comment la demande croissante d'immédiateté en matière d'images et d'informations s'inscrit-elle dans le réel, et dans un espace-temps limité ?*
- **Angle opérationnel** : *Comment réguler l'accès dématérialisé à la connaissance et aux échanges dans un contexte de crise environnementale et énergétique ?*
- **Angle sociologique** : *Comment les réseaux sociaux ont-ils modifié les solidarités ? Exemples comparés d'une ville moyenne en Occident et en Afrique de l'Ouest.*

3. Développez la réponse à la question.

Quand on sait d'où l'on « parle », le propos s'exprime dans un style dynamique. Quant à la question initiale, rampe de lancement de votre développement, conservez-la ou non, selon votre appréciation : le texte est-il propice à ce jeu de dialogue ? Apporte-t-elle une aide au lecteur ?

Méthodologie et conseils

- Accentuez l'éclairage pour faciliter la compréhension : l'angle du rédacteur met en valeur un contenu précis. Cette technique est l'un des leviers pour atteindre votre OC, au même titre que le plan, le ton, le style, le vocabulaire.
- Angler tous les propos. Pour les textes destinés à informer sans créer de débat, le lecteur ne doit pas entendre l'avis du rédacteur : c'est l'angle du scientifique.
- Applicable pour une synthèse, un rapport, une proposition commerciale, un article de presse ou un *pitch*, cette technique l'est autant pour un paragraphe ou un simple *post*.

Voir Outils 4, 7, 18, 41 et 42

Avant de vous lancer...

✓ **Auteur d'un texte anglé, vous vous exposez à la critique sur le fond. C'est bon signe ! Cela montre que votre message a été lu et entendu, contrairement à un texte fumeux.**

✓ **Un texte anglé ne signifie pas provocateur. La provocation, surtout à l'écrit, détruit la coopération spontanée du lecteur.**

Outil 63 Réussir une proposition commerciale

> « Le véritable dialogue consiste à s'appuyer sur l'idée de son interlocuteur, non à la démolir.
>
> E.G.B. Lytton

En quelques mots

Devis du secteur tertiaire, **la proposition commerciale** constitue l'un des documents les plus investis par leurs rédacteurs : résultat d'une relation commerciale fructueuse, c'est la dernière étape avant la vente. Comment se distinguer des multiples concurrents ?
Plutôt que de vanter votre exception, commencez par écouter votre prospect et détectez ses attentes. L'essentiel repose sur cette enquête préalable. Puis, **reformulez la demande, ouvrez l'horizon** avec votre offre, faites visualiser les conséquences de votre intervention. Écoute, réflexion et exactitude garantissent une proposition de qualité, utile pendant tout le projet.

ÊTRE À L'ÉCOUTE AVANT DE RÉDIGER

POURQUOI L'UTILISER ?

Objectifs

- Convaincre le prospect qu'on a compris son problème et au-delà.
- Convaincre le prospect de nous confier le projet.

Contexte

Vous répondez à un appel d'offres formaté ou à la demande plus confidentielle d'un prospect ou d'un client. C'est ce second cas que nous développons.

COMMENT L'UTILISER ?

Étapes

1. Montrez au prospect que vous avez cerné son besoin, sa demande, sa difficulté.

La première partie détermine l'*a priori* du lecteur : reformulez la demande, ses enjeux et votre mise en perspective. Insérez quelques *verbatim* extraits de vos entretiens. Grâce à ce chapitre, le prospect doit :

– **comprendre que vous avez pris la mesure** du caillou dans sa chaussure et sa spécificité ;

– **découvrir un autre point de vue** sur sa situation, que lui-même n'aurait pas anticipé.

Ce chapitre dépasse la reformulation synthétique, il donne des gages de votre légitimité à répondre à sa demande.

2. Montrez en quoi votre réponse s'ajuste à sa demande.

- Quelle est votre offre ? Décrivez votre proposition : périmètre, méthode, planning, ressources, améliorations attendues. Reliez-la point à point aux besoins évoqués par le client. Faites-lui visualiser les conséquences économiques, sociales et environnementales.
- Précisez les conditions de succès : compétence et disponibilité des interlocuteurs clés, répartition des rôles, dispositif de validation et de décision...

3. Chiffrez votre intervention.

Résumez en quelques lignes l'objectif, la démarche, le coût et le prix. Puis, détaillez chaque prestation avec exactitude : profil de l'intervenant, action, méthode, durée, délai, prix, conditions de paiement.

4. Démontrez votre savoir-faire.

- Présentez vos expériences antérieures ou votre intérêt personnel, dans ce secteur ou ces projets.
- Donner un aperçu *via* un échantillon, une vidéo, des statistiques.

Méthodologie et conseils

- Placez-vous aussi du côté de l'intérêt du prospect.
- Ajoutez un résumé à votre proposition commerciale (ex. : 1 page pour 30 pages). Cet effort de synthèse prépare l'exposé et vous distingue de la concurrence.
- Rédigez un plan QR, proche d'un *executive summary*.
- Dans le chapitre 1, disposez l'information *à la Columbo* : le lecteur connaît bien sa demande, ne lui faites pas perdre de temps !
- Soignez la forme et l'orthographe. Pour un document d'envergure, faites appel à des correcteurs professionnels aux prestations fort utiles et peu onéreuses.
- Une proposition commerciale qui plaque une solution toute faite, cela se voit. Attention aux copier-coller !

Voir Outils 5, 7, 8, 13, 26, 33, 42, 60, 61 et 62

Avant de vous lancer...

- ✓ **Les entretiens préalables conditionnent la qualité de votre proposition : glanez le plus d'informations possible sur la demande explicite et implicite.**
- ✓ **Identifiez les influenceurs.**
- ✓ **Si vous pensez que votre offre ne traitera pas le problème sous-jacent, recadrez la demande initiale ou renoncez.**
- ✓ **Renseignez-vous sur les offres concurrentes.**
- ✓ **Mettez à jour votre CV sur votre réseau professionnel.**

Outil 64 Préparer un comité de pilotage

> “
> *La liberté, c'est la faculté de choisir ses contraintes.*
> J.-L. Barrault

En quelques mots

Jalonnant le déroulement d'un projet, **le comité de pilotage** permet au sponsor, aux directrices et directeurs concernés d'en surveiller le déroulement et de **prendre des décisions stratégiques pour le projet.** Sollicités sur de multiples dossiers, ils ont **peu de temps** pour s'approprier une situation. Aussi, le chef de projet, qui a besoin de ces arbitrages, devra-t-il préparer soigneusement le copil et résumer les enjeux de chaque décision.
Organisez un ordre du jour structuré autour des points essentiels à arbitrer. Le modèle PIPO vous aidera à présenter les développements qui conduiront les décideurs à se prononcer.

LE COPIL DÉCIDE APRÈS DÉBAT

POURQUOI L'UTILISER ?

Objectifs

- Surveiller la navigation du projet pour anticiper.
- Obtenir des décisions du sponsor et des dirigeants.

Contexte

Tout projet se caractérise par des objectifs, des produits et services attendus, des contributeurs, un budget et des échéances.

Notre entreprise souhaite réduire par 2 l'empreinte carbone causée par l'activité numérique, fin 2020.

COMMENT L'UTILISER ?

Étapes

1. Comment structurer l'agenda ?

Le chef de projet a besoin que les décideurs se représentent fidèlement l'état d'avancement et se prononcent sur des choix qui le dépassent. Le plan du copil s'organise autour de ces objectifs :

– **l'introduction** présente l'agenda et résume les sujets sur lesquels le chef de projet attend des décisions ;

– **ch. 1 :** les arbitrages à faire en séance ;

– **ch. 2 :** les points de vigilance, étayés par un *reporting* simplifié ;

– **ch. 3 :** les prochaines actions d'ici le prochain copil.

Les chapitres 2 et 3 dépendent de la situation.

2. Comment structurer le chapitre sur les arbitrages ?

Recensez les points à arbitrer qui méritent un débat et une décision collective. Hiérarchisez-les par ordre croissant d'importance pour se débarrasser des choix faciles.

- **À chaque arbitrage, présentez :** contexte, enjeu, situation chiffrée, obstacles, scénarios possibles, conséquences, risques et opportunités sur les plans commercial, RH, économique, environnemental, etc.
- **Quand la décision est facile, structurez l'information *à la Columbo* :** elle fait gagner du temps aux participants. Épargnez-leur les détails.
- **Pour les cas complexes, nouveaux ou à fort enjeu, disposez l'information *à la Hitchcock*.** Décomposez en décisions intermédiaires et soignez l'argumentaire de chaque scénario. Cet objectif de communication élevé nécessite souvent un plan enchaîné : déduction, causalité, situation/problème/solution, etc.

3. Appuyez-vous sur le profil du décideur.

Inspirez-vous du modèle PIPO pour aider les décideurs :

– **pour le profil « Provocateur »,** présentez la vue d'ensemble et la vision à long terme ;

– **pour le profil « Indécis »,** organisez un vote après avoir expliqué les tenants et aboutissants de chaque option ;

– **pour le profil « Prédicateur »,** rassurez avec un tableau multicritère détaillé, préparé en annexe ;

– **pour le profil « Ordinateur »,** il suffira d'une synthèse chiffrée des 3 avantages et 3 inconvénients majeurs.

Méthodologie et conseils

- Allez à l'essentiel et hiérarchisez les points à arbitrer et les points de vigilance, déplacez les détails en annexe.
- Chassez la langue de bois, explicitez les faits.
- Résumez, ne décrivez rien qui ne soit relié à une décision.
- Annoncez avec objectivité et transparence, les dérapages du projet dès qu'ils apparaissent. Sinon, tout le monde s'en apercevra, mais trop tard pour agir !
- Ajoutez les actions décidées directement sur le support présenté.
- Soignez la forme et chassez les fautes d'orthographe.

Avant de vous lancer…

✓ **Prenez connaissance de la proposition commerciale ou de la note du cadrage.**

✓ **Le calendrier des copil est fixé à l'avance : vous pouvez en anticiper les thèmes et les participants à inviter.**

✓ **Avant le copil, le chef de projet a intérêt à présenter l'ordre du jour au sponsor et à mettre au bon niveau d'information des participants occasionnels.**

Voir Outils 5, 6, 8, 10, 13, 20, 26, 30, 31, 42 et 50

Outil 65 Pitcher son offre

> "
> *Il ne suffit pas qu'une idée soit excellente pour qu'elle soit perçue comme telle.*

En quelques mots

La légende raconte qu'à Hollywood, le producteur accordait au scénariste le temps d'un trajet en ascenseur pour ***pitcher* son projet**. Signe d'une époque surmenée et concurrentielle, **l'*elevator pitch*** précède toute démarche commerciale : on *pitche* son projet à des investisseurs, son CV à un recruteur, son service à un prospect. Facile à raconter, cette **bande-annonce « lance » un hameçon pour intriguer le *catcher***. Si ce dernier entrevoit une opportunité, un dialogue plus équilibré peut s'établir. Captivez votre interlocuteur tant par l'idée que par l'enthousiasme de ce discours ciblé et calibré.

LE BON *PITCH* INTRIGUE INSTANTANÉMENT

POURQUOI L'UTILISER ?

- Lancer une offre créative et réaliste, qui intrigue le *catcher*.
- Présenter la bande-annonce du projet en 3 minutes.

COMMENT L'UTILISER ?

Qu'est-ce qu'un *pitch* ? Le *pitch* est un paragraphe direct et concis à lire ou à écouter, long de 20 à 300 mots. L'objectif n'est **pas de décrire au *catcher* l'idée mais d'en montrer l'opportunité.**

Pitch du Titanic : *Comment une histoire d'amour entre Rose et Jack, deux êtres que tout oppose socialement, se tisse sur le Titanic en 1912 ? Leur amour résistera-t-il au naufrage ?*

Étapes

1. Résumez votre offre en mémo.
Décrivez au brouillon votre offre, sans l'adresser. Recherchez l'exhaustivité et la spécificité. Puis, résumez-la en un mémo de 40 mots.

2. Étudiez la situation de communication.
Comment convaincre votre interlocuteur d'étudier votre proposition en quelques minutes ?

3. Quel est le plan du *pitch* ?
Présentez-vous brièvement puis abordez :
– **l'opportunité qui vous tient à cœur.** Dans la première partie, démontrez votre créativité : quel problème ou opportunité avez-vous identifié ? Comment saisir cette opportunité ?
– **pourquoi ce marché vous intéresse-t-il ?** Un marché existe. Montrez ensuite que cette opportunité vaut une prise de risque. Que retenir de l'étude de marché : clients, offre, concurrence ?
– **le modèle économique.** Le projet économique est solide et bénéficiaire. Montrez que le projet est viable. Que retenir de votre stratégie commerciale et financière ?

4. Testez le *pitch* 5 fois.
Avant de présenter votre *pitch* à un potentiel acheteur, investisseur ou recruteur, entraînez-vous au moins 5 fois devant des collègues ou des proches : avec et sans support, en entretien ou par téléphone, en 1, 2 ou 3 minutes. Intégrez les remarques récurrentes.

5. Quelles tonalités éviter ?
- **Le robot :** débite le texte et ne peut répondre aux questions qui sortent du cadre prévu.
- **Le vendeur de voiture d'occasion :** insiste pour refourguer sa camelote sans s'intéresser à l'aspect relationnel avec l'interlocuteur.
- **Le quémandeur :** ne saisit pas que l'interlocuteur n'est pas intéressé et qu'il ne fera pas la charité.
- **Le soumis :** propose par avance de nouvelles versions pour améliorer l'idée avant même que l'interlocuteur ne l'ait demandé.

Méthodologie et conseils

- Même pour une communication par téléphone, vidéo ou exposé, rédigez votre *pitch*.
- Apportez assez d'éléments fiables pour créer la curiosité et la confiance, mais pas assez pour que l'on plagie votre idée.
- Illustrez au plus près votre idée avec une métaphore ou une analogie.
- Concentrez le *pitch* avec NOEL.
- Formulez une question qui souligne une contradiction ou un paradoxe : cela éveille la curiosité.

Voir Outils 3, 4, 6, 7, 8, 12, 17, 18, 19, 41, 42, 55 et 62

Avant de vous lancer…

✓ **Pour gagner du temps, adressez-vous en priorité à des personnes qui connaissent le secteur, ses enjeux et son fonctionnement.**

✓ **Référence : Peter Dohan, *The Rocket Pitch*, Harvard Business Review.**

Les mots pour le dire

LES VERBES DU DIALOGUE

• Chercher à comprendre ou à savoir, demander, interroger, solliciter un avis...
• Accepter, agréer, convenir, répondre, s'accorder, s'entendre, tomber d'accord...
• Manifester son désaccord, objecter, opposer, protester, refuser, réfuter, répliquer...

LES VERBES POUR RESTITUER DES PROPOS

• **Propos d'ordre général :** commenter, décrire, dévoiler, exposer, exprimer, faire part de, présenter, raconter, relater, révéler...
• **Propos qui détaillent :** ajouter, détailler, examiner, mentionner, préciser, indiquer, stipuler...
• **Propos qui engagent :** affirmer, attester, certifier, estimer, évaluer, garantir, insister sur, juger, renchérir, se féliciter de, soutenir...
• **Propos qui incitent à l'action :** alerter, arbitrer, choisir, conseiller, décider, préconiser, proposer, recommander, renoncer, suggérer...

LES MOTS DU PROBLÈME ET DES SOLUTIONS

• Assortir de conditions.
• Clarifier un malentendu.
• Conclure un dossier ou une affaire.
• Débloquer une situation.
• Dénouer, démêler, débrouiller un imbroglio.
• Dévoiler un incident.
• Franchir un obstacle.
• Qualifier un problème ou une complication.
• Régler un différend.
• Résoudre un conflit ou un problème.
Attention : je résous, il résout, nous résolvons, vous avez résolu.
• S'affranchir des risques.
• Simplifier une difficulté.
• Sortir d'une impasse.
• Surmonter ou dépasser une difficulté ou un imprévu.

LES EXPRESSIONS VERBALES POUR LA RÉUNION

• Aborder un sujet.
• Accorder une pause.
• Amorcer le dialogue.
• Animer le débat, débattre.
• Annoncer l'ordre du jour.
• Clore un chapitre.
• Définir, délimiter, déterminer, énumérer, recenser, les thèmes urgents.
• Développer un sujet ou un argumentaire.
• Distribuer la parole.
• Émettre un avis, un désaccord.
• Établir un bilan.
• Exposer les résultats.
• Exprimer son accord, son opinion.
• Fixer ou rappeler les objectifs.
• Hiérarchiser les propositions, hypothèses, suggestions.
• Organiser un tour de table.
• Ouvrir une réunion, la conduire et la conclure.
• Prendre un train de mesures.
• Présenter un point de vue.
• Relever les objections.
• Résumer des propos.
• Terminer une présentation.

Les expressions à éviter

LES PLÉONASMES

Le pléonasme bégaie : *descendre en bas*. Si vous les dites, ne les écrivez pas.

- Achever complètement.
- Anéantir complètement.
- Apparence extérieure.
- Au grand maximum.
- Autorisation préalable.
- Car + en effet.
- Comme par exemple.
- Commémorer un anniversaire.
- Comparer ensemble, comparer entre eux.
- Continuer encore.
- Des perspectives d'avenir.
- Durer longtemps.
- En cours actuellement.
- L'étape intermédiaire.
- L'extrait tiré de.
- L'oubli involontaire.
- La panacée universelle.
- La première priorité.
- Le bref résumé.
- Le but final.
- Le faux prétexte.
- Le moindre petit détail.
- Le monopole exclusif.
- Le *statu quo* actuel.
- Mais pourtant.
- Marcher à pied.
- Moi, je...
- Moi, personnellement, je...
- Monter en haut.
- Préparer à l'avance.
- Prévoir à l'avance.
- Redemander de nouveau.
- Réserver à l'avance.
- S'entraider mutuellement.
- S'exporter à l'étranger.
- Se concerter ensemble.
- Se contenter seulement de.
- Solidaires les uns des autres.
- Tous unanimes.
- Voire même.

LES EUPHÉMISMES

L'euphémisation ou la langue de coton consiste à atténuer des expressions ou à combiner des termes génériques, parfois incompatibles. Cela brouille l'esprit critique de l'interlocuteur.

- Accompagner la mobilité.
- Activité partielle à 100 %.
- Conduire la flexibilité.
- Dynamique de rupture.
- Gérer le *pool* de compétences.
- Impacter les ressources humaines.
- Parcours de conversion.
- Plan disruptif.
- Politique du *up or out*.
- Promouvoir une création de valeur.
- Stratégie d'intelligence émotionnelle.

LES TERMES VAGUES OU IMPROPRES

- Adresser une issue.
- Clôturer une réunion.
- Creuser en bilatéral.
- Échanger (tout court).
- Gérer la situation.
- Lister les problèmes.
- Partager (tout court).
- Revenir vers quelqu'un.
- Traiter un point.

Quelques définitions

Élision
Pour fluidifier l'élocution, nous ne prononçons pas la voyelle [e], par exemple : « Une image avec une orange éclatante ». Dans plusieurs cas, elle devient une apostrophe à l'écrit. Ainsi, la voyelle s'élide dans *jusque, lorsque, puisque, quoique*, mais pas dans *presque* ni *quelque*, sauf *quelqu'un.*

Histoire
Raconter une histoire, c'est faire une promesse à celui qui vous lit : nouveauté, découverte, émerveillement, surprise. Chaque séquence peut se raconter *à la Hitchcock* ou *à la Columbo.*

Homonymes
Deux mots homonymes se prononcent de la même façon mais n'ont ni le même sens, ni la même graphie : *vingt, vin, vain, feint, fin, faim.* Il en existe des centaines en français.

Locution
Ce mot savant désigne un acte de parole mais aussi une idée décrite en plusieurs mots. La locution verbale « *avoir pour effet de* » peut se remplacer par « *provoquer* ».

Monologue ou missive (convention employée dans cet ouvrage)
En phase de réflexion, on rédige un monologue analytique qui assommerait un lecteur. Reformulé, le monologue devient missive, proposition adressée qui incite au dialogue et à l'action.

Objectif de Communication (OC)
Étape clé de toute communication, l'OC s'échelonne par convention en trois tranches : *informer sans créer de débat* ; *expliquer, rassurer et alerter* ; *convaincre.* L'OC se choisit en fonction de l'effet que vous voulez produire sur votre auditoire ou lectorat : *silence, débat, action.*
À ne pas confondre avec l'objet de la communication qui en désigne le contenu.

Passé ou passif
Le passif est l'envers d'une forme active. Sinon, c'est un passé.
Ils sont mangés par les enfants → les enfants les mangent.
Elles sont venues → pas de forme active. Ce n'est pas un passif mais c'est la forme active et passée de *venir*, verbe de mouvement qui se construit avec *être.*

Performatif
Les énoncés performatifs réalisent une action par leur énonciation. La formule « la séance est levée » énoncée par un juge devient un acte qui dissout la séance.
Plusieurs linguistes, dont John L. Austin, ont décrit la fonction performative de certains verbes qui décrivent l'action et la réalisent, par opposition aux énoncés constatifs. Ni vrais ni faux, ces propos n'ont d'autre référent que leur énonciation. *Je t'ordonne de, je te jure que, je te conseille de...*

Préposition
La préposition prépare l'arrivée d'un verbe ou d'un nom. C'est un socle nécessairement complété. Il s'agit de *à, dans, par, pour, en, vers, avec, de, sans, sous*, facile à mémoriser grâce à la comptine *Adam part pour Anvers avec deux cent sous.*

Proposition ou message (convention employée dans cet ouvrage)
La proposition permet à l'interlocuteur de se prononcer : il est d'accord, pas d'accord ou voudrait en savoir plus pour se prononcer. Toute proposition ou message contient un verbe.
Un thème ne propose rien : *Bilan de l'année* → Ce n'est pas un message.

Question
Il existe quatre types de phrases : l'affirmation, l'interrogation, la négation et la restriction. La question appelle une réponse. À l'écrit et en français, la question se reconnaît : on permute les places du sujet et du verbe principal et l'on termine par un point d'interrogation.
- **Une question directe** a la forme d'une question.
- **Une question indirecte** a la forme d'une affirmation ou d'une négation, introduite par un verbe de questionnement. *Je me demande comment…*
- **Une question fermée** appelle une réponse « oui » ou « non », voire « ne sais pas ». Elle permet de demander un accord ou d'obtenir une réponse binaire dans une enquête quantitative.
- **Une question ouverte** appelle un développement de la part du répondant. Elle est incontournable dans une enquête qualitative.

Transitif
Un verbe est transitif direct ou intransitif.
- **Le verbe transitif se construit avec *avoir***. Il a besoin d'un COD pour prendre tout son sens. Il ménage un passage (*transitum*) direct du sujet à l'objet, sans prépositions, ni à, ni aux, ni de. Il utilise l'auxiliaire *avoir* aux temps composés. Remarque : *Manger* est un verbe transitif. Dans *Paula mange de la brioche, de* est un partitif et non une préposition propre au CO indirect.
- **Le verbe qui n'a pas besoin de COD pour être complet et donc compris est dit intransitif**. C'est le cas des verbes de mouvement et de changement d'état. Ils emploient l'auxiliaire *être* aux temps composés. *Ils viennent, elles sont arrivées.*
- Certains verbes ont les deux emplois : *elle danse, il danse le hip hop.*

Verbe
Quand on parle, on utilise toujours un verbe en français. Il n'y a pas de proposition sans verbe. C'est le mot le plus important : il dirige le sens d'une phrase. Il change de forme quand le mode, le temps changent, et il fait le plan de table pour ses invités : le sujet, la négation, le COD, le COI et l'adverbe près de lui.

Verbes et locutions suivis du subjonctif

Certains verbes doivent être suivis du subjonctif

Les verbes de doute, de conseil, d'ordre, de souhait et d'autorisation se construisent avec le subjonctif.

- **Conseil – encouragement :**

Aimer que
Approuver que
Attendre que

- **Ordre :**

Exiger que
Falloir que
Interdire que
Ordonner que

- **Crainte :**

Craindre que
Redouter que
S'étonner que
Faire attention à ce que

- **Doute :**

Tu doutes qu'ils puissent.
Je **ne** crois **pas** qu'elles *veuillent*.
À la forme négative, le doute devient certitude, conjuguée à l'indicatif :
Tu **ne** doutes **pas** qu'ils *peuvent*.

- **Souhait –Vœux – Regret :**

Avoir envie que
Désirer
Imaginer que
Préférer que
Refuser que
Regretter que
Souhaiter que
Vouloir que

- **Autorisation :**

Permettre que
Autoriser que

Certaines locutions doivent être suivies du subjonctif

À condition que tu veuilles
À supposer que tu poursuives
À moins que tu prennes
Afin qu'il réussisse
Au lieu qu'il finisse
Avant que tu prennes (Mais *après que tu as pris*)
Bien qu'elle aille mieux (et équivalents)
Pour que tu fasses
De peur que vous ne puissiez danser
De telle sorte qu'on fasse le mur
En admettant que je m'y rende
Encore que j'aie envie de rire
Jusqu'à ce que tu veuilles voyager
De crainte que vous vouliez
Pourvu que nous fassions cette balade
Quoique je dise
Soit qu'elle vienne, soit qu'il parte

Corrigés des exercices

Dossier 2 - outil 18

Solution de l'exercice 1 : 1B, 2D, 3F, 4A, 5C, 6E
Solution de l'exercice 2 : 1E, 2D, 3B, 4C, 5F, 6A
Solution de l'exercice 3 : 1F, 2C, 3E, 4A, 5B, 6D

Solution de l'exercice 4

A	Concevoir, suivre, augmenter, réduire, maintenir, etc.
B	Calmer, réguler l'inquiétude, apaiser les tensions, surmonter, réprimer, etc.
C	S'organiser, planifier, prendre le temps de, réserver du temps, séquencer, tenir le délai, etc.
D	Étudier, contrôler, contenir, maintenir, enrayer, comprendre, modérer, maîtriser, etc.
E	Calmer, entretenir ou maintenir la relation, etc.

Solution de l'exercice 5

A	Allouer, augmenter, réduire, grever le budget.
B	Augmenter, multiplier ou réduire, apaiser les tensions.
C	Décaler, se répercuter, avancer, allonger ou raccourcir les délais.
D	Aggraver, améliorer la situation.
E	Encourager ou gêner, pressurer, surcharger l'équipe.
F	Modifier, changer, aggraver, améliorer le métier.

Solution de l'exercice 6

A. Étudier, examiner, rechercher, déchiffrer, définir, caractériser, qualifier, préciser, spécifier, etc.
B. Démêler, débrouiller, étudier, contenir, enrayer, comprendre, etc.
C. Trancher, régler, statuer.
D. Calmer, réguler l'inquiétude, apaiser les tensions, surmonter, réprimer, etc.

Solution de l'exercice 7 : 1F, 2H, 3G, 4C, 5D, 6A, 7i, 8B, 9E

Dossier 2 - outil 19

1 **Pour** tenir le rythme du projet, vos équipes **doivent valider** le document après chaque réunion. (15 mots)
2 Le nombre de prospects **dépendra** du périmètre de l'étude. (9 mots)
3 Insister sur le moyen :
Traiter les factures plus efficacement, c'est d'abord **réorganiser le service comptable.** (11 mots)
3b Insister sur le résultat :
S'il se réorganisait, le service comptable **travaillerait plus efficacement**. (10 mots)
4 Insister sur la cause : L'entreprise est inefficace **parce que chaque branche fixe ses objectifs sans tenir compte des autres.** (15 mots)
4b Insister sur l'objectif :
Les branches devraient synchroniser leurs actions **pour renforcer la cohésion du groupe.** (12 mots)
5 Insister sur la conséquence :
La formation de 2 000 nouveaux salariés Supercar **retardera la livraison de la Z2**. (14 mots)
5b Insister sur l'objectif :
Supercar **diffère** la livraison de la Z2 **pour former les 2 000 nouveaux salariés**. (13 mots)
6 Notre plan d'action initial **met en péril** le projet : il nous faut le **redéfinir**. (15 mots)
7 Après la recette, le service informatique installera le logiciel en deux mois. (12 mots)
8 Malgré des produits devenus excellents, Tiptop souffre d'une image milieu de gamme. (12 mots)

Dossier 2 - outil 24

1. J'espère que les fêtes se sont bien [**passées**].
Passer qqch, pronominal. La transformation *Ils ont passé elles-mêmes* montre que *se* remplace le COD *elles-mêmes*, donc le p.p. s'accorde avec le COD.
2. Ici, les journées se sont [**succédé**] sans s'en rendre compte.
Succéder à qqch., pronominal. Verbe sans COD possible, donc pas de transformation ni d'accord.
3. Dès premier jour, Spiriou et Lagaffreux se sont [**souri**], se sont [**plu**], se sont [**parlé**] et se sont [**rendu compte**] de leurs affinités.
Sourire à, plaire à, parler à, rendre compte de : idem (2).
4. Depuis, ils se sont [**convaincus**] de rattraper le retard.
Convaincre qq'un, pronominal. La transformation *Ils ont convaincu eux-mêmes* montre que *se* remplace le COD *eux-mêmes*, donc le p.p. s'accorde avec le COD.
5. et ils ont [**essayé**].
Essayer qqch, voix active. Auxiliaire *avoir*, Règle 1. Pas de COD.
6. de classer les lettres [**réceptionnées**].
Réceptionner qqch, adjectif formé à partir du verbe. Il s'accorde avec le nom auquel il se rapporte, *les lettres*, féminin pluriel.
7. qu'il a [**entassées**] durant six mois.
Entasser qqch, voix active. Auxiliaire a*voir*, Règle 1. Le COD, *les lettres qu'*, précède le p.p.
8. Des délais leur avaient [**été accordés**].
Accorder qqch à qq'un, voix passive. Auxiliaire ê*tre*, Règle 2.
9. Ils les ont [**référencées**] pour répondre.
Référencer qqch, voix active. Auxiliaire *avoir*, Règle 1. Le COD *les* précède le p.p.
10. Ensuite, ils ont [**répondu**] à la plupart en une semaine.
Répondre qqch à qqch ou qq'un, voix active. Idem (5).
11. Mais : ils ne les ont pas encore [**envoyées**].
Idem (9).
12. Elles dorment donc [**empilées**] sur la console de l'entrée.
Idem (6).
13. De mon côté, j'ai [**profité**] des jours clairs
Profiter de, voix active. Auxiliaire *avoir*, Règle 1. Pas de COD possible.
14. pour peindre la salle qui sera [**finie**] ce week-end.
Finir qqch, voix passive. Auxiliaire *être*, Règle 2. Idem (8)
15. J'observe – j'ai [**pris**] des photos –
Prendre qqch, voix active. Auxiliaire *avoir*, Règle 1. Le COD suit le p.p.
16. les disparités qui se sont [**créées**].
Créer qqch, pronominal. La transformation *elles ont créé elles-mêmes* montre que *se* remplace le COD *elles-mêmes*, donc le p.p. s'accorde avec le COD.
17. entre la partie ancienne et celle [**rénovée**].
Idem (6).
18. Quant à Anne, elle s'est [**autorisée**] à ranger.
Autoriser qqch à qq'un, voix pronominale. Idem (1) .
19. les livres dont tu as [**voulu**] te défaire.
Vouloir qqch, voix active. Auxiliaire *avoir*, Règle 1.
20. Elle les a tous **casés.**
Idem (9).

21. Au fait, les pulls que nous avions [**sortis**],
Sortir qqch, voix active. Auxiliaire *avoir*, Règle 1. Le COD, *les pulls,* précède le p.p.
22. nous les avons [**portés**] [**superposés**].
Idem (9).
23. Ce voyage m'a [**rappelé**] nos randonnées.
Rappeler qqch à qq'un. Voix active. Idem (22). Le COD suit le p.p.
24. et les dizaines de kilomètres que nous avons [**parcouru**].
Parcourir, voix active. Auxiliaire *avoir*, Règle 1. Si *les dizaines de kilomètres* sont vus comme un COD, on accorde. Mais ils répondent à la question *combien* et non *quoi*, on n'accorde pas.

Dossier 3 - outil 35

Types de graphique / Messages	Comparaison D R P E C	Histogramme	Camembert	Doubles barres	Colonnes	Courbes	Points	Palier	Baromètre
1.	E				X	X			
2.	R	X				X			
3.	C			X		X	X		
4.	D		X						
5.	E				X	X		X	
6.	D		X						
7.	P			X					X
8.	R	X				X			
9.	P			X					
10.	C			X		X	X		

Dossier 4 - outil 39

A3, B6, C1, D5, E2, F7, G4

Dossier 4 - outil 41

Exercice 1 : 1B, 2D, 3E, 4A, 5C, 6F
Exercice 2 : 1 – 8, 2 – 9, 3 – 5, 4 – 11, 6 – 14, 7 – 13 et 10 – 12.
1. *DF : Obtiendrez-vous les estimations de coûts avant lundi ?*
2. *DO : Dans combien de temps pensez-vous être prêts à partir ?*
3. *IF : J'aimerais savoir si vous pensiez obtenir les estimations avant lundi.*
4. *DF : Trouves-tu ce candidat intéressant ?*
5. *IO : Je me demandais à quelle échéance vous pourriez obtenir les estimations.*
6. *DO : Comment, pourquoi, quand ont-ils convaincu le client ?*
7. *IO : Je me demandais ce que tu penses de ce candidat.*
8. *DO : À quelle échéance pensez-vous obtenir les estimations ?*
9. *DF : Es-tu prêt ? Êtes-vous prêts ?*
10. *IF : Je me demandais s'ils avaient réussi à convaincre le client.*
11. *DO : Que penses-tu de ce candidat ?*
12. *IO : J'aimerais connaître les arguments employés pour convaincre le client.*
13. *IF : Je me demandais si tu trouves ce candidat intéressant.*
14. *DF : Ont-ils convaincu le client ?*

Quizz PIPO : Quel est votre profil de rédacteur ?

LIRE LES TEXTES CI-DESSOUS

Contexte

Associés pour vendre le projet *Treck*, Élisa demande à Barnabé des informations complémentaires pour finaliser la proposition commerciale à envoyer vendredi au plus tard et à soutenir le vendredi suivant.

Texte W

Bonjour, comme tu le sais, je suis en train de compléter les derniers éléments opérationnels et financiers de la proposition commerciale Treck. J'ai terminé le deuxième paragraphe sur l'audit des trois processus, en respectant point par point leur cahier des charges. Il reste à ajouter le tableau récapitulatif des coûts justifiant des investissements, avec les tableaux sources pour qu'ils puissent analyser notre proposition. Pourrais-tu m'expliquer le détail des chiffres demain matin avant que je l'intègre à la proposition qui doit partir vendredi avant midi ? J'espère que tu n'auras pas d'empêchement car je ne peux vraiment pas envoyer le document en l'état. Cordialement.

Texte X

Salut, est ce qu'on peut se voir demain ou après-demain de 9 h à 9 h 30 pour vérifier le chiffrage de la propale Treck ? Cordialement.

Texte Y

Mon cher Barnabé, j'espère que ton WE s'est bien passé. Hier, j'ai vu la DG de Treck qui aime beaucoup notre approche. Je sais que tu es très occupé mais ne pourrait-on pas se voir assez vite pour discuter de cette propale autour d'un café... il y a encore pas mal de points à préciser. Je suis dispo demain et après-demain de 8h30 à 10h. Dis-moi ce qui te convient. Bonne journée.

Texte Z

Hello Barn, tu te souviens que je présente la propale TRECK la semaine pro ? C'est vraiment un super projet qui donnera beaucoup de visibilité à notre service. Je t'attends demain à 8h30 au bureau. Apporte-moi tous les chiffrages qu'on avait faits pour tout finaliser. Au fait, j'ai une nouvelle idée dont je te parlerai. On va la gagner cette propale !

QUIZZ

1. Dans le cadre professionnel, avec quelle personne préféreriez-vous interagir ?
- ❑ **a.** L'auteur du texte W.
- ❑ **b.** L'auteur du texte X.
- ❑ **c.** L'auteur du texte Y.
- ❑ **d.** L'auteur du texte Z.

2. En tant que destinataire d'un mail professionnel, quel défaut vous gêne le plus ?
- ❑ **a.** Abrupt et impersonnel, on n'est pas des machines.
- ❑ **b.** Gentillet à l'objectif vague, quelle perte de temps !
- ❑ **c.** Trop de détails inutiles, du descriptif sans vision.
- ❑ **d.** Un texte désordonné et sans fond, pas très rassurant.

3. En tant que destinataire de mail professionnel, quelle qualité appréciez-vous le plus ?
- ❑ **a.** Le ton direct, c'est efficace.
- ❑ **b.** Le ton factuel et détaillé, cela donne confiance.
- ❑ **c.** Le ton chaleureux, cela m'implique.
- ❑ **d.** Le ton enthousiaste, c'est motivant.

4. En tant que rédacteur, comment qualifieriez-vous le ton de vos mails professionnels ?
- ❑ **a.** Clair et net, comme le texte X.
- ❑ **b.** Ouvert et amical, comme le texte Y.
- ❑ **c.** Entraînant et dynamique, comme le texte Z.
- ❑ **d.** Précis et rigoureux, comme le texte W.

5. Vous devez prendre RDV avec un membre de votre équipe pour le recadrer. Sur quoi centrez-vous votre formulation ?
- ❑ **a.** Vous passez beaucoup de temps à rédiger ce mail pour expliquer à l'avance et avec exhaustivité les motifs précis et factuels de votre demande de RDV.
- ❑ **b.** Énervé, vous laissez un message téléphonique pour évacuer au plus vite ces contrariétés minables.
- ❑ **c.** Dans un mail laconique, vous proposez deux créneaux horaires pour traiter le point sans bousculer tout le planning.
- ❑ **d.** Mal à l'aise, vous réfléchissez à la façon d'évoquer l'objet du RDV sans blesser inutilement le destinataire.

DÉCOUVRIR VOTRE PROFIL PIPO

Pour identifier votre style dominant, entourez votre réponse à chaque question et comptez le nombre de réponses par colonne. Avec les quatre totaux, reportez-vous à l'outil 42 page 138, pour gommer vos travers rédactionnels.

Question	Provocateur	Indécis	Prédicateur	Ordinateur
1	d	c	a	b
2	c	a	d	b
3	d	c	b	a
4	c	b	d	a
5	b	d	a	c
Total				

Bibliographie

20 résumés, Énoncés et corrigés d'épreuves posées aux concours d'entrée aux grandes écoles scientifiques, H&K, 2010.
Aide-mémoire de latin, Nathan, 2003.
Bescherelle, *Le vocabulaire pour tous*, Hatier, rééd. 2019.
Bescherelle, *Le coffret de la langue française, La conjugaison, L'orthographe, La grammaire*, Hatier, rééd. 2019.
The Federal Plain Language Guidelines, U.S. Food and Drug Administration, disponible sur Plainlanguage.gov, 2011.
Plain Writing Act, disponible sur Plainlanguage.gov, 2010.
Austin J.-L., *Quand dire, c'est faire*, Seuil, rééd. 1991.
Arénilla-Beros A., *Améliorez votre style*, Hatier, rééd. 1996.
Bled O. et É., *Le Bled*, Hachette Éducation, rééd. 2014.
Brahic M., *Mieux rédiger ses écrits professionnels*, Éditions Eyrolles, rééd. 2019.
Chollet I. et Robert J.-M., *Les verbes et leurs prépositions*, Clé international, 2007.
Crozier M. et Friedberg E., *L'acteur et le système*, Seuil, rééd. 1992.
Ducrot O., *Dictionnaire encyclopédique des sciences du langage*, Seuil, 1972 (voir aussi Ducrot O. et Schaeffer J.-M., Nouveau Dictionnaire encyclopédique des sciences du langage, Seuil, 1995).
Ducrot O., *Le dire et le dit*, Éditions de Minuit, 1985.
Ducrot O., *Logique, structure, énonciation*, Éditions de Minuit, 1989.
Dumon-Josset S., *1 001 secrets de la langue française*, Prat Éditions, rééd. 2016.
Dunand M., *Présenter en trois points*, BCD, 1994.
Gagnière C., *Pour tout l'or des mots*, Robert Laffont, 1997.
Gaillard B., Colignon J.-P., *Toute la conjugaison*, Albin Michel, 2005.
Gaillard B., Colignon J.-P., *Toute l'orthographe*, Albin Michel, 2005.
Grice H. P., « Logic and Conversation », in P. Cole et J. Morgan (ed.), *Syntax and Semantics*, vol. 3., Academic Press, 1975.
Hagège C., *Dictionnaire amoureux des langues*, Plon-Odile Jacob, 2009.
Hoffbeck G., Walter J., *Manager les écrits de vos collaborateurs : pour une entreprise plus communicante*, Dunod, 1991.
Jakobson R., *Six leçons sur le son et le sens*, Éditions de Minuit, 1976.
Jakobson R., *Essais de linguistique générale* (1. Les Fondations du langage ; 2. Rapports internes et externes du langage), Éditions de Minuit, 1963 (t. 1), 1973 (t. 2).
Jouette A., *Dictionnaire d'orthographe et d'expression écrite*, Le Robert, 2006.
McCandless D., *Datavision*, Robert Laffont, 2011.
Minto B., *The Pyramid Principle*, Prentice Hall, 2009.
Minto B., *De l'idée au texte*, InterÉditions, 1993.
Orendoff A., « Your Colleagues Don't Read Anything You Write », The New York Times, 4 mars 2020.
Orwell G., *Politics and the English Language*, Penguin Classics, rééd. 2013.
Polya G., *Comment poser et résoudre un problème*, Dunod, 1965.
Rochefort E., *Les 5 clés des écrits professionnels efficaces*, Dunod pour CSP Formation, 2014.
Simonet R., Simonet J., Savoir argumenter, Éditions d'Organisation, rééd. 2004.

84967 - (I) - SOP 90° - PMS 254 U - BLP- BTT

Dépôt légal : mars 2023

Imprimé en Espagne par Unigraf S. L.